本书的撰写与出版得到以下项目和经费资助：

国家社会科学基金重大项目"《尚书》学研究"（18ZDA245）

山东省社会科学规划研究一般项目"出土文献与《尚书》学综合研究"（19CLSJ03）

山东省泰山学者工程专项经费

山东省一流学科曲阜师范大学中国史经费

《尚书》学研究丛书
马士远 ○ 主编

出土文献与《古文尚书》研究

刘光胜 ○ 著

中国社会科学出版社

图书在版编目（CIP）数据

出土文献与《古文尚书》研究/刘光胜著 . —北京：中国社会科学出版社，2020.8（2021.5 重印）

（《尚书》学研究丛书）

ISBN 978 – 7 – 5203 – 6792 – 9

Ⅰ.①出… Ⅱ.①刘… Ⅲ.①中国历史—商周时代②《尚书》—研究 Ⅳ.①K221.04

中国版本图书馆 CIP 数据核字（2020）第 119195 号

出 版 人	赵剑英
策划编辑	李凯凯
责任编辑	刘凯琳
责任校对	赵 威
责任印制	王 超

出　　版	中国社会科学出版社
社　　址	北京鼓楼西大街甲 158 号
邮　　编	100720
网　　址	http://www.csspw.cn
发 行 部	010 – 84083685
门 市 部	010 – 84029450
经　　销	新华书店及其他书店
印　　刷	北京君升印刷有限公司
装　　订	廊坊市广阳区广增装订厂
版　　次	2020 年 8 月第 1 版
印　　次	2021 年 5 月第 2 次印刷
开　　本	710×1000　1/16
印　　张	18.75
字　　数	298 千字
定　　价	108.00 元

凡购买中国社会科学出版社图书，如有质量问题请与本社营销中心联系调换
电话：010 – 84083683
版权所有　侵权必究

总　　序

《尚书》承载着华夏民族的早期历史记忆，其文本多为立政治国之遗训，所涉内容广博而深刻，在政治、文学、历史、哲学、地理、历法、军事等领域多有原创性的论述，蕴含着以和谐、德治为核心的价值诉求，具有"疏通知远""长于政""道事""广听"等资政垂教功用，堪称华夏文化之渊薮，后世诸学之元典。《尚书》不仅是历代读书人的必修科目，也是历代学者研修的核心内容。他们或训释词语，或考订名物，或考证地理，或疏解文义，孜孜不倦，沉潜典册，对《书》经的形成、训释、流传等学术难题进行了持续不断的研究，逐渐发展成为一门研治《尚书》的专经学问——《尚书》学。

肩负时代使命的历代《尚书》学学者，在其普泛性的施教活动中充分挖掘《尚书》学的本体属性，援《尚书》为史鉴，解《尚书》以赞治，释《尚书》为训诫，授《尚书》为教化，引《尚书》以立论，把其功用发挥到极致，渐次使《尚书》学的一些主张成为社会的行为准则和普遍风尚。

在春秋战国时代，《尚书》不仅成为国家教育的核心内容，而且成为诸家引述证说的重要经典，成为百家思想建构的重要资源。特别是儒、墨两家，言必称尧、舜，《尚书》无疑是其道统、仁政、圣人理想等观念的根基。道家对道术未裂时代的企慕和理想社会的描述，无疑有以《尚书》为核心的上古史的深厚渊源。汉代以《洪范》为基础建立起来的天人感应思想模式成为中国人认知世界的重要理论，今文、古文《尚书》的歧异及其争立官学史实错综复杂，大小夏侯、欧阳及古文诸家则以《尚书》阐释直接介入政治斗争和时代思潮的建构。《孔传》的出现、王学与郑学的论争、南北学的歧异、唐代《尚书正义》集其前《尚书》学之大成、经学取士等一系列学术现象，在形塑古代士大夫的精神世界层面，都曾发挥过巨大的功用。

宋儒大开疑辨之风，梅赜本《古文尚书》《孔传》、《书序》及经文之错简讹误成为重要学术问题被提出，《尚书》遂成为各派思想斗争的思想源泉。王安石以《尚书》为代表的"三经新义"建立起杂、刑、名在内的新学，程朱道学、浙学及象山学派也是借解《尚书》来确立其道统、心性论、修养论。南宋后期，蔡沈《书集传》逐渐形成《尚书》学的一统地位，深刻影响着其后的《尚书》学发展。有元一代以朱子经注为科考内容，《尚书》学基本是对蔡沈《书集传》辑录纂注的再解释，此一传统被明清时代所承继。宋代以来，文章学逐渐繁兴，对《尚书》的评点之学逐渐出现。科举的制度化，围绕《尚书》如何选题、如何策论之作大盛。皇家以《尚书》为治政之典，经筵制度一度盛行。

清末以降，甲骨文的发现、现代科学的兴起，传统小学、金石学、学术史、思想史、地理学、天文学等融入《尚书》学研究领域，《尚书》学的研究路径不断拓宽。改革开放以后，人们开始重新检视民族经典的内容，分析经典的现代意义，力求弘扬民族精神，各种经典文献的整理和研究次第展开，《尚书》学的文献整理与研究也进入快车道，在钱宗武教授的推动下，2010年"国际《尚书》学会"的成立，更是有力地推动了《尚书》学研究的进程。

目前的《尚书》学研究呈现出以下特点：

借助新材料，《尚书》学的研究领域不断拓宽。孙诒让、王国维、杨树达、郭沫若、顾颉刚、胡厚宣、于省吾、周秉钧、屈万里、李学勤等学者运用甲骨文、金文、简帛文字、敦煌文献等地下考古材料研究《尚书》，取得了引人瞩目的成果。特别是郭店简、上博简及马王堆帛书征引了《尚书》中的部分语句，清华简保存的是战国时期《书》类文献的原貌，为《尚书》学研究提供了宝贵的契机。如《尚书·康诰》之"康"，马融、王肃、孔颖达认为是国名，郑玄、江声、皮锡瑞等学者主张是谥号，两说相持千年之久。清华简《系年》第四章说"（周成王、周公）乃先建卫叔封于康丘，以侯殷之余民"，证明"康叔""康侯""康诰"之"康"皆源于康丘，学者将"康"当作谥号，或当作畿内采邑，皆存在不同程度的误读。将出土文献与传世文献结合起来研究《尚书》学相关问题，成为推进学术创新的重要增长点。国家社科基金重大招标项目《尚书》学研究子课题负责人刘光胜完成的《出土文献与〈古文尚书〉研究》，在此一学术命题中多有创获。

《尚书》学研究的视角、方法日益多元化。从比较学的角度着手研究的，如胡宏哲的《〈尚书〉与〈逸周书〉比较研究》；从文化传播学角度进行研究的，如陆振慧的《跨文化传播语境下的理雅各〈尚书〉译本研究》；从思想史角度切入的，如王灿的《〈尚书〉历史思想研究》等。在众多的研究理路中，将《尚书》学进行分期断代研究，已经成为《尚书》学研究的主流。本课题组总负责人马士远《周秦〈尚书〉学研究》《两汉〈尚书〉学研究》、子课题成员程兴丽《魏晋南北朝〈尚书〉学研究》、赵晓东《隋唐〈尚书〉学研究》、子课题负责人陈良中《朱子〈尚书〉学研究》《宋代〈尚书〉学研究》《元明〈尚书〉学研究》、史振卿《清代〈尚书〉学若干问题研究》、刘德州《晚清〈尚书〉学研究》、江曦《清代〈尚书〉文献研究》等，都是这方面的重要开拓者。

多学科协同创新，是《尚书》学研究发展的重要趋势。《尚书》是中华民族原生态的作品，浸透、充盈着我们的民族精神与民族品格。中文学者以西方"纯文学"的观念看待《尚书》，将它解构为写作学、辞章学、修辞学、技法学，但载道、明道、传道是《尚书》学的根本，"艺"不过是彰显"道"体的形式，故《尚书》学研究只有在广义文章学的视域中，对文章性质、功能、构造、写作规律等作全面的阐释，才能充分挖掘《尚书》学的潜在价值。《尚书》文、史、哲三种特质兼备，历史学者偏重《尚书》的史料价值，哲学学者偏重《尚书》的哲理意蕴，其弊端皆是如此。打破不同学科的界限，文、史、哲多学科协同创新，从文献、知识、观念全方位、多层面拓展《尚书》学的研究领域，应是今后学界努力的方向。

就已有具体《尚书》学研究来看，在多个方向取得了丰硕的研究成果。在《尚书》学文献整理领域包括三个层面：

一是《尚书》文字汇编。顾颉刚、顾廷龙《〈尚书〉文字合编》按照时代先后顺序，依唐石经分篇，收录汉石经（隶书）、魏石经（古文、篆、隶三体）、唐写本、日本古写本、宋薛季宣《书古文训》本、唐石经

（楷体），是目前汇集《尚书》文字资料最齐全的合集。臧克和《尚书文字校诂》主要做了以下五个方面的工作：从字形结构流变来考释用字；从声韵联系来考察用字；从语法结构来考释用字；从词汇训诂来考释用字；从文史重诂来考释用字。使用新的出土材料，清理《尚书》学史上诸多文字研究公案。由于进行了系统的文献文字类型校对工作，为全面反映《尚书》文字在周代金文里的呈现形式提供了方便。

二是《尚书》文本校释。用功最大的当是刘起釪的《〈尚书〉校释译论》，该书对今文《尚书》做了详尽的校释、翻译和对各篇重要问题加以讨论，资料翔实，用功精深，为《尚书》众多课题的研究开启了方向。周秉钧《〈尚书〉易解》、屈万里《〈尚书〉集释》、程元敏《〈尚书·周书〉〈牧誓〉〈金縢〉〈洪范〉〈吕刑〉篇义证》，资料翔实，训释切当。钱宗武《尚书》（袁行霈主编"中华传统文化百部经典"）《〈尚书〉新笺与上古文明》对于《尚书》语言问题有深入的揭示。目前《尚书》注译本不下二十余种，如钱宗武《今古文〈尚书〉全译》、黄怀信《〈尚书〉注训》、王世舜《〈尚书〉译注》等，其中李民、王健《〈尚书〉译注》注释全面，训诂精确到位，为目前学界《尚书》注译方面较为流行的版本。

三是《尚书》著述的标点整理。《尚书正义》标点本有廖名春整理本，由北京大学出版社出版，有黄怀信整理本，由上海古籍出版社出版，这两个本子为《尚书》的阅读和研究提供了极大的便利。杜泽逊《尚书注疏汇校》是花功夫的校本，用校本共十八种，同时吸收了十五家前人尤其是清代学者的校勘成果。注疏原文为底本影印，汇校长编则为排印，放在每卷注疏原文之后，对于《尚书》历代重要传本做了精细的校勘，为《尚书》研究奠定了坚实的文本基础。《尚书注疏校议》则是汇校中的问题的系统梳理，是重要的校勘学成果。姜广辉整理有梅鷟《尚书考异》《尚书谱》，钱宗武整理有蔡沈《书集传》，黄怀信还整理有《尚书古文疏证》《古文尚书冤词》《尚书覈诂》等古籍，陈抗、盛冬玲整理有孙星衍《尚书今古文注疏》《今文尚书考证》，何晋整理有王先谦《尚书孔传参证》，顾宝田、刘连朋整理有王鸣盛《尚书后案》。这些整理本为专书专人研究提供了坚实的文献基础。

在《尚书》学术史研究领域包括四个层面：

一是通史类，影响最大的是刘起釪《尚书学史》、程元敏《尚书学史》。刘起釪《尚书学史》按时间顺序梳理了《尚书》学的基本资料和问题，并揭示出了每个时代的研究特征，为《尚书》研究提供了丰富的材料和观念，深有功于《尚书》研究。程元敏《尚书学史》专题与时代融合论述，涉及《尚书》各篇问题的讨论、《尚书》版本要略，及周秦至五代十国《尚书》学论述，以时代为经，学者为纬，关注时代思潮与经典阐释之关联，资料翔实，考辨精审。但宋以来学者之著述缺如，终是有憾。

二是综述类，陈梦家《尚书通论》资料丰富，见解精到，全面而详细，包括"尚书通论""尚书专论""尚书讲义""尚书补述"四部分，具有重要的学术参考价值。蒋善国《尚书综述》材料翔实，整理有序，考辨精细，对《尚书》研究的重大问题和论争热点进行了比较系统的总结，是研究《尚书》问题的必备参考书目。刘起釪的《〈尚书〉源流及传本考》对《尚书》源流做了系统的阐述，并运用图表的形式说明了复杂的问题，对《尚书》今文、古文、伪古文之争也作了扼要的清理和分析，对于《尚书》诸多版本历经时代的复杂情况均做了全面系统的整理研究，是目前研究《尚书》源流和传本比较权威的著作。林庆彰主编的《经学研究论著目录》，其中单列有《尚书》专经论著目录，为进一步研究提供了基本线索。

三是断代《尚书》学研究。除本课题组负责人马士远所著《周秦〈尚书〉学研究》《两汉〈尚书〉学研究》外，蔡根祥《宋代〈尚书〉学案》梳理了四十余家《尚书》学的基本观念，注重师承、流派，资料丰富翔实。古国顺《清代〈尚书〉学》讨论了清儒对蔡沈《书集传》的研究、《古文尚书》研究、汉宋兼采的《尚书》学研究、《书序》及单篇研究、《尚书》辑佚与校勘成果。

四是经学史研究中的《尚书》学史。这一类著作为《尚书》专经研究提供了宏观视野，对于如何在五经系统下观照《尚书》学的演变，无疑具有重要参考价值。作为经学研究基本书籍的有，皮锡瑞《经学历史》《经学通论》、钱基博《经学通志》、刘师培《经学教科书》、马宗霍《中国经学史》、日本本田成之《中国经学史》、许道勋与徐洪兴《中国经学史》、周予同《经学史论》《中国经学史讲义》《经与经学》、吴雁南《中国经学史》、叶国良《经学通论》、叶存芳《中国经学史大纲》等，可为经学研究提供大量的资料和观念。姜广辉《中国经学思想史》揭示了经学与时代思想的互动交融，经学如何成为一个民族思想文化的根源，又建构着时代的精神，对于经学研究具有重要意义。郑杰文主编的《中国经学学术编年》（八卷本）则为经学研究提供了丰富的经学资料。断代的经学研究也具有重要借鉴意义，钱穆《两汉经学今古文平议》对于汉代经学的研究，蔡方鹿《中国经学与宋明理学研究》对于经学对时代思潮的影响，台湾林庆彰《明代经学研究论集（增订本）》《清初的群经辨伪学》对于明清时期经学的特色及流变研究，对《尚书》学研究无疑都具有重要启示意义。

学界还有对于经学家的专门研究，如郑玄、王肃、朱熹、王安石、王柏、阮元、蒙文通等经学思想的探讨。从经学通史到断代史再到专人研究，都为《尚书》专经研究提供了资料和思想方法上的借鉴。

在专题研究领域包括六个层面：

一是专书专人研究。专人专书研究是《尚书》学研究的坚实基础，未来还需要大力推进。已有成果有：陈良中《朱子〈尚书〉学研究》对朱熹《尚书》学观念加以梳理，涉及对《尚书》的疑辨、对前贤成果的继承、对后代《尚书》研究的影响。对蔡沈《书集传》研究者较多，王春林《〈书集传〉研究与校注》讨论了蔡沈的生平学术、《书集传》的学术背景、解经特色、天命观、心法论、与朱熹《尚书》学异同及对后世的影响。许华峰《董鼎〈书传辑录纂注〉研究》讨论了朱熹与蔡沈《尚书》学异同、《书传辑录纂注》版本体例及编纂经过、引书考辨。许华峰《蔡沈〈朱文公订正门人蔡九峰书集传〉的注经体式与解经特色》论及《书集传》版本、注经体式及特色。许育龙《蔡沈〈书集传〉经典化的历程——宋末至明初的观察》论述了《书集传》成书及社会影响的变化、元明时代经典化的完成。陈明《王船山〈尚书引义〉之德性论与治道思想》讨论了王夫之《尚书引义》中的义理学、人性论、心性论和修养功夫、政治秩序和治道原则、民本思想和政治思想。专书研究为《尚书》学的整体和宏观研究提供了经典案例，在时代思潮观照下的专书研究具体而微地揭示了《尚书》学的时代特性。

二是《尚书》真伪研究。姜广辉《梅鷟〈尚书考异〉考辨方法的检讨——兼谈考辨〈古文尚书〉的逻辑基点》对梅鷟《尚书考异》考辨方法进行了系统检讨,刘人鹏《阎若璩与〈古文尚书〉辨伪:一个学术史的个案研究》对今古文《尚书》问题进行了历史考察,剖析了其辨伪方法、围绕辨伪的论争及其对清代学风转变的意义。张岩《审核〈古文尚书〉案》从《尚书》的文献流传、史地、史实、历法、制度和引文等层面全面检讨了《古文尚书》的辨伪方法。吴福通《晚出〈古文尚书〉公案与清代学术》探论了《古文尚书》真伪问题的由来,包括阎若璩对《古文尚书》的考辨、阎若璩与毛奇龄之间的论争、辨伪与清代学术等问题。朱建亮《伪〈古文尚书〉研究》对《尚书》成书年代考辨,对传统辨伪方法提出了质疑,认为《古文尚书》非伪书,由此探讨了《古文尚书》的学术价值,并对《尚书》各篇进行评析。

三是《尚书》语言文体研究。钱宗武教授长期致力于《尚书》语言研究,有专著《今文尚书语法研究》《今文尚书句法研究》《今文尚书语言研究》《今文尚书词汇研究》,对今文《尚书》句型句式、语气词进行穷尽性语用分析,归纳该书的句法特点和文献语言句法形态的演变规律,对于汉语语法史的研究具有重要参考价值。《尚书》对后世文体学的影响也是巨大的,这方面的专门研究有:朱岩《〈尚书〉语体研究》讨论了《尚书》语言的共时性和历时性,《尚书》语体特点,语篇与《尚书》语体,单音词、通假字与《尚书》语体,政论语体与叙事语体等。叶修成《西周礼制与〈尚书〉文体研究》论述了礼制与文体生成、典谟训诰誓命的文体功能。潘莉《〈尚书〉文体类型与成因研究》论及三代礼制与《尚书》记言性质、西周礼制与文体生成、《尚书》中的文体(典、谟、训、诰、誓、命、贡、范、刑、箴、盟、谚、辞、册命)以及《尚书》对后世文体的影响。

四是出土文献与《尚书》学研究。李学勤《简帛佚籍与学术史》指出,《古文尚书》很可能陆续成于孔安国、孔僖、孔季彦、孔猛等孔氏学者之手,有很长的编纂、改动、增补过程,是汉魏孔氏家学的产物。廖名春《郭店楚简〈成之闻之〉〈唐虞之道〉篇与〈尚书〉》认为"晚书"《君牙》《君陈》当系后出,《祭公之顾命》原属先秦《尚书》,《逸周书》并非"仲尼删《书》之余",而是秦以后新编《尚书》之余。晁福林《郭店楚简〈缁衣〉与〈尚书·吕刑〉》认为郭店楚简《缁衣》篇称引《吕刑》三处，表明《吕刑》初始文本出现肯定在郭店楚简的时代之前，或当在春秋至战国初期。杜勇《〈尚书〉周初八诰研究》把《尚书》八诰和古文字资料结合起来，探讨《尚书》学与周初历史中的重大历史问题，据实说理，信而有证，提出了很多异于旧说的新观点。该书的主要特色是把文献资料和出土古文字资料充分地结合起来，具有较高的价值。杜勇《清华简与古史探赜》分为上、中、下三编，其中上编"辨伪篇"强调《古文尚书》晚出，重新肯定清人的辨伪成果。

五是《尚书》思想研究。游唤民《〈尚书〉思想研究》从哲学思想、政治伦理思想两个方面切入，论述《尚书》的哲学思想（孚、中、无为和天道观）、政治伦理（礼、德、民本、法先王、法制、孝悌、修养观）及周、召二公思想的分歧与斗争，是较为深刻展现《尚书》思想的研究专著。王灿《〈尚书〉历史思想研究》分先秦文化背景、华夏历史意识、天人历史观、历史变动思想、历史功用思想等方面，对《尚书》的史学价值做了比较全面的发掘。黄复山《汉代〈尚书〉谶纬学述》论述了汉代谶纬学流衍、《尚书纬》星历及帝王论等内容考辨、《尚书纬》篇目及体例拟测，以及学术价值评析。蒋秋华《宋人〈洪范〉学》从字义训释、图书象数、疑改经文，以及《洪范》与理学关系等方面深入论述了《洪范》学在宋代的演变。张兵《〈洪范〉诠释研究》梳理了从汉至清《洪范》学的演变及各时代的阐释特色。

六是域外《尚书》学研究。刘起釪《〈尚书〉源流及传本考》以图表的形式，对《尚书》诸多版本历经时代的复杂情况及流变做系统考论，其《日本的〈尚书〉学与其文献》枚举日本所存《尚书》写本、刊本及日本学者的《尚书》著作，较为系统地梳理日本《尚书》学的流变。作为域外专经之学的研究，是书具有开拓性。白川静《尚书札记》分十二章共二十余万字，涉及《诗》《书》传承、神话与经典、遗命之礼等诸多内容，其对《尚书》学的方法的强调，颇值得关注。瑞典学者高平汉是20世纪西方著名的汉学家，陈远止《〈书经〉高平汉注释校正》收录高平汉对《尚书》的注释九百余条，考证有据，较有参考价值。陆振慧《跨文化传播语境下的理雅各〈尚书〉译本研究》从文化传播的角度，研究《尚书》的不同译本。

《尚书》学研究的魅力在于其思想的深刻性及其学术的致用性。《尚书》学传统中的核心理念及其相关史事有资于当下及未来之治道，《尚书》学研究中的核心方法及其本体论思维亦有资于当下及未来儒家经学研究之术道。虽然《尚书》学通论或通史研究在20世纪取得了长足进展，出现了几部重要的专论成果，但这些成果多是围绕着《尚书》学中的学术纠纷展开，或陷于文献的收集、整理而缺乏理论深度和宏观分析，或满足于宏观分析、议论，因缺乏文献系统性和个案研究而显得空疏。

现代学科体系建立以来，虽然学界渐次在《尚书》学文献整理、《尚书》学史、断代《尚书》学研究、《书》教传统研究、《尚书》文体研究、《尚书》语言词汇研究、《尚书》类出土文献综合研究、《尚书》注疏研究等领域开展攻关，但因传统学术被分割到不同学科中，研究者惯于从自身的学科训练出发，对历代《尚书》学所具有的丰富内容进行剪裁、切割、取舍，往往是见其一端而难睹全貌，一些宏观、全面性的《尚书》学研究命题还有待于进一步深化，对《尚书》学发展的整体认识、了解也不够深入，不能以科学史观为指导并将文献与义理很好地结合起来，这是目前《尚书》学研究中的最大障碍，也是《尚书》学界需要攻克的重点和难点问题。因此，在充分消化、吸收已有《尚书》学研究成果的基础上，分文献、知识及观念三个层面，撰写一套多卷本的《〈尚书〉学研究》，实现文献学与文学史、学术史、思想史、文化史的融汇，义理与考据、通经与致用的贯通，就显得十分必要。

《尚书》在中国治政伦理、文体学、文艺学、历史学、小学等领域曾经发挥过至深至远的影响，对《尚书》学专题的深入研究，是深刻认识和把握中国传统文化的重要途径之一。《尚书》总结的治政经验、历史规律以及具有时代超越性和普适性的思想观念，可为中华文化复兴、"一带一路"的文化传播提供不可或缺的文献依据和思想基础。本课题研究旨在建构完整的《尚书》学体系，揭示《尚书》学的观念体系和思维特征，论述《尚书》学与时代思潮建构的关系，为文化创新提供有益的借鉴。具体来说，包括以下六个方面：

一是推进《古文尚书》真伪考辨研究。宋代以来，辨伪成为《尚书》学研究的重要内容。《尚书》辨伪包括《今文尚书》、《古文尚书》、大小《书序》及《孔传》四部分的内容。由于学界大部分学者认可《今文尚书》为真，因此《古文尚书》便成为辨伪的重点所在。明清时期，由于梅鷟、阎若璩、惠栋等学者的努力，"《古文尚书》伪书"说得到学界的普遍认可。但自20世纪80年代以来，学者纷纷为《古文尚书》翻案，或从《墨子》引《书》的角度，认为梅赜并没有抄袭文句以造作《古文尚书》，或对阎若璩的辨伪方法逐条反驳，主张对《古文尚书》指控茫昧无稽，是不成立的。

2008年清华大学入藏一批战国竹简，其中《尚书》类文献二十余篇，有的是今文《尚书》篇目，如《金縢》，有的是见于孔壁古文或百篇《书序》，如《尹诰》《傅说之命》。还有一些是今古文都没有的，如《厚父》《封许之命》。以清华简为主要抓手，同时结合郭店简、上博简、马王堆帛书等出土文献，来推进《古文尚书》问题的研究，是本课题重要的学术价值所在。

二是以"学案"体例，建立体系完整的《尚书》学专经谱系。蔡根祥《宋代〈尚书〉学案》只是梳理了有宋一代《尚书》学师承、流派情况，从先秦至近现代，学界尚未有以"学案"体例全面梳理《尚书》学传承、发展谱系的专著成果。本课题拟以时间为经，人物为纬，分周秦两汉、六朝隋唐、宋元明清、现当代四个阶段，对历史上有贡献的《尚书》学专家及流派进行翔实地梳理，撰写一部系统完整的学案，以此建立清晰的《尚书》学传承谱系。诸如以下内容都在"《尚书》学案"涉猎范围：先秦诸子以对《尚书》的诠释来建立自己的学说，诸家圣人理想、社会理想、治道观念氤氲而生，诸家对《尚书》的吸纳程度各不尽同，传本亦别。汉代今、古文《尚书》传承谱系，今古文文本、阐释差别，阴阳五行、天人感应思想借助《洪范》产生而又直接成为解释《尚书》的思想源泉。郑（玄）学、王（肃）学之争，南学、北学之争，直到《尚书正义》建立起一统，《尚书》文本由多本向定本的成型，由今、古文论争到伪古文一统，由隶古定到正书的演变轨迹。宋代义理解《书》成为主导，程朱理学、陆王心学、浙东史学等各派以解经立说，再到蔡沈《书集传》成为一统。自此疑辨之风兴起，《古文尚书》逐渐受到质疑，辨伪成为《尚书》学研究的重要一域。文字声韵之学的兴起，亦深度影响了《尚书》学，文字训解、音韵通假成为《尚书》研究的重要领域。近代学术思想的兴起，历史学、哲学、思想、政治学、语言学、法学、地理学、土壤学、天文学等多门类知识融入，为《尚书》学研究开启了新路径。总之,"《尚书》学案"的撰写,旨在为学界提供准确了解专经《尚书》研究的资料和认识经典《尚书》传播的路径,以及当下和未来开拓创新的可能。

三是原始返终,对《尚书》名物、制度进行系统梳理。《尚书》中记载有大量名物、制度,如《洪范》篇气象类名物雨、旸、燠、寒、风,《禹贡》所记纳贡所经水路、陆路的地名、水名,《尧典》《舜典》所涉巡守制度、命官制度、朝觐礼仪,《周书》中的三公制、寮官制、保傅制、册命制等。这些名物、制度主要集中在天文、地理领域,是考察中国人的宇宙观、自然观、制度文明等可以凭借的重要资源。学界至今尚未有从名物、制度切入《尚书》学研究的专著成果。本课题的研究工作,拟包括以下几个方面:从字音、字形、字义入手,分辨物正名、探究物源两个层面进行训诂考证,以求揭示名物、制度的生成机制及文化内涵。对《尚书》名物、制度进行科学分类,名物大致可分为天文、地理两大类,其下又可分为自然地理类、历史地理类、人文地理类、交通地理类、疆域地理类、地质地理类。制度大致分为职官类、巡守朝觐贡赋类、刑法类、军事类、丧祭类等。在分类的基础之上,归纳不同专题名物、制度的特征。在专题研究的基础之上,形成合理的结构和完整的体系。从名物、制度的具体内涵到科学分类,再到系统建构,本课题力图借名物、制度的系统梳理,还原上古时期人们在天文、地理及制度方面的知识结构,真实再现当时中国人独特的宇宙、自然和价值观念。

四是推动"纯文学"向"文章学"研究路径的转变。《尚书》是中国文章学的起始之作,整体的记言体式成为叙事文体的一大门类,历代皆有记言之作,"君举必书",我们依然保存着大量历代帝王之册命敕诰。《尚书》中说话者由于针对不同场合、不同对象,其所言说的方式呈现为不同的语气、语言特色和组织形式,这些特色由于《尚书》作为贵族教育文本而逐渐成为后世效法的典范,孕育了后世遵循的重要文体和文章法则,典、谟、训、诰、誓、命成为《尚书》六体,或有追为十体,《文心雕龙》则追溯了诗、议、对、奏、启、章、表、诏、策、檄、移等十余种文体,"诏策章奏,则《书》发其源"(《宗经》)。"唐虞流于典、谟,商夏被于诰、誓。"(《史传》)"昔有虞始戒于国,夏后初誓于军,殷誓军门之外,周将交刃而誓之。故知帝世戒兵,三王誓师,宣训我众,未及敌人也。"(《檄移》)"敷奏以言，则章表之义也；明试以功，即授爵之典也。至太甲既立，伊尹书诫，思庸归亳，又作书以赞。"（《章表》)"昔轩辕唐虞，同称为'命'。命之为义，制性之本也。其在三代，事兼诰誓。誓以训戒，诰以敷政，命喻自天，故授官锡胤。"（《诏策》）"诰命动民，若天下之有风矣。降及七国，并称曰'令'。令者，使也。秦并天下，改命曰制。汉初定仪则，则命有四品：一曰策书，二曰制书，三曰诏书，四曰戒敕。敕戒州部，诏诰百官，制施赦命，策封王侯。"（《诏策》）《尚书》对中国文体学有深远影响。《尚书》记言而杂方言俗语，佶屈聱牙，又成为古奥简直文风的典范，也是规范后世浮华文风的重要资源，刘勰说："若禀经以制式，酌雅以富言，是即山而铸铜，煮海而为盐也。故文能宗经，体有六义：一则情深而不诡，二则风清而不杂，三则事信而不诞，四则义贞而不回，五则体约而不芜，六则文丽而不淫。"（《文心雕龙·宗经》）《尚书》对中国文章学的影响值得深入研究，可以探讨文体、语体、文章风格生成的动因，语言表达效果如何呈现。而目前学界多从"纯文学"角度理解《尚书》学，只追求文章的写作技巧与审美愉悦，重感情、重形象、重抒情、重语言、重艺术技巧分析，将文章学狭隘地理解为写作学、辞章学、修辞学、技法学，陷入了思想内容与艺术形式两分的误区。《尚书》是"言志"的典范，"文以载道"是其本质的属性与特征。广义的文章学注重文章性质、功能、构造、写作规律等全面的阐释，在很大程度上纠正了"纯文学"狭隘的研究视野。具体到《尚书》而言，只有从广义文章学的视域展开考察，才能准确地把握它的本质特征及民族文章特色。本课题拟在广义文章学的视野下，从文道论、文体论、文法论等不同层面切入《尚书》学研究，实现由"纯文学"向传统文章学研究方法的转向。

五是揭示《尚书》学价值体系与中国传统文化的深层关联，构建专经之学的研究范式。《尚书》与中国政治哲学关系的内容没有得到应有的揭示，本课题力图在此领域有所突破。经学作为传统文化的核心，作为治道之学的《尚书》，在历史上曾经起过什么样的作用，对中国思想文化、伦理道德、教育政治等多领域如何产生实质性的影响，恰是本课题拟解决的重要命题。梳理《尚书》学的观念系统，可以清晰地了解民族文化的基本特质。了解经典对于塑造民族精神的根源性作用，无疑对当今中国文化的建设、传统文化的复兴、农村的振兴建设都具有重要意义。

六是梳理历代《尚书》重要文献著述，结辑出版，为"《尚书》学研究"中的上述五个专项研究提供基本翔实的文献支撑。论从史出，是一切人文学术研究必须遵循的理路。无论是《尚书》学案、《尚书》名物制度研究，还是文章学视域中的《尚书》学研究、《尚书》核心价值观研究，以及出土文献与《古文尚书》真伪研究，都离不开历史上逐渐累积起来的《尚书》著述类文献。

《尚书》是中华民族的历史记忆和文化基因，书中所载圣君贤相的嘉谟善诰确立了"王道政治"的根基，让贤的禅让制度，诸侯德让、君臣熙和的理想社会图景，确立了君王公天下的情怀和多元文化共处互惠的政治图式。尧、舜、禹、汤、文、武、周公勤政爱民、明德慎罚，君臣师友，孕育着民本政治理想。让位以贤，任人唯德，《尚书》以德范位的诉求直接规约着传统中国国家治理模式和对君王的道德约束，以及对于专制暴政的拒斥。尧、舜、禹公天下，到汤武革命的家天下，再到桀纣专制暴政，《尚书》揭示了三种政治模式，由此而确立起"圣王政治"的政治哲学，成为千百年来中国人心中的"理想国"。"王道""霸道"历史哲学之争，是历代士人对现实政治评判的重要价值标准，《尚书》导其源。

科举时代，《尚书》成为科考重要内容，在民族教育、人才选拔与社会主流意识构建等方面发挥着重要作用。《洪范》"五行"对于民族宇宙观和认识论之建构，《禹贡》对中国行政区域的划分设计及历史地理学之影响，《吕刑》对中国法律思想之建设，《尚书》之于中国文化诸单元的形成贡献巨大，影响深远。

《尚书》作为一种历史镜鉴，不仅有对于宏大历史的观照，其中所载的嘉言懿行也是塑造个体的重要文化资源，规约着中华民族的精神气质。《尚书》中尧、舜、禹、汤、文、武、周公等圣贤形象成为中华民族的"人格理想"，取法圣贤、优入圣域成为历代士大夫追求的高标，圣人理想成为历代士民塑造自己精神世界的范式，由此规范了中华民族个体和群体的价值标准和行为宗旨。舜以孝克协于家，进而协和天下，由修身而至齐家、治国、平天下成为士民突破小我而建构大我的基本路径。汤武吊民伐罪，替天行道，道德成为征伐暴政的根本理据。历圣仁民爱物而有天下，桀纣暴虐、太康畋游而失国，伊尹、周公不避嫌疑之忠诚，三监以私乱国乱家，《尚书》中贤而受任、凶顽伏诛的历史典型，无疑成为塑造中华伦理的重要资源。尤其是《尚书》中大量道德概念的提出，如帝尧"钦、明、文、思、安安，允恭克让，光被四表，格于上下。克明俊德，以亲九族。九族既睦，平章百姓。百姓昭明，协和万邦。黎民于变时雍"（《尧典》）。舜"父顽，母嚣，象傲；克谐以孝，烝烝乂，不格奸"（《尧典》），"夙夜惟寅，直哉惟清"（《舜典》），夔教胄子以成"直而温，宽而栗，刚而无虐，简而无傲"（《舜典》），皋陶论九德"宽而栗，柔而立，愿而恭，乱而敬，扰而毅，直而温，简而廉，刚而塞，强而义。彰厥有常，吉哉"（《皋陶谟》）。这表明了道德建设的自觉意识，很多道德条目一直成为个体行为的基本准则，伦理道德的意义在历史中以圣贤和奸邪不同人生结局的鲜明对比得以彰显，历史成为伦理建设的重要思想。这些道德条目如何得以传播发扬，诸子百家如何借资于《尚书》共同推进了中华民族伦理体系的建构，本课题将竭力探索这一课题，为民族重建当代核心价值体系提供重要启示。

民族的存在是一种文化形式的存在，中国具有世界上最悠久、最独特、最具生命力的文献传统，这些经典文献是国家活动合理性和国家权力合法性来源的终极依据，汉代五经博士的设立使经学最终具备了指导国家政治和国民生活的至高地位。《尚书》学研究是探究中国道德文化、思想文化、政治文化的重要手段，了解传统，开拓未来，《尚书》学的研究有助于建构新的民族认同和文化认同。

总之，"《尚书》学研究"旨在探讨《尚书》学的核心问题，探究基于《尚书》的历史哲学、政治哲学、伦理学、文章学等中国特色的人文科学理论建构的可能，用我们自己的话语言说自己民族的文化，建立文化认同，把握话语权。梳理《尚书》学清晰的传承谱系，厘清各个时代经典阐释的独特方法，由此展现经典解释与时代思潮的互渗互融，渗透到历史文化的深处，体察自身文化的特色，使经学家、经学著作、经学事件成为洞察时代精神的方式，而不是简单的史实罗列，做到逻辑与历史的统一。这一范式的建立，将使我们对中国传统文化研究产生新的认识，为进一步研究中国传统文化提供新的理论、方法和范例。

本课题内含的总体问题为：构建起一个以文献、知识、观念三个层面为核心的《尚书》学专经研究体系，为《尚书》学研究拓展新的领域。按照研究对象的特点，本课题的主要研究内容为：出土文献与《古文尚书》真伪研究，《尚书》学案，《尚书》名物制度研究，文章学视域中的《尚书》学研究，《尚书》核心价值观研究，外加历代重要"《尚书》文献选辑"（五辑）的整理。

　　择取上述六个子课题绝非偶然，而是出于深化学术研究的需要。作为一门传统的专经学问，《尚书》学所取得的成就主要集中在《尚书》注释、《尚书》辨伪、《尚书》学史等以文献整理与考辨为主的层面，比较而言，在知识体系梳理和观念诠释传承两个层面的研究明显存在不足，仅有的少数成果亦往往缺乏系统性和宏通性。就是仅在文献整理考辨层面来看，也还存在有进一步深化拓展的研究空间。《尚书》学文献包括两类，一类是《尚书》文本文献，另一类是传承《尚书》过程中衍生出来的文献。首先，《尚书》学研究须从《尚书》文本文献的真伪考辨入手，故本课题列"出土文献与《古文尚书》真伪研究"为第一个子课题。《古文尚书》真伪问题历来是学术史上的悬案，近年不断有相关简帛出土，特别是"清华简"里有二十余篇《尚书》类文献，为解决此问题提供了新的契机。其次，文献整理是《尚书》学研究的基础，除《尚书》文本文献考辨外，《尚书》传承过程中派生出的《尚书》学史文献也非常重要，故本课题列"《尚书》学案"为第二个子课题。《尚书》学案，舍弃源自西方的"学术史"体例，而是采用中国古老的"学案体"，貌似舍新求旧，实则更具针对性，目的是改变目前学术史写作过分强调学理而往往流于枯燥的弊端，旨在回归中国"知人论世"的学术传统，试图在学术性和人文性之间取得平衡，在学术著述中见人、见事、见智、见史、见世。

　　《尚书》系上古元典，其文本所涉名物、制度属于中华文明史上具有肇始性质的知识体系，对后世名物、制度的影响是根源性的，而且其内涵把握起来难度非常大，综观《尚书》学诸成果，虽有零星的文章或著述片段对部分《尚书》名物制度予以研究，但尚未有系统化研究成果出现，故有必要对《尚书》中的名物、制度进行详细考证、分类，加以系统化梳理，此为本课题设置第三个子课题"《尚书》名物制度研究"的原因。

《尚书》是中国文章的鼻祖，属于中华文统的起点之一，其文章学意义不仅直接影响到诸子散文、历史散文，而且后世科举考试、日常写作也多视其为圭臬，历代文章理论类专著中分析《尚书》叙事技巧的例证多不胜数，但令人遗憾的是，至今尚无系统总结《尚书》文法及其对历代文章学影响的研究专著，有鉴于此，本课题的第四个子课题列为"文章学视域中的《尚书》学研究"。

《尚书》是上古中华治政元典，更是中国政统、道统的起点。《尚书》的价值观体系不仅深刻地影响历代帝王、官吏、士子，而且还广泛流布到民间，积淀于中国传统文化深层，故第五个子课题列为"《尚书》核心价值观研究"。本子课题意在考察《尚书》有哪些重要的价值观，在历史长河中又是如何助长中国人的价值伦理、信仰，继而生成中国人的生存意义。

本课题的核心研究目标定位于以下两点：

一是梳理历代《尚书》学家、《尚书》著述和《尚书》学事件，构建系统科学的"《尚书》学案"撰写模式。除了"《尚书》文献选辑"支撑本课题研究之外，"《尚书》学案"亦是本课题研究的基础，这一部分虽然寻检方便，但文献量特别大，拾遗补缺难度大。首先，很多学者的生平缺乏明晰的史料记载，需要做大量的考证工作，翻阅家谱、地方志、别集等文献，考证工作浩繁，如宋代东阳陈大猷与都昌陈大猷，其生平学术及学派归属史料有混淆不清之处，宋代薛肇明与薛季宣的《尚书》学资料容易弄混。大量《尚书》学著作仅有极少部分有整理本，对于大量未整理本需要做大量考订工作，梳理其版本情况，提炼其学术价值，如王樵《尚书日记》初稿与定本差别巨大，定本融入其《书帷别记》的内容。又如汤显祖《玉茗堂书经讲义》，现仅存孤本；仅部分传世文献目录学著作有"提要"可供参考，还有大量的《尚书》学文献需要课题组成员去研读评判。汉代今古文《尚书》的论争、郑玄与王肃的论争、围绕蔡沈《书集传》的论争、围绕伪《古文尚书》的论争，这些作为《尚书》核心事件的资料需要汇集考辨。"《尚书》学案"是《尚书》学资料汇编，同时也是研究模式的探讨，旧有的学案方式，以宗主为核心串联学者，有较大影响者独立为宗主，学者之下汇其著述摘录。这一模式如何处理转益多师的学者，如何有效摘录学者话语体现其精神气质和学术精神，宗主与有联系的学者之间如何构成一个时代的学术脉络，学者与时代的关联等诸多问题，都应得到合理的处理。新学案又如何避免写成人物传记式的学术史体例？本课题"学案"的写作理论探索也可为学界提供一种有价值的思考。

二是提炼《尚书》学中的理论观念，理解民族理论阐释的方式与特色。《尚书》学的理论观念，学界已有初步研究，各个课题都需要深化。《尚书》阐释中的思想观念，学者虽已有所钩稽，但远未齐备。如刘起釪《尚书学史》、程元敏《尚书学史》等著作对各时代的思潮与《尚书》阐释之间的渗透交融有大致的勾勒，但系统疏通学术史，深度考察《尚书》阐释中的理论问题则需要花大功夫。《尚书》蕴含什么样的政教伦理，这些观念如何构成统治集团的治政理念，又以什么方式世代传承，在什么层面上对现实政治产生作用，对于传统社会的治政模式有何影响？《尚书》中的伦理系统如何成为中国人伦理学的根源，对于中国人价值观念的形成、各学派伦理观念的形成具有如何的创生意义？这一系列问题的梳理研究都具有发生学的意义。文章写作的范例与经典的传播和学习相关，经典的典范性在历代的传播中对受学者影响是巨大的，《尚书》记言体史料，原本是根据不同对象、不同场合发出的言诰，但句式长短、结构设计、逻辑推演等不同的言说方式、说话者不同的语气和情感，类似文诰汇聚在一起自然有了相同的特性，逐渐被人效仿摹写，文体就应运而生，与之相应的不同文体就有了不同文风、修辞、结构等问题，实用言诰的不同形式逐渐转化为书写时代的写作范例。《尚书》六体：典、谟、训、诰、誓、命，成为官方文诰的重要体式，发挥着重要的社会功能。这些文体又随时代变化而逐渐演化，训、诰、誓、命这些原本具有与神灵沟通的宗教性质的文体，逐渐转化为上诰下的言说，典载大事而逐渐流衍为正史之本纪，谟、诰启迪了历代会要、诰敕的汇编，誓开启后世之檄文，章、表、奏、策等文体皆可溯源于《尚书》。"言志"对中国文学观念、艺术价值的规范作用，需要深入发掘提炼。《尚书》对于文章学的发生研究具有重大意义。历代《尚书》学家的著述由于种种原因散失严重，辑佚不是简单的资料收集，还涉及资料的处理，带有很强的理论色彩，比如清人对今古文的不同认识会导致对同一材料的不同处理，在文献辑佚中应当对辑佚学方法理论进行反思、建构和完善。《尚书》辨伪，又涉及辨伪的基本理论，在《尚书》辨伪中把握反思辨伪学的基本方法和理论。

研究内容决定研究的思路、视角和路径。"《尚书》学研究"由文献整理考辨、知识体系梳理和观念诠释传承三部分内容构成，文献整理、考辨以"历史真实"为根本，知识体系梳理以"全面系统"为目标，观念诠释、传承以"综合利用"为旨归。故本课题研究的总体思路、研究视角和研究路径及其学理依据、科学性和可行性包括以下四点：

一是遵循考据、义理和辞章并重的研究思路。从课题设置的内在学理上，遵循了立足文献来考察、研究学术问题的研究路数，体现出从理性实证到理论思辨相结合的研究风格。具体来说，子课题一是从出土文献与传世文献比对的视角对《古文尚书》真伪问题进行考辨，对考据功夫有很高的要求，涉及大量文献学知识；子课题二是对《尚书》在历史传播过程中衍生出的大量文献进行整理，涉及版本学、目录学、校勘学、训诂学、音韵学等相关知识；子课题三是对《尚书》文本中的名物、制度进行体系化阐释，所涉内容多，有些甚至属于绝学研究范畴，亦需要较高的文献考据功夫。子课题四是对《尚书》作为文章之祖所具有的基本辞章特性进行义理方面的剖析，包括文源论、文法论、文用论等，并详细梳理其对后世中国文章学的发展产生的重要影响，需要对文章学乃至语言文学等问题有精准的理论把握，这就涉及了传统文化研究所强调的辞章和义理两个层面的研究。子课题五是对《尚书》所蕴含的核心价值观及其历史功用进行系统研究，需要对价值哲学乃至伦理哲学、政治哲学、宗教学、生活哲学等问题有着高屋建瓴的理论把握，这主要涉及到义理研究。考据、义理、辞章并重是本课题研究的基本思路。

二是以问题意识为导向，重视研究目标设置的价值追问。课题以正确阐释《尚书》精义及探讨《尚书》学与中国道统、政统、文统之间的关系为抓手，把《尚书》所涉及的中华民族传统的名物制度、文章学、价值论以及经学史的研究熔为一炉，这就从更深层次揭示了《尚书》学的根源性影响，也就为新时期《尚书》学研究开辟了更为广阔的研究领域，为新时代建构完整的《尚书》学体系打开了思路。完全可以说，基于价值追问的学术价值判断，是本课题确立研究目标和研究重点的学理根基。正是因为这一点，本课题选取了《古文尚书》真伪、《尚书》学案、《尚书》名物制度、《尚书》文章学、《尚书》核心价值观为研究范畴，而对常规的语言学、文体学、诠释学、编纂学、传播学等《尚书》学研究内容并无研究计划，其目的正在于凸显《尚书》所具有的统系"祖型"历史地位和基于深层次影响等方面的巨大文化成就。

三是以建构中国气派的元典诠释学为目标，内化为构建独具特色的中国哲学社会科学学术话语体系和"中学为体，西学为用"的学理支撑，以此提升课题研究的学术境界和学术高度。本课题对中华治政元典《尚书》文本及《尚书》学史料的呈现状态、生成路径等进行研究，探寻其生成规律、传播规律、表现形态和留存方式等；探讨《尚书》的文章学意义、《尚书》的名物制度体系、《尚书》核心价值观的表现范式和范型等；对《尚书》学所内蕴的文献进行整理考辨，对其内含的知识体系进行梳理，对其凸显的义理进行诠释传承，从而在诠释学层面上，探讨中西方哲学界共同关注的重大哲学命题——元典诠释学的话语体系异同，在理论层面上对中国传统经典注疏与西方经典诠释两种模式进行融通互化，文章学、名物制度、"学案"体等凸显了对中国传统学术的坚守，对中国气派、中国特色学术话语体系的重建，而《尚书》核心价值观则是对西学中用的学术贯通式的尝试与坚守传统研究模式的有益补充，整体性深化、推进了中华元典诠释学模式的探索。上述研究思路，表征着本课题研究的学术高度和学术境界。

四是课题采取多层次多角度的探索，尤其注重哲学、史学、文学层面的贯通探索，打破学科界线，在史实的考论中实现理论的突破。研究思路取决于研究对象，《尚书》辨伪学和"《尚书》学案"以翔实的原始材料为依托，尽可能将史料的整理与对学术文化演变的理论思考分析结合起来，文献学是最基本的方法。在名物学、文章学、核心价值观研究中重理论探讨，涉及历史学、文艺学、伦理学、政治学，体现的是现象描述与规律揭示相表里的研究原则，主要采用宏微观并重、点面结合、考论相济的研究思路。

本课题研究问题拟采用的具体研究方法、研究手段和技术路线包括：

一是采用历史、辩证、逻辑相统一的研究方法。在本课题研究过程中，要坚持以发展的、动态的、联系的研究思想来对待研究对象，警惕孤立地、割裂地、静止地研究问题，要突出中华元典研究的历史根源性，重视其学理逻辑和历史逻辑相统一而以历史逻辑为主的特征。本课题有关文献真伪考辨、学术编年、学案资料梳理、文章学专题研究、名物制度专题研究、核心价值观专题研究，均需以上述"三个相统一"为指导才能保证研究成果的客观性、科学性。要警惕历史上一些《尚书》诠释学文本中存在的历史空想主义以及各种主观臆断、各种概念的偷换等认知方式和价值判断方式的负面影响，历史上的经学家的认知水平和思维模式，在一定程度上是有局限性的，他们在表述问题、构建体系、诠解经典文本时，往往存在不顾因果而强为臆说、割裂文献而自作新说甚至误用文献说理等现象，这就要求我们在对《尚书》学历史文献进行研究时，善于甄别，小心使用。

二是采用定量、定位和定性并重的研究手段。中华元典领域的相关学术研究，同样需要满足现代意义上科学研究的必备前提：其一，准备研究的学术问题必须是客观的、实在的、恒定的历史存在；其二，此问题应有确定的时间、空间、数量、范围等规定性的内涵与外延界定。如果不能满足上述两个前提，那么，所研究的课题要么是伪命题，要么是无法研究的"问题"，后续研究将毫无意义。基于这一考虑，本课题明确辨析了《尚书》学是客观、恒定、实在的历史存在，同时界定了课题研究的时空，古今中外一切有关《尚书》的学问都在考察范围内，框定了《尚书》学研究具体内容的三个层面五个子课题，即在"出土文献与《古文尚书》真伪研究""《尚书》学案"两个以文献整理考辨为核心层面的基础上，画出了两条纵横交错的轴线，先对《尚书》知识体系维度（主要是名物、制度两种知识体系）做纵横双向度的系统勾勒，再对《尚书》文章学、核心价值观维度做时空流布的精准剖析，双线互动，最终实现对《尚书》学的多维透视。可见，本课题研究符合定量、定位与定性研究相结合的现代科学研究要求。

三是采用理性实证、义理思辨、理论建构并行的技术路线。本课题的前两个子课题以及"《尚书》文献选辑"部分属于文献整理范畴，在具体文献研究过程中，必然涉及文字校勘、文献真伪考察以及文献传播系统梳理等方面，其遵循原则在于求真求实，强调的是理性实证。第三个子课题《尚书》名物制度研究，虽然归属于知识体系梳理范畴，但其具体研究路径也依托文献的集成与考辨，同样也遵循求真求实的理性实证原则。本课题的第四、五子课题,则属于在使用经过确认的真实历史文献基础上的"问题"研究,涉及《尚书》文章观及其对后世文章学生成、发展嬗变的影响,《尚书》核心价值观的文义表达、语义潜转及其在后世如何成为民族品格的核心表征等问题的研究,其遵循的原则在于求用,强调的是义理思辨。正是由理性实证层面到义理思辨层面的推进,共同形成了本课题的理论建构。采用这种理性实证、义理思辨、理论建构并行的技术路线,符合本课题研究对象所具备的基本特征,既具有恰切的适应性,又具有很好的可行性。

四是坚持以研究焦点问题、关键问题、理论问题为核心的研究理念。本课题始终将精力集中在焦点问题、关键问题和理论问题三个层面上。《尚书》真伪问题是长期困扰《尚书》学界的焦点问题,幸运的是,地不爱宝,清华简中有二十余篇《尚书》类的文献面世,这些属于周秦时期的出土文献为我们解决《古文尚书》真伪问题提供了可能,也为我们整理历代《尚书》学案中相关学者的学术地位提供了公允的评判视角。以"学案"来梳理《尚书》学的历史嬗变,以之为解决后面的理论问题提供系统完整的资料基础,是本课题研究的关键所在。"《尚书》学案"将为学界提供一个系统的以历代《尚书》学家、《尚书》学著述、《尚书》学事件等为主体的专经"学案"体系,研究内容虽属于基础性工作,但涉及的史料非常丰富,需要集中人力物力攻关。《尚书》文本所蕴含的核心价值观、文章观是如何发生或形成的,以及《尚书》学对中国传统主流价值观、文章学的建构如何形成影响,又如何规范着古代中国文统、政统、道统的走向,显然这些都属于本课题的理论建构问题,也是本课题研究的理论制高点。

总之,本课题绝非是传统式的就经学论经学的研究,而是在多学科的交叉视野中立体地考察《尚书》学。本课题研究内容丰富,课题组将打破学科壁垒,根据研究对象的需要来确定学科视野和具体研究方法,有时为了解决一个问题要综合运用多学科知识,在总体上涉及文献学、文学、语言文字学、历史学、思想史、哲学、政治学、教育学、文化传播学、现代信息学等多个领域。比如《尚书》对历代治政伦理的规范,对于中国文学观念、文学形式的生成,对于中国历史哲学、伦理学的建构,《尚书》阐释对于中国思想史、学术史的推进,《尚书》版本的流变、今古文之争、伪古文之争对于文献学的发展，这些有关《尚书》学的课题研究，都具有重要的理论价值和实践意义。具体来看，"《尚书》学案"以及对《尚书》学义理的阐释，需要运用文学、小学、阐释学、分析哲学等方法，而对《尚书》名物制度、真伪考辨、文章学、价值观的考察，则离不开对历史、社会、政治、文化等领域的审视。本课题第一次把"《尚书》学"作为一个整体性的重要的学术命题提出来，并且从文献、知识、观念三个不同体系予以观照，此前学术界从来无人对《尚书》学做过全面大规模的系统研究，这本身就具有一定的突破性。不仅如此，在多个子课题选题方面也分别有所突破。如第一次通过"学案"体例进行大规模的《尚书》学术史文献梳理，完成第一部"《尚书》学案"专著，以此展示《尚书》知识、观念和文献三体系的生成发展历程、社会功能的动态发展过程，必将极大地推进传统经典专题文献整理的思维视野和研究途径。第一次从名物、制度视角对《尚书》知识体系及其历史影响进行系统研究，完成第一部"《尚书》名物制度研究"，借此科学呈现《尚书》名物制度体系的内在构成、外在形态、话语表述类型、文化功能层次、古为今用转换契合点等内容。第一次系统梳理历代重要《尚书》类著述文献，约三百余部，分五辑结集出版，借此为《尚书》学界、经学研究者提供一套容量庞大的《尚书》学文献集成。第一次深层次地揭示《尚书》的文章学意义及其与中国乃至东亚各国古代文章学所具有的政教特质之间的相互生发关系，纠正以往过于偏向"纯文学"的研究取向。第一次从价值论视角对《尚书》的核心价值观及其何以影响后世中华民族价值观的嬗变进行系统审视，完成第一部"《尚书》核心价值观研究"，以此推动转化其核心价值观的精华内容，为当代社会主义核心价值观提供理论资源，进而为实现中华民族伟大复兴的中国梦做出应有的贡献。

马士远

庚子清明

前　言

汉代流行隶书，伏生《书》是用隶书书写的，所以称《今文尚书》。而《古文尚书》之"古文"，指的是战国时期的古文字，又称"蝌蚪文"。《古文尚书》主要是因为与当时流行《尚书》的字体不同而得名。《汉书·艺文志》曰：

> 《古文尚书》者，出孔子壁中。武帝末，鲁共王坏孔子宅，欲以广其宫。而得《古文尚书》及《礼记》《论语》《孝经》，凡数十篇，皆古字也。共王往入其宅，闻鼓琴瑟钟磬之音，于是惧，乃止不坏。孔安国者，孔子后也，悉得其书，以考二十九篇，得多十六篇。安国献之。遭巫蛊事，未列于学官。①

鲁共（恭）王为扩建自己的宫殿，毁坏孔子之宅，得壁中《古文尚书》，其篇目比《今文尚书》多出16篇。孔安国整理《古文尚书》之后，其家人献书于朝廷，恰逢巫蛊之事发，结果未能立于官学。今文经早出，立于学官。《古文尚书》出现时代晚，与《今文尚书》相比，篇目不同，经文略有差异。更深层的原因，是利禄之争。所以自古文经出现之后，遭到了今文经学家的强力打压。

西汉时期，由于没有立于官学，《古文尚书》更多地以家学或私学的形式在民间传授。西汉末年，王莽当政，《古文尚书》曾短暂立于官学。后来王莽败亡，它也随即失去了官学的地位。

---

① （汉）班固：《汉书》卷三〇，中华书局1962年版，第1706页。

东汉时期，今文经学注释经文烦琐，迷信谶纬，内容荒诞，缺乏学术生命力，日渐衰微。古文经学训诂简明，义理显达，代表了经学发展的方向，渐趋兴盛。在今文、古文的激烈竞争中，杜林漆书是古文经学摆脱颓势的重要转捩点。《后汉书·杜林传》：

> 林前于西州得漆书《古文尚书》一卷，常宝爱之，虽遭难困，握持不离身。出以示宏等曰："林流离兵乱，常恐斯经将绝。何意东海卫子、济南徐生复能传之，是道竟不坠于地也。古文虽不合时务，然愿诸生无悔所学。"宏、巡益重之，于是古文遂行。①

杜林在西州得《古文尚书》，喜爱有加，即便是身陷困顿之中，依然爱不释手。贾逵、马融、郑玄为漆书古文作训注，杜林传授弟子卫宏、徐巡，《古文尚书》之学遂显于当世。两汉时期，《古文尚书》的版本曾多次出现，如河间献王本、孔壁古文、张霸"百篇"、杜林漆书等，可惜都已失传，流传到今天的唯有梅赜所献《古文尚书》。

唐代陆德明《经典释文·叙录》云：

> 江左中兴，元帝时，豫章内史枚赜（字仲真，汝南人）奏上孔传《古文尚书》。亡《舜典》一篇，购不能得，乃取王肃注《尧典》，从"慎徽五典"以下分为《舜典》篇以续之，学徒遂盛。②

东晋政权初建，官学缺《书》经，豫章内史梅赜向元帝献《古文尚书》，以补当时之亟需。梅赜所献《尚书》共58篇，附带《孔传》，其中33篇与伏生传今文《尚书》29篇内容相同，不同的只是篇章分合，即从《尧典》分出《舜典》，从《皋陶谟》分出《益稷》，《盘庚》分为上、中、下三篇，《顾命》分出《康王之诰》。这33篇是可信的。

另有25篇明显不同于汉传本，即《大禹谟》、《五子之歌》、《胤征》、《仲虺之诰》、《汤诰》、《伊训》、《太甲》三篇、《咸有一德》、《说

---

① （南朝宋）范晔：《后汉书》卷二七，中华书局1965年版，第936—937页。
② （唐）陆德明：《经典释文》，中华书局1983年影印本，第8页下栏。

命》三篇、《泰誓》三篇、《武成》、《旅獒》、《微子之命》、《蔡仲之命》、《周官》、《君陈》、《毕命》、《君牙》、《冏命》，为我们今天所称的《古文尚书》。本书所说的辨伪，主要是指《古文尚书》25 篇的真伪问题。另外，我们借鉴程廷祚《晚书订疑》的意见，又称梅赜本古文 25 篇为"晚书"。特向读者说明。

秦始皇焚书坑儒，是中国文化史上一次空前的浩劫。秦火之后，《尚书》文本仅存伏生《今文尚书》29 篇（或说 28 篇），孔壁《古文尚书》16 篇。东汉至魏晋之际，孔壁古文 16 篇也亡佚。作为五经之一，中华民族的煌煌巨典《尚书》流传到今天，学界公认的可信文本仅残存伏生 29 篇。

敦煌出土汉文《尚书》写本 51 件，吐鲁番出土 7 件，涉及"晚书"13 个篇目。郭店简、上博简引《尹诰》《君陈》《君牙》《大禹》《诏命》，与"晚书"密切相关。2008 年 7 月，清华大学入藏一批购自香港文物市场的战国时期竹简（简称清华简），其中包含《书》类文献 20 多篇，有些篇目为汉儒所未见，是继孔壁中经之后，《尚书》类文献的又一次重大发现。"晚书"公案之所以难以解决，关键是文献资料的匮乏。而出土文献的大量面世，使考辨学术史上最大公案纠纷的时机已经成熟。

目　　录

第一章　《古文尚书》研究综述 …………………………………（1）
　第一节　"《古文尚书》伪书"说成为学界主流意见 ……………（1）
　　一　宋代"《古文尚书》伪书"说初现端倪 …………………（1）
　　二　元明时期对《古文尚书》作伪的揭示 ……………………（9）
　　三　清代"《古文尚书》伪书"说成为定论 …………………（16）
　　四　明清时期学者为《古文尚书》辩护之声…………………（26）
　　五　疑《书》之风的扩大化……………………………………（30）
　第二节　民国以来"《古文尚书》伪书"说的延续与补充 ……（31）
　第三节　20世纪80年代以后对《古文尚书》公案的
　　　　　重新反思……………………………………………………（36）
　　一　对《古文尚书》文本来源的考察…………………………（38）
　　二　汉魏学术传承与《古文尚书》成书………………………（39）
　　三　对清人辨伪成果及方法的重新评判………………………（40）
　第四节　中国港台地区及海外《古文尚书》研究………………（44）
　　一　中国港台地区关于《古文尚书》的论争…………………（44）
　　二　日本学者对《古文尚书》的考察…………………………（51）
　　三　朝鲜《古文尚书》学研究…………………………………（57）

第二章　出土文献与先秦《书》类文献研究……………………（62）
　第一节　春秋时期《书》类文献传流……………………………（62）
　　一　界定春秋时期引《书》的标准……………………………（64）
　　二　春秋《尚书》学的特点……………………………………（65）

第二节 战国时期《书》类文献分系研究 …………………… (76)
  一 清华简与儒家《尚书》系统比较 …………………… (77)
  二 清华简与墨家引《书》比较 ………………………… (108)
  三 清华简与道家《书》类文献比较 …………………… (125)
  四 清华简与法家《书》类文献比较 …………………… (130)
  五 战国时期《书》类文献编纂、传流的特征 ………… (133)
  六 先秦时期不同《书》类文献系统形成的原因 ……… (159)

第三章 两汉时期的《古文尚书》传流 ……………………………… (169)
  一 汉魏孔氏家学与"晚书"25篇没有直接的关联 …… (170)
  二 孔氏家学《古文尚书》的内容 ……………………… (172)
  三 杜林漆书与孔壁古文之间的关联 …………………… (174)

第四章 《古文尚书》与魏晋之际的经学转型 ……………………… (180)
  一 郑玄《礼记注》与《古文尚书》作伪的时间节点 … (181)
  二 辑补《古文尚书》属于"经学家"层面的作伪 …… (185)
  三 《古文尚书》作伪可能出自郑冲一派 ……………… (192)
  四 郑冲《古文尚书》来源考 …………………………… (196)
  五 《古文尚书》作伪者与献书者可能并非一人 ……… (200)
  六 《古文尚书》与魏晋之际的经学转向 ……………… (203)
  七 作伪的种类及伪书价值的开显 ……………………… (206)

第五章 对明清以来《古文尚书》辨伪的回顾与反思 ……………… (212)
第一节 对明清时期《古文尚书》辨伪成果、方法的
    重新反思 …………………………………………… (212)
  一 王充耒质疑《古文尚书·说命》 …………………… (212)
  二 梅鷟的《古文尚书》辨伪 …………………………… (213)
  三 阎若璩的辨伪成就 …………………………………… (215)
  四 毛奇龄与《古文尚书冤词》 ………………………… (222)
  五 皮锡瑞言《古文尚书》语意重复 …………………… (224)
第二节 对近现代辨伪方法的回顾与反思 …………………… (225)

结　语 ………………………………………………………… (231)

附　录 ………………………………………………………… (234)
　　附表一　《左传》引《书》表 ………………………………… (234)
　　附表二　《国语》引《书》表 ………………………………… (239)
　　附表三　《墨子》引《书》表 ………………………………… (241)
　　附表四　《孟子》引《书》论《书》表 ……………………… (245)
　　附表五　《荀子》引《书》论《书》表 ……………………… (247)
　　附表六　道家引《书》论《书》表 …………………………… (249)
　　附表七　《韩非子》引《书》论《书》表 …………………… (250)
　　附表八　《吕氏春秋》引《书》表 …………………………… (251)
　　附表九　出土文献引《书》表 ………………………………… (252)
　　附表一〇　出土文献论《书》表 ……………………………… (254)

参考文献 ……………………………………………………… (255)

后　记 ………………………………………………………… (265)

第一章

《古文尚书》研究综述

第一节 "《古文尚书》伪书"说成为
学界主流意见*

《尚书》辨伪，自汉代已经显露端倪。《汉书·儒林传》记载：

> 世所传"百两篇"者，出东莱张霸，分析合二十九篇以为数十，又采《左氏传》《书叙》为作首尾，凡百二篇。篇或数简，文意浅陋。成帝时求其古文者，霸以能为"百两"征，以中书校之，非是。

汉成帝时，东莱张霸采辑《左传》等传世文献，伪造 102 篇《尚书》，文辞浅陋。成帝命人以中秘本校之，其伪造之事遂大白于天下。汉武帝时，民间又有人献单篇《泰誓》，亦非其本经。后来，张霸所献"百二篇"也亡佚了。本书所讨论的辨别真伪，则围绕梅赜所献《古文尚书》25 篇展开。

一 宋代"《古文尚书》伪书"说初现端倪

东晋时期，《古文尚书》被立于学官，置博士。唐贞观年间，孔颖达等学者奉诏编纂《五经正义》，其中《尚书正义》即以孔传《古文尚书》为底本，其后成为钦定的科举考试书目。上至经筵讲习，下到民间私塾，"晚书"在当时社会上广为流布。在形塑知识分子精神世界层面，它发挥

---

* 本节部分内容发表于《中原文化研究》2018 年第 5 期，此处收录时有改动。

了举足轻重的作用。自东晋至隋唐，六百年间，梅赜所献《古文尚书》列为官学，并未引起学者的怀疑。

（一）吴棫与《书裨传》

两宋时期，辨伪疑经思潮兴盛。吴棫，字才老，祖籍福建建安。南渡之后，他撰《书裨传》十三卷。吴棫对《古文尚书》质疑，最核心的一点，就是细致比对今文、古文的差异。他说：

> 伏生传于既耄之后，而安国为隶古，又特定其所可知者。而一篇之中，一简之内，其不可知者盖不无矣。乃欲以是尽求作书之本意，与夫本末先后之义，其亦可谓难矣。而安国所增多之书，今篇目俱在，皆文从字顺，非若伏生之书，诘屈聱牙，至有不可读者。夫四代之《书》，作者不一，乃至二人之手，而遂定为二体乎？其亦难言矣。①

吴棫首倡《古文尚书》伪书说②，他的依据是《古文尚书》与《今文尚书》文体难易有别，辞气明显差异。《今文尚书》诘屈聱牙，晦涩难通，《古文尚书》反而文从字顺，平缓卑弱，难免有作伪的嫌疑。四代之《书》，作者自然不同，怎么会因为伏生和孔安国，而成为两种风格不同的文体呢？

吴棫又说："汤、武皆以兵受命，然汤之辞裕，武王之辞迫；汤之数桀也恭，武之数纣也傲，学者不能无憾。"③ 同样是以武力得天下，商汤伐桀之辞从容、恭敬，武王谴责纣王之辞紧迫、倨傲。他怀疑《泰誓》篇之伪，依然是以辞气作为判断的主要依据。

吴棫《书裨传》十三卷，凡总说、书序、君辨、臣辨、考异、诂训、

---

① 转引自（明）梅鷟《尚书考异》卷一，中华书局1985年版，第7—8页。

② 朱彝尊说："说《书》疑古文者，自才老始。"唐代孔颖达虽提出伪书的观念，但他以梅赜古文为真，怀疑汉儒所传之古文，属于黑白颠倒。吴汝纶《记写本尚书后》认为"晚书"之揭发始自韩愈的弟子李汉《昌黎先生文集序》，但李汉对于《尚书》之伪没有明确的界定，估计不出孔颖达之外。其他像郑樵《书辨讹》、叶梦得《书传》等，皆未真正揭示《古文尚书》的真伪问题。

③ 转引自（清）阎若璩撰，黄怀信等校点《尚书古文疏证（附古文尚书冤词）》（下），上海古籍出版社2013年版，第599页。

差牙、孔传八篇，考据详博，开启了后儒考辨《古文尚书》真伪的序幕，可惜该书已经失传。朱熹对吴棫经文的辨伪充分肯定，同时又指出其不足："近看吴才老说《胤征》《康诰》《梓材》等篇，辨证极好。但已看破小序之失而不敢勇决，复为序文所牵，亦殊觉费力耳。"① 在朱熹看来，吴棫已经意识到《书小序》的失误之处，却不够果敢，没有对它展开进一步的考辨。

（二）林之奇与《尚书全解》

南宋林之奇相信"晚书"为真，他怀疑刘歆所见为张霸伪本，殊为无据。但他对今古文差异的解释，有其独到之处。《尚书全解·序》："余乃伏生之《书》多艰深聱牙，不可易通。伏生之《书》所以艰深不可通者，伏生，齐人也，齐人之语多艰深难晓。"② 林之奇不仅注意到今文与古文语言风格的差异，而且对伏生《书》艰深难晓的原因，做了解释。伏生传《书》，晁错受《书》。他认为伏生是齐国人，在传授《今文尚书》时羼杂进了齐语，所以佶屈聱牙，文辞古奥。

对照清华简以及郭店简、上博简引《书》，伏生《书》与战国时期《书》类文献的版本非常接近。可知晁错受学于济南伏生，伏生传《书》，也是据版本传授的，并非纯粹口授。齐语羼杂之说，似不可信。

对于《今文尚书》的文辞艰涩，刘起釪怀疑是因为周人用西土岐周方言讲的。③ 清华简《傅说之命》属于《商书》，清华简《摄命》属于《周书》，文辞皆古奥难懂。殷周时期距离我们生活的时代，已经有三千多年。所以我们猜测《尚书》佶屈聱牙的语言风格，更多的是与时代久远有关。所谓岐周方言混杂，以致今文语言艰涩，可能是凿空附会之论。

（三）朱熹质疑"晚书"经传及《书序》

朱熹（1130—1200年），字元晦，晚年称晦庵、紫阳，徽州婺源人。朱熹注意到辞气与时代之间的关系，他延续吴棫的理路，强调《古文尚书》与《今文尚书》文体存在差异，言语气象卑弱，不似先汉之文厚重有力量。《朱子语类》卷七十八说："孔壁所出《尚书》，如《禹谟》《五

---

① 郭齐、尹波点校：《朱熹集》（第3册），四川教育出版社1996年版，第1495—1496页。
② （宋）林之奇著，陈良中点校：《尚书全解·序》，人民出版社2019年版，第2页。
③ 参见刘起釪《尚书学史》（订补修定本），中华书局2017年版，第62页。

子之歌》《胤征》《泰誓》《武成》《冏命》《微子之命》《蔡仲之命》《君牙》等篇皆平易，伏生所传皆难读。如何伏生偏记得难底，至于易底全记不得？此不可晓。"① 《今文尚书》佶屈聱牙，伏生皆背诵记得，而《古文尚书》浅显平易，伏生却不记得，此与常理不合。

《朱子语类》卷七十八曰："孔《书》至东晋方出，前此诸儒皆不曾见，可疑之甚！"② 又曰："岂有数百年壁中之物，安得不讹损一字？"③ 《古文尚书》此前经传中并无记载，为何在东晋时期突然出现？竹书在孔壁中保存数百年，必然会有文字残损，但《古文尚书》却只字不缺。朱熹从竹简在孔壁中保存情况、东晋以前文献记载的源流，质疑《古文尚书》存在问题，颇有见地。

《朱子语类》卷七十八云："《尚书》孔安国传，此恐是魏、晋间人所作，托安国为名。"④ 又《朱子语录》卷八十曰：

至如《书大序》，亦疑不是孔安国文字。大抵西汉文章浑厚近古，虽董仲舒、刘向之徒，言语自别。读《书大序》便觉软慢无气，未必不是后人所作也。⑤

《书大序》虽表面上名为孔安国所作，其行文风格软慢无气，却不似西汉文章。对于《孔传》，朱熹说："汉儒训释文字，多是如此，有疑则阙，今此却尽释之。岂有千百年前人说底话，收拾于灰烬屋壁中与口传之余，更无一字讹舛？理会不得！"⑥ 《尚书》佶屈聱牙，汉儒不能尽释，采取的态度是多闻阙疑。而《孔传》将《尚书》每一句皆训解得清晰明白，这种过分完美反而让人心生疑窦。

朱熹又说："孔安国解经最乱道，看得只是《孔丛子》等做出来。"⑦

---

① （宋）朱熹：《朱子语类》卷七八，中华书局1986年标点本，第1978页。
② 同上书，第1985页。
③ 同上书，第1978页。
④ （宋）朱熹撰，朱杰人等主编：《朱子全书》第16册，上海古籍出版社、安徽教育出版社2002年版，第2634页。
⑤ （宋）朱熹撰，朱杰人等主编：《朱子全书》第17册，第2747页。
⑥ （宋）朱熹撰，朱杰人等主编：《朱子全书》第16册，第2634页。
⑦ 同上书，第2634页。

《孔丛子》出自汉魏孔氏家学，朱熹怀疑《书大序》"是做《孔丛子》底人一手做"①，他已经论及"晚书"与汉魏孔氏家学之间关系的问题了。

据传统的说法，《书小序》为孔子所作。朱熹多次讲述他对《书小序》的怀疑，说"《小序》皆可疑"，否认它与孔子之间的关系。至于个中缘由，朱熹解释说是《书小序》文体软弱，内容颇与经文不合，其成书在周秦间。和吴棫相比，朱熹怀疑的对象进一步扩大，怀疑《孔传》《书小序》及《书大序》皆为后儒伪造。

朱熹对《古文尚书》的怀疑，前后观点也颇为游移不定，像《书大序》的成书时间，就有后汉末、魏晋间、晋宋间、六朝时等不同意见。②对"晚书"各部分的态度也不同，对于《书序》痛加排斥，而对经文的态度则相对缓和。《朱子语类》卷七十九："《书》中可疑诸篇，若一齐不信，恐倒了六经。"③宋儒推崇的"虞廷十六字心传"等重要理学观念，大都在《古文尚书》之中。宋儒研究《尚书》的根本目的，在于探求"圣人之心"。朱熹从崇经卫道的角度，反对彻底否定《古文尚书》。他说"《书》有两体，有极分晓者，有极难晓者"④，朱熹也曾尝试以"《书》有两体"的逻辑，解释今文、古文的差异，委婉地维护《古文尚书》的权威地位。⑤

今文艰涩奇崛，古文平实易晓，如今人语。吴棫、朱熹所言，是读《古文尚书》经传时的真切感受，所以引起了蔡沈、洪迈、晁公武、陈振孙等学者的强烈共鸣，"《古文尚书》伪书"说迅速扩展开来。朱熹虽已看出"晚书"之伪，但出于崇经卫道的目的，态度并不果决。我们不能因为朱熹态度的摇摆不定，而否定其筚路蓝缕之功。

（四）王柏怀疑孔壁古文

王柏乃朱熹的三传弟子，他作《书疑》九卷，对《今文尚书》《古文尚书》并疑之。《古文尚书》出自孔壁之书，而"孔壁之书皆科斗文字"，

---

① （宋）朱熹撰，朱杰人等主编：《朱子全书》第18册，上海古籍出版社、安徽教育出版社，第3906页。
② 杨世文：《走出汉学：宋代经典辨疑思潮研究》，四川大学出版社2008年版，第324页。
③ （宋）黎靖德编：《朱子语类》第5册，崇文书局2018年版，第2052页。
④ 同上书，第1980页。
⑤ 参见姜龙翔《朱子疑〈古文尚书〉再探》，《嘉大中文学报》2011年第5期。

王柏从"孔壁中书用蝌蚪文字写成"着手,力辨"晚书"之伪。他说:

> 孔氏之遗书,如《周易·十翼》《论语》《大学》《中庸》之属,皆流传至今,初不闻有科斗之字于他书,而独记载于《书大序》,其张皇妄诞,欺惑后世无疑。①

王柏不是否定先王之经,而是怀疑后儒所传之经。他认为,孔子之遗经,像《易传》《论语》之类,流传至今,都不是蝌蚪文字写成。孔壁古文为蝌蚪文字,只见于《书大序》,不见于其他文献,必是荒诞欺世之说。汉初既然"科斗书废已久,时人无能知者",孔安国又怎能参伍点画、考验偏旁,而把古文隶定为隶书?他兼以夏商时期的青铜器物铭文为参证,认为当时并无蝌蚪文字,所谓颛顼传蝌蚪文字之说,不过是《书大序》作者的附会之辞。

蝌蚪文乃战国古文字,与商周铭文字体明显不同。王柏没有见过蝌蚪文,他不了解文字隶定的过程。更为关键的是,孔壁古文是可信的,王柏没有理清孔壁古文与"晚书"之间的差异。既然"根柢"已失,其论证纰缪显而易见。

"曰若稽古帝舜,曰重华,协于帝。浚哲文明,温恭允塞,玄德升闻,乃命以位",《舜典》最初并无此28字,乃南齐姚方兴等人所补。王柏指出,"玄德"两字,儒家六经所无,恐出自东晋老庄之学。从语词角度,考证姚方兴补增之伪,颇有新意。王柏于《尚书》"全经而移易补缀",据己意随意改动经文,则多为后儒所诟病。

(五) 金履祥《尚书表注》

金履祥是王柏的学生,他延续王柏的思路,说:

> 履祥疑安国之序盖东汉人为之。不惟文体可见,而所谓闻金石丝竹之音,端为后汉人语无疑也。盖后汉之时,谶纬盛行,其言孔子旧居,事多涉怪。如"阙里草自除""张伯藏璧一"之类,如此附

---

① (宋)王柏:《书疑》卷一,《丛书集成初编》本,中华书局1991年版,第3页。

会多有之，则此为东汉传古文者托之，可知也。①

金履祥认为《书大序》乃东汉儒者所为，其证据：一是文体，"绝不类西汉文字"；二是"闻金石丝竹之音"，乃东汉时人用语。金履祥和王柏一样，从文体、语词角度考察《古文尚书》之伪，启迪了此后学者考辨"晚书"的路径。

关于《书小序》，金履祥延续朱熹的推断，否认孔子与《书小序》之间的关联，他认为"《小序》事意，多谬经文，而上诬孔子"。对于《书小序》的作者，《尚书表注》云：

> 若《书序》果出壁中，亦不可谓非附会者。盖孔鲋兄弟藏书之时，上距孔子殁垂三百年，其同藏者《论语》《孝经》。《论语》既有子、曾子门人所集，《孝经》又后人因五孝之训，而杂引《诗》《书》传记之语附会成书，何为古书皆是夫子旧本？则其为齐鲁诸儒次序附会而作序，亦可知也。②

《论语》为有子、曾子等孔门弟子所集，《孝经》是后儒引传记之语附会成书。如果《书小序》是和《论语》《孝经》同出于孔壁，则也可能是齐鲁诸儒附会、杜撰之作。金履祥据孔壁藏《论语》《孝经》，对"晚书"展开反思，颇有启发性。

（六）其他怀疑《古文尚书》者

赵汝谈撰《南塘书说》三卷，其书"疑古文（《古文尚书》）非真者五条，朱文公尝疑之，而未若此之决也"③。赵汝谈怀疑"晚书"乃后儒杜撰，态度虽比朱熹更为坚决，但所列证据似乎并未超出朱熹之外。

陈振孙《尚书说》已经不传，我们只能从零星的文献记载中，管窥其对古文的意见。《直斋书录解题》卷二云：

---

① （宋）金履祥：《尚书表注》卷首《尚书序注》，中华书局1985年版，第1页。
② 同上书，第4页。
③ （宋）陈振孙：《直斋书录解题》卷二，《丛书集成初编》本，中华书局1985年版，第32页。

考之《儒林传》，安国以古文授都尉朝，弟弟（子）相承，以及涂恽、桑钦，至东都，则贾逵作训，马融、郑康成作传注解。而逵父徽实受《书》于涂恽，逵传父业，虽曰远有源流，然而两汉名儒皆未尝实见孔氏古文也。岂惟两汉，魏晋犹然。凡杜征南以前所注经传，有援《大禹谟》《五子之歌》《胤征》诸篇，皆云"逸书"。其援《泰誓》者，则云今《泰誓》无此文。盖伏生《书》亡《泰誓》，《泰誓》后出，云武帝末民有献者，或云宣帝时河南女子得之。所载白鱼火乌之祥，实伪书也。然则马、郑所解，岂真古文哉？①

孔安国古文之学，弟子前后相继，以至涂恽、桑钦，贾逵父受古文之学于涂恽，以传贾逵。两汉古文传授的脉络清晰，但陈振孙却得出了错误的结论，说"两汉名儒皆未尝实见孔氏古文"。不仅两汉儒者未见孔氏古文，马融、郑玄所见古文，恐也非真古文。陈振孙没有分清两汉古文与梅赜本古文之间的区别，其所立论进退失据，难免偏颇。但他从文献源流以辨"晚书"之伪，在方法上亦有可取之处。他又说："夫以孔注历汉末无传，晋初犹得存者，虽不列学官，而散在民间故耶？"② 陈振孙考虑到"晚书"与民间传流之间的关系，亦颇为难能可贵。《四库全书总目》作者对陈振孙《书》学的评价是，"考定今文、古文，自陈振孙《尚书说》始"。

王应麟怀疑《孔传》，他曾辑佚马融、郑玄之注，以图复原《古文尚书》之真。蔡沈《书集传》"别今、古文之有无，辨《大序》《小序》之讹舛"，其突出特点是每篇注明"今文无，古文有"，或者"今古文皆有"，以区分《今文尚书》和《古文尚书》，他把《书小序》汇集为一篇，考辨《书大序》《书小序》的真伪、讹误，是朱熹《尚书》学义理与考据并重理路的延续。

综上所述，《书小序》不是出自孔子，《孔传》不是孔安国所作，南宋学者对"晚书"的怀疑渐成风气。当时怀疑《古文尚书》的学者，有

---

① （宋）陈振孙：《直斋书录解题》卷二，《丛书集成初编》本，中华书局1985年版，第25页。

② 同上书，第26页。

吴械、朱熹、赵汝谈、晁公武、陈振孙、王柏、金履祥、熊朋来等。可惜的是，其中很多人的著作，像赵汝谈《南塘书说》、陈振孙《尚书说》、丁镗《书辨疑》、杨炎正《书辨》等都已经失传。自周敦颐、二程肇始，"运数将开，义理渐欲复明于世也"，宋儒研习经典，主要目的在于即经求理，体认《尚书》中所蕴含的二帝三王治天下之大经大法，因此不可能从根本上动摇《古文尚书》的神圣地位。文从字顺，佶屈聱牙，宋儒对"晚书"的怀疑，停留在文体、语感体认的阶段，尚未从文献源流、用语习惯上找到足够坚强的证据。以朱熹为代表的宋儒，对"晚书"将信将疑，徘徊在尊崇与怀疑之间。

宋儒怀疑"晚书"，其弊端大致有三：一是怀疑对象泛化，质疑古文，并《今文尚书》《书小序》皆疑之；二是孔壁古文与梅赜本未能分开对待；三是妄改篇名、经文。如王柏将《泰誓上》改为"《周诰》"，《泰誓中》改为"《河誓》"，《泰誓下》改为"《明誓》"等。他以卫道为名，根据己意连缀经文，结果却造成了更大的混乱。当时"《古文尚书》伪书"说正值初创之际，难免有矫枉过正之嫌。文体差异、辞气强弱、文献源流、词语摘引，明清时期很多辨伪方法的门径，在宋儒那里已经得到初步的揭示。疑端已经开启，真相尚需探索，宋儒凿破鸿蒙，质疑"晚书"的首创之功，不能因此而受到埋没。

二 元明时期对《古文尚书》作伪的揭示

继宋儒陈振孙《尚书说》考定今文、古文之后，元代赵孟頫《书今古文集注》将今文、古文分开编注，泾渭分明。吴澄《书纂言》舍弃古文25篇，只训注今文29篇。他们"幸而觉其伪"，试图以文献体例的差异，彰显《古文尚书》的伪书地位。

（一）吴澄

吴澄《书纂言》曰：

> 尝读伏氏《书》，虽难尽通，然辞义古奥，其为上古之书无疑；梅赜所增二十五篇，体制如出一手，采集补缀，虽无一字无所本，而平缓卑弱，殊不类先汉以前之文。夫千年古书最晚乃出，而字画

略无脱误，文势略无龃龉，不亦大可疑乎？①

吴澄服膺吴棫、朱熹之说，他认为《古文尚书》平缓卑弱，不像先秦之文。古文晚出，文字无脱漏，语意连贯，前后文毫无龃龉之处，甚为可疑。他怀疑《古文尚书》"采集补缀，虽无一字无所本"，可能是搜集群书引文而成，但没有列出翔实的文献证据，来进一步掊击"晚书"之伪。伪书并非完全没有价值，像蔡沈《书集传》于每一篇题下注明今文、古文是对的，而吴澄只训释今文，完全舍弃《古文尚书》，漠视其学术价值，正所谓"过犹不及"。

（二）王充耘

王充耘，号耕野，撰作《读书管见》两卷，其中涉及辨《古文尚书》之伪。他的主要证据：其一，文体不类。《读书管见》卷上说：

> 《尧典》《舜典》虽纪事不一，而先后布置皆有次序；《皋陶》《益稷》虽各自陈说，而首尾答问一一相照。独《禹谟》一篇杂乱无叙，其间只有"益赞禹"一段，安得为"谟"？"舜让禹"一段，当名之以"典"；禹征苗一段，当名之以"誓"。今皆混而为一，名之曰"谟"，殊与余篇体制不同（类）。②

《尔雅·释诂》："谟，谋也。"谟，是大臣建言于天子的谋略。王充耘认为《大禹谟》益赞禹一段，称得上是"谟"。其他像舜让禹一段，当名之以"典"；禹征苗一段，当名之以"誓"。这些都与《大禹谟》以"谟"为题不合。《尧典》《舜典》《皋陶》《益稷》皆有次序，但在《大禹谟》一篇之内，誓、典、谟等文体并见，可谓是杂乱而无序。

其二，"犯重"，指篇章之间语意重复。以《蔡仲之命》为例，王充耘说：

---

① 陈柱：《尚书论略》，载王云五主编《万有文库》第一集，商务印书馆1930年版，第18页。

② "益赞禹"原文作"益赞尧"，系明显错误，今据文意改正。转引自（清）阎若璩撰，黄怀信、吕翊欣校点《尚书古文疏证（附古文尚书冤词）》卷八，上海古籍出版社2013年版，第626—627页。

《蔡仲之命》一段，绝与《太甲》篇相出入。言天辅民怀，即是"克敬惟亲，怀于有仁"之说；"为善同归于治，为恶同归于乱"，即是"与治同道罔不兴，与乱同事罔不亡"之说；"惟厥终终以不困，不惟厥终终以困穷"，即是"自周有终，相亦罔终"之说。吾意古文只是出于一手，掇拾附会，故自不觉犯重耳。①

王充耘注意到《蔡仲之命》与《太甲》篇内容多有重复：如"天辅民怀"，即是"克敬惟亲，怀于有仁"；"为善同归于治，为恶同归于乱"，与"与治同道罔不兴，与乱同事罔不亡"语意接近；"惟厥终终以不困，不惟厥终终以困穷"，即是"自周有终，相亦罔终"。"晚书"出自后儒杜撰，所以在行文上，不自觉地前后文意重复。王充耘眼光独到，观察可谓细致入微。

其三，内容前后抵触、矛盾。王充耘认为《大禹谟》前后叙述有出入，深有可疑。《读书管见》卷上"《禹谟》古文之辨"条：

又说者以征苗为摄位后事，谓其禀舜之命，而其末有"禹班师振旅，帝乃诞敷文德"一语。夫舜以耄期倦勤而授禹，禹安得舍朝廷之事而亲征有苗？舜又安能以耄期之余而诞敷文德？必励精为治，克己布政，使所为有加于前，方可名曰"诞敷"，恐非老年所能。果能之，不必授禹矣。故尝谓《禹谟》必汉儒傅会之书，其征苗之事亦不可信。②

所谓"耄期"，指暮年，衰老之年。舜因为年老体衰，所以让禹继位。禹怎能舍弃朝廷之事，亲征有苗？舜既然年老体衰，怎么又能"诞敷文德"？舜必须励精图治，有胜于前，才算得上"诞敷"，但舜已经年

---

① 转引自（清）阎若璩撰，黄怀信、吕翊欣校点《尚书古文疏证（附古文尚书冤词）》卷八，上海古籍出版社2013年版，第627页。

② 转引自《中华大典》编纂委员会编纂《中华大典·文献目录典·古籍目录分典·经总部》，广西师范大学出版社2015年版，第458页。

老，如何能如此？假如舜果真能如此，又何必让禹来摄政？王充耘充分发掘《大禹谟》的自相矛盾之处，断言该篇出自汉儒附会。

其四，抄撮传世文献引文。《读书管见》"传授心法之辨"条：

> 《禹谟》出于孔壁，后人附会，窃取《鲁论·尧曰》篇载记而增益之，析四句为三段，而于"允执厥中"之上，妄增人心、道心等语，传者不悟其伪而以为实然，于是有"传心法"之论。且以为禹之资不及舜，必并以三言，然后喻，几于可笑。盖皆为古文所误耳，固无足怪也。①

作伪者窃取《论语·尧曰》章，离析四句为三段，在"允执厥中"之上，增加"人心""道心"等语。王充耘从文体不类、语意重复、内容矛盾、抄撮传世文献等多方面，细致剖析，揭示"晚书"之伪。和赵孟𫖯、吴澄等人相比，他已经步入实证的阶段。可以说，在元代《古文尚书》辨伪方法推进之中，王充耘走在了其他学者的前面。

（三）朱升

《尚书古文疏证》113 条引朱升之语："今文、古文篇有分合，词有难易。观其文理之相接，则可见其始合而今分矣。观其体制之迥殊，则可疑其彼何独难，而此何独易矣。若是者，自朱子、吴才老固已献疑，而世之大儒亦已有明辨而厘正之者矣。"② 朱升（公元 1299 年—1370 年），相信"晚书"之伪，本于吴棫、朱熹。观其证据，主要在于体制之迥殊，文辞之难易。

（四）梅鷟

明代真正从学理上迈出关键性一步的，是梅鷟的《尚书考异》。梅鷟，字鸣岐，别号致斋，明正德八年举人，撰有《尚书谱》《尚书考异》

---

① （明）梅鷟：《尚书考异》卷二，中华书局 1985 年版，第 37 页。
② 转引自（清）阎若璩撰，黄怀信、吕翊欣校点《尚书古文疏证（附古文尚书冤词）》卷八，第 598—599 页。

传世。① 梅鷟指出，《古文尚书》的篇数，与汉人记载的《尚书》"逸篇"篇数不同，汉儒从未引用过梅赜本古文。他考辨《古文尚书·君陈》"凡人未见圣，若不克见。既见圣，亦不克由圣。尔其戒哉。尔惟风，下民惟草"一句时说：

> 《缁衣》："《君陈》云：'未见圣，若己弗克见。既见圣，亦不克由圣。'"郑氏曰："克，能也。由，用也。"《尚书》无"己"字。《论语》："君子之德风，小人之德草，草上之风必偃。"孔子，圣人也，岂有不引"《书》云"，而攘以为己吐哉？以此观之，一节之中，但"尔其戒哉"一句，乃晋人杜撰，以承上接下，余皆蒐与袭。②

梅鷟认为，《古文尚书·君陈》"凡人未见圣，若不克见。既见圣，亦不克由圣"，袭自《礼记·缁衣》，"尔惟风，下民惟草"，袭自《论语·颜渊》，只有"尔其戒哉"为晋人所杜撰，以承接上下文之用。除了考察《古文尚书》的传授系统，梅鷟突出的学术贡献，在于逐条考证《古文尚书》，详细列出其剿袭的资料出处，抉摘《古文尚书》文献造伪之痕迹，如同抓捕盗者，获其"真赃"。

又如《古文尚书·咸有一德》篇：

> 夏王弗克庸德，慢神虐民，皇天弗保。
> 《中庸》"庸德之行"，又以承上文"常德"。又《多士》："是弗克庸帝。"改"帝"为"德"。"大淫佚有辞"，以"慢神虐民"易之。"惟时天罔念闻，厥惟废元命，降致罚"，约以"皇天弗保"四字。"乃命尔先祖成汤革夏"，则又敷衍为"启迪有命"至"爰革夏正"。又曰："罔顾于天显民祇，惟时上帝不保。"故易之以"慢神虐民，皇天不保"。③

---

① 《尚书谱》与《尚书考异》对"晚书"看法不同，姜广辉先生据此认为《尚书谱》是梅鷟独著，而《尚书考异》可能由梅鹗撰就，由梅鷟续成之。参见姜广辉《梅鷟〈尚书考异〉考辨方法的检讨——兼谈考辨〈古文尚书〉的逻辑基点》，《历史研究》2007年第5期。
② （明）梅鷟：《尚书考异》卷五，第122页。
③ （明）梅鷟：《尚书考异》卷三，第73页。

梅鷟强调《古文尚书》所有的文句，皆是从先秦两汉典籍中抽绎出来的，"无一书不搜葺，无一字无所本"。他辨伪的目标，是力求把《古文尚书》所有依傍的本源、作伪的痕迹一一撷拾出来。但我们看梅鷟找的例句，如《古文尚书·咸有一德》"夏王弗克庸德"和《中庸》"庸德之行"，"慢神虐民"和《多士》"大淫佚有辞"，这些例句不管语意，还是关键词语，都是有明显差异的。梅鷟把它们强说成是"缀辑、剿袭"，其结论矫枉过正，未免有捕风捉影之嫌。

另外，由于是初创，文献搜集也不甚全面。如对于《古文尚书·大禹谟》"惟口出好兴戎"一句，梅鷟只注意到它和《礼记·缁衣》的关系，却没注意到和《墨子·尚同中》之间的因袭。梅鷟《尚书考异·序》说：

> 降及东晋，有高士皇甫谧者见安国书摧弃，人不省惜，造《书》二十五篇、《大序》及《传》，冒称安国古文，以授外弟梁柳，柳授臧曹，臧曹授梅颐，遂献上而施行焉。人遂以为真安国书。前此诸儒，如王肃、杜预晋初人，郑冲、何晏、韦昭三国人，郑玄、赵岐、马融、班固后汉人，刘向、歆、张霸前汉人，皆未见。不曰"逸书"，则曰"今亡"，《史》《汉》所载，绝无二十五篇影响，其曰郑冲、苏愉，皆诬之耳。①

必须说明的是，梅鷟《尚书考异》虽有其明显疏漏之处：如文献检索的范围仅限于诸经而未广及诸子，断言孔壁《古文尚书》为后儒伪造，梅赜所献《古文尚书》出自皇甫谧掇拾残余之作，没有将孔壁古文与梅赜所献《古文尚书》区别对待等。但他将考据的方法运用到文献辨伪之中，逐句寻绎《古文尚书》蹈袭先秦两汉的材料来源，依据《论语集解》反证郑冲未见《古文尚书》，利用瀍水、积石山等地名，举证《古文尚书》成书在孔安国之后，从《大禹谟》篇指出作伪者变乱《尚书》之体

---

① 转引自《中华大典》编纂委员会编纂《中华大典·文献目录典·古籍目录分典·经总部》，第623页。

例，真正从实证的层面，落实《古文尚书》确为采集补缀之赝作。

文章风格，用语习惯，既与时代相联系，也因个人因素而有所区别。朱熹所说的语言风格，像"西汉文章浑厚近古，《古文尚书》卑弱平易"，仁者见仁，智者见智，很难落实为具体的、客观的标准。和宋元儒者简单地依据内容难易、语气缓急辨伪相比，梅鷟独辟蹊径，在考据方法上取得突破性的进展。简言之，《伪古文尚书》一案，至梅鷟氏才渐趋清晰、明了。

朱琳《尚书考异·跋》说"先生（指梅鷟）则力辨其伪，曲证旁通，具有根据，后阎百诗《尚书古文疏证》、惠定宇《古文尚书考》，其门径皆自先生开之"。梅鷟新颖的学术考证理路，启迪了其后阎若璩、惠栋等学者的研究。质言之，有明一代郑晓《尚书考》、归有光《尚书叙录》、罗敦仁《尚书是正》、郝敬《尚书辨解》，都曾对《古文尚书》做过辨伪工作，而梅鷟《尚书考异》作为第一部专门考察《古文尚书》真伪的著作，其严格的、科学的辨伪方法，引领了当时古书辨伪的新风气，堪称《古文尚书》真伪考证过程中承上启下的重要环节。

（五）其他学者

郑瑗，字仲璧，他注意到《孟子》引《书》辞气古奥，而古文《伊训》却明白易晓。郑瑗《井观琐言》认为，先秦《尚书》引文与商周青铜器铭文类似，而"无一如古文之易晓者"。他用早期金文作为判定标准，出土文献与传世文献相结合，在举证上已超越前人。

明人郑晓撰《尚书考》二卷，其中涉及"晚书"之伪。他说："'曰若'句袭诸篇首，'重华'句袭诸《史记》，'睿哲'掠《诗·长发》，'文明'掠《乾·文言》，'温恭'掠《颂·那》，'允塞'掠《雅·常武》，'玄德'掠《淮南子·鸿烈》，'乃试以位'掠《史·伯夷传》，正见其搜窃之踪。"① 郑晓亦注重从语词方面，揭示"晚书"的剽袭、剽窃。郑晓还怀疑"曰若稽古帝舜"等 28 字，可能是隋代开皇时期学者做假，而伪托于姚方兴。

总之，元、明时期《古文尚书》辨伪的特征，可归结为三点：一是

---

① 参见（清）阎若璩撰，黄怀信、吕翊欣校点《尚书古文疏证（附古文尚书冤词）》卷五，第 203 页。

学者强调区分今文、古文，以体例的差异巩固宋儒的辨伪成果；二是学者质疑"晚书"的态度较为勇决，引起证真派不满，双方之间的激辩已经开启端绪，如梅鷟与陈第；三是研究方法开拓创新，其突出的贡献在于发掘"晚书"剽袭的出处，以证明其伪。梅鷟则在王充耘的基础上，明显有所推进、创新。皮锡瑞称元、明时期为"经学积衰时代"，他说宋、元、明三朝之经学，元不及宋，明又不及元。① 单纯从"晚书"辨伪角度看，"元不及宋"可信，"明又不及元"，则恐未必如此。

三 清代"《古文尚书》伪书"说成为定论

受宋、元以来疑古惑经风气的影响，清初学者亦重视《古文尚书》的辨伪。顾炎武《日知录》指出，周武王伐商，将罪责限定在纣王一身，而不泛及商人之先王。《古文尚书·泰誓》篇说"独夫纣，洪惟作威，乃汝世仇"，并纣王先世而仇之，与武王克商的既定方针明显不合。②《孟子·万章上》引"二十有八载，放勋乃殂落"，称出自《尧典》篇，而"晚书"却将此句归入《舜典》篇，与《孟子》引《书》不符。③ 顾炎武注意到"晚书"可能存在着后儒的作伪，他怀疑先秦无《舜典》篇，启发了后续阎若璩等学者的辨伪研究。

（一）姚际恒与《古文尚书通论》

顾炎武、黄宗羲等学者，对《古文尚书》皆有所怀疑，但清初疑《书》最为果决的是姚际恒。姚际恒［1647—1715年（?）］，字立方，号首源，祖籍安徽新安。他年少时博览群书，五十岁后致力于经传研究，著作有《九经通论》《古今伪书考》《庸言录》等。

姚际恒撰《尚书通论》十卷，专门搜集《古文尚书》之伪。他从文献、史事及制度等多方面考证"晚书"之伪，其对语词使用规律的细密考察，颇具特色。姚际恒说：

---

① （清）皮锡瑞著，周予同注释：《经学历史》，中华书局1959年版，第283页。
② （清）顾炎武著，黄汝成集释：《日知录集释》卷二，岳麓书社1994年版，第52—53页。
③ 同上书，第73页。

> 某之攻伪古文也，直搜根柢，而略于文辞。然其句字诚有显然易见者，篇中不暇枚举，特统论于此。句法则如或排对，或四字，或四六之类是也。字法则如以"敬"作"钦"，"善"作"臧"，"治"作"乂"、作"乱"，"顺"作"若"，"信"作"允"，"用"作"庸"，"汝"作"乃"，"无"作"罔"，"非"作"匪"，"是"作"时"，"其"作"厥"，"不"作"弗"，"此"作"兹"，"所"作"攸"，"故"作"肆"之类是也。此等字法，固多起伏氏《书》。然取伏《书》读之，无论易解难解之句，皆有天然意度，浑沦不凿，奥义古气旁礴其中，而诘曲聱牙之处全不系此。梅氏《书》则全藉此以为诘曲聱牙，且细咀之中枵然无有也。譬之楚人学吴语，终不免舌本间强耳。①

《古文尚书》作伪者并非简单地抄袭传世文献之引文，而是有所选择，有所改编。清儒姚际恒辨伪的独到之处，在于抽绎作伪者改编句法、字法的原则。他说《古文尚书》作伪者故意把不整齐的文句，改为四字句或六字句，以成排比句式；把"敬"改作"钦"，"善"作"臧"等，以显示文辞古朴典雅、佶屈聱牙，掩饰其缀补的痕迹。这种句法、用语的篡改，模仿的是《今文尚书》，却又始终模仿得不像。

康熙三十二年（公元1693年），姚际恒与阎若璩会面，"出示其书"，把他的成果交给阎若璩阅览。阎若璩的评价是："亦有失有得。失与梅氏、郝氏同；得则超人意见外。"② 由于姚氏的考证，多超乎自己的意见之外，阎若璩"喜而手自缮写，散各条下"，将姚氏的很多研究成果，吸收、纳入到自己的辨伪体系之中。③ 后来姚际恒著述亡佚颇多，其对《古文尚书》的辨伪成果，幸赖阎若璩《尚书古文疏证》得以保存下来。

（二）朱彝尊《尚书古文辨》

和顾炎武等学者相比，朱彝尊补充的证据更加坚实。朱彝尊《曝书

---

① （清）阎若璩撰，黄怀信、吕翊欣校点：《尚书古文疏证（附古文尚书冤词）》卷八，第622页。

② 同上书，第121条"言姚际恒攻伪古文有胜余数条录于篇"，第1205—1206页。

③ 如阎若璩指出："论'凡我造邦'五句为袭《国语》，姚氏与余同，尤相发明。"

亭集》卷五八云：

> 《传》文之可疑者：安国尝注《论语》矣，《尧曰》篇"予小子履"十句注云："是伐桀告天之文，《墨子》引《汤誓》若此。"而《传》以释《汤诰》，在克夏之后。"虽有周亲"二句注云："亲而不贤则诛之，管、蔡是也，仁人谓箕子、微子，来则用之。"而《传》则云："纣至亲虽多，不如周家之多仁人。"《传》《注》出自一人之手，而异其辞，何欤？①

孔安国曾为《论语》作注，《孔传》既然出自孔安国，那么，两者当出自一人之手。《论语·尧曰》篇"予小子履"等句，孔安国注云"是伐桀告天之文"，认为语出《汤誓》，事在克夏之前，但《孔传》却理解为在克夏之后。孔安国注将"周亲"，训释为管、蔡，"仁人"为箕子、微子。而《孔传》把"周亲"解释为"纣王至亲"，自然便不是管、蔡。"仁人"出自西周，自然也非箕子、微子。同是一个人，训释同样的经文，为何相差如此悬殊？朱彝尊注重从孔安国《论语注》和《孔传》差异的角度，举证"晚书"之伪，其立论相当有说服力。

清儒朱彝尊又说："至于《贿肃慎之命》注云：'东海驹骊、扶馀、馯貊之属，武王克商，皆通道焉。'考《周书·王会篇》，北有稷慎，东则濊良而已，此时未必即有驹骊、扶馀之名。且驹骊主朱蒙以汉元帝建昭二年始建国号，载《东国史略》，安国承诏作《书传》时，恐驹骊、扶馀尚未通于上国，况武王克商之日乎？"② 据《东国史略》，驹骊王朱蒙在汉元帝建昭二年才建国。孔安国作《传》之时，肯定不会知道此事，怎会将"驹骊"预先写在《孔传》之中？质言之，《孔传》之中，不当有孔安国去世后新设立的地名驹骊、扶馀等。朱彝尊辨伪思路开阔，立论新颖，举证范围更为广泛，其考证颇胜于前人。

（三）阎若璩与《尚书古文疏证》

阎若璩（1636—1704年），字百诗，号潜丘，太原人。欲证其伪，必

---

① （清）朱彝尊：《曝书亭集》卷五八《尚书古文辨》，世界书局1937年版，第681页。
② 同上书，第681—682页。

先立真。和梅鷟怀疑孔壁《古文尚书》不同，阎若璩首先确认孔壁《古文尚书》16篇为真古文。孔壁《古文尚书》发现以后，孔安国汇编整理，将古文改写为今文。东汉后期古文流行，马融、郑玄亦为之作传注。此三人所引《古文尚书》，即真《古文尚书》，将梅赜本《古文尚书》二十五篇与之比对，便可判定其真假。阎若璩虽与梅鷟等学者考据方法接近，但他最终能集《古文尚书》辨伪之大成的重要原因，在于他首先确立孔壁《古文尚书》为辨伪之根柢。

阎若璩《尚书古文疏证》第一百六条：

> 马、郑、王三家本系真古文，宋代已不传，然犹幸见其互异处于陆氏《释文》及孔疏。愚故得摘出之，整比于后，以俟后圣君子慨然愤发，悉黜梅氏二十五篇，一以马、郑、王所传三十一篇之本为正。①

阎若璩将陆德明《经典释文》、《尚书正义》孔颖达疏等文献中，马、郑、王三人对《古文尚书》的注释辑出，以此作为标准，验证梅赜本《古文尚书》之伪。不仅如此，阎氏又广泛搜集司马迁、刘歆、许慎等学者所引之真古文，指出其与"晚书"的龃龉之处，在更广泛的文献层面上，展现梅赜本作伪之痕迹。

阎若璩精研《古文尚书》30多年，罗列证据128条②，分篇数、篇名、文辞体例、文献源流、史实考证、典章制度、天文历法、历史地理等层面，广征博引，多角度考察梅赜本《古文尚书》剿袭、作伪的纰漏之处。从《古文尚书》篇数、篇名看其书之伪，《尚书古文疏证》"言两《汉书》载古文篇数与今异"条：

> 《汉书·儒林传》："孔氏有《古文尚书》，孔安国以今文字读之，因以起其家。逸《书》得十余篇，盖《尚书》兹多于是矣。"

---

① （清）阎若璩撰，黄怀信、吕翊欣校点：《尚书古文疏证（附古文尚书冤词）》卷七，第560页。

② 《尚书古文疏证》128条并未全部完成，12条有录无文，17条录文全阙，实存99条。

《艺文志》:"《古文尚书》者,出孔子壁中。武帝末,鲁共王坏孔子宅,得《古文尚书》及《礼记》《论语》《孝经》凡数十篇,皆古字。孔安国者,孔子后也,悉得其书,以考二十九篇,得多十六篇。安国献之,遭巫蛊事,未列于学官。"《楚元王传》:"鲁共王坏孔子宅欲以为宫,而得古文于坏壁之中。逸《礼》有三十九,《书》十六篇,天汉之后孔安国献之。"夫一则曰"得多十六篇",再则曰"逸《书》十六篇",是《古文尚书》篇数之见于西汉者如此也。

《后汉书·杜林传》:"林前于西州得漆书《古文尚书》一卷,常宝爱之,虽遭艰困,握持不离身。后出示卫宏等,遂行于世。同郡贾逵为之作训,马融、郑康成之传注、解,皆是物也。"夫曰"《古文尚书》一卷",虽不言篇数,然马融《书序》则云"逸十六篇",是《古文尚书》篇数之见于东汉者又如此也。此书不知何时遂亡,东晋元帝时豫章内史梅赜忽上《古文尚书》,增多二十五篇,无论其文辞格制迥然不类,而只此篇数之不合,伪可知矣。①

《汉书·儒林传》《艺文志》及《楚元王传》,皆记载孔安国所整理的《古文尚书》为 16 篇。东汉杜林漆书,虽曰一卷,但据马融《书序》,该书也当为 16 篇。从西汉至东汉,从孔安国到杜林,《古文尚书》篇数皆为 16②,而梅赜所献《古文尚书》为 25 篇,两者篇数不能吻合。

梅赜本《古文尚书》25 篇,依次是《大禹谟》、《五子之歌》、《胤征》、《仲虺之诰》、《汤诰》、《伊训》、《太甲》3 篇、《咸有一德》、《说命》3 篇、《泰誓》3 篇、《武成》、《旅獒》、《微子之命》、《蔡仲之命》、《周官》、《君陈》、《毕命》、《君牙》、《冏命》。孔壁古文 16 篇为《舜典》、《汩作》、《九共》9 篇、《大禹谟》、《益稷》、《五子之歌》、《胤征》、《典宝》、《汤诰》、《咸有一德》、《伊训》、《肆命》、《原命》、《武成》、《旅獒》、《冏命》。汉代真《古文尚书》传自孔安国,但梅赜本《古文尚书》与孔壁《古文尚书》有 5 个篇名不同,篇数相差 9 篇,明显

---

① (清)阎若璩撰,黄怀信、吕翊欣校点:《尚书古文疏证(附古文尚书冤词)》卷一,第 1—2 页。

② 即便按照《九共》9 篇计算,孔壁古文为 24 篇,亦与梅赜本篇数不同。

属于不同的《尚书》系统。

从天文历法、文献摘引看《古文尚书》之伪,《尚书古文疏证》"言古文《武成》见刘歆《三统历》者今异"条：

> 古文《武成》篇建武之际亡,当建武以前,刘向、刘歆父子校理秘书,其篇固具在也,故刘向著《别录》云"《尚书》五十八篇"。班固志《艺文》"《尚书》五十七篇",则可见矣。刘歆作《三统历》,引《武成》篇八十二字,其辞曰："惟一月壬辰旁死霸,若翌日癸巳,武王乃朝步自周,于征伐纣。粤若来二月既死霸,粤五日甲子,咸刘商王纣。惟四月既旁生霸,粤六日庚戌,武王燎于周庙。翌日辛亥,祀于天位。粤五日乙卯,乃以庶国祀馘于周庙。"质之今安国传,迥异。无论此篇已亡而复出,相距三百年中间,儒者如班固、郑康成皆未之见,而直至梅赜始得而献之,可疑之甚。即其事迹时日,亦多未合。武王以一月三日癸巳伐商,二月五日甲子诛纣,是岁闰二月庚寅朔,三月己未朔;四月己丑朔,十六日甲辰望,十七日乙巳旁之,所谓"惟四月七既旁生霸"是也……今后出之《武成》,以"四月哉生明"为王至于丰,其说既无所本;以"丁未,祀周庙","越三日庚戌,柴望",又与其事相乖。①

孔壁《古文尚书·武成》篇虽然亡佚,但刘歆《三统历》曾有引文摘录。一月三日癸巳周武王出发伐商,二月五日甲子诛杀纣王,四月己丑为朔日,甲辰为望日。阎若璩将刘歆引文与梅赜本对照,发现上古时期干支纪年,说"某日"之前要先说"某月"。《武成》先说一月壬辰,次癸巳,又次戊午,已是该月二十八日,接着说癸亥、甲子,已经是二月四日、五日,但该篇不冠以二月,不合古人纪时之法。梅赜本《古文尚书》"四月哉生明,王至于丰",没有依据。"越日"是从本日开始计算的,丁未越三日为己酉,《武成》说"丁未,祀周庙""越三日庚戌,柴望",不符合古人记时的体例。孔壁古文有《伊训》一篇,刘歆《三统

---

① （清）阎若璩撰,黄怀信、吕翊欣校点：《尚书古文疏证（附古文尚书冤词）》卷一,第16—17页。

历》曾摘引"诞资有牧方明"一句。梅赜所献《古文尚书·伊训》无此句，阎若璩据此推断梅赜本《古文尚书》并非孔安国所传。

从文献来源发掘作伪证据，《尚书古文疏证》"言'人心惟危，道心惟微'纯出《荀子》所引《道经》"条：

> 此（虞廷十六字）盖纯袭用《荀子》，而世举未之察也。《荀子·解蔽》篇"昔者舜之治天下也"云云，"故《道经》曰：'人心之危，道心之微。'危微之几，唯明君子而后能知之。"此篇前又有"精于道，一于道"之语，遂檃括为四字，复续以《论语》"允执厥中"以成十六字。伪古文盖如此。
>
> 或曰：安知非《荀子》引用《大禹谟》之文邪？余曰：合《荀子》前后篇读之，引"无有作好"四句，则冠以"《书》曰"，引"维齐非齐"一句，则冠以"《书》曰"。以及他所引《书》者十，皆然。甚至引"弘覆乎天，若德裕乃身"，则明冠以《康诰》；引"独夫纣"，则明冠以《泰誓》，以及《仲虺之诰》亦然。岂独引《大禹谟》而辄改目为《道经》邪？予是以知"人心之危，道心之微"必真出古《道经》，而伪古文盖袭用，初非其能造语精密至此极也。①

究竟是《古文尚书》抄袭先秦典籍，还是先秦典籍的出处原本就在《古文尚书》？判定的标准是什么？阎若璩从《荀子》书的体例出发，认为《荀子》引《书》称"《书》曰"，或直接称篇名，此处引用"人心之危，道心之微"称古《道经》，则确定不是来自《尚书》类文献。《古书尚书·大禹谟》"人心惟危，道心惟微"，当袭用《荀子》之文。又"允执厥中"见于《论语》，阎氏进而推论《古文尚书》"虞廷十六字"当为缀辑《荀子》《论语》两书之文而成。

从地理沿革辨《古文尚书》孔传之伪，《尚书古文疏证》"言汉金城乃昭帝置，安国传突有"条：

---

① （清）阎若璩撰，黄怀信、吕翊欣校点：《尚书古文疏证（附古文尚书冤词）》卷二，第122页。

因考《汉·昭帝纪》:"始元六年庚子秋,以边塞阔远,置金城郡。"《地理志》金城郡班固注并同。不觉讶孔安国为武帝时博士,计其卒当于元鼎末元封初,方年不满四十,故太史公谓其蚤卒,何前始元庚子三十载辄知有金城郡名,传《禹贡》曰"积石山在金城西南"耶?或曰:郡名安知不前有所因,如陈、鲁、长沙之类?余曰:此独不然。应劭曰:"初筑城得金,故名金城。"臣瓒曰:"称金,取其坚固,故《墨子》言虽金城汤池。"一说以郡置京师之西,故名金城,金,西方之行。则始元庚子以前,此地并未有此名矣。而安国传突有之,固注积石山在西南羌中,传亦云在西南,宛出一口,殆安国当魏晋忘却身系武帝时人耳!①

阎若璩认为,始元六年(前81年),初次设置金城郡,此前未有此地名。而孔安国卒于元鼎末元封初,年不满四十,他不可能知道自己去世后设置的金城郡,所以孔安国《传》中竟然有安国去世之后地名,其伪书性质难以遮掩。据《古文尚书·泰誓》,孟津在黄河之北,而《武成》篇"师逾孟津",将孟津归在黄河之南。同为《古文尚书》,孟津地名竟然差异如此。后世地名出现在前世著作之中,阎若璩据金城、孟津、瀍水等地名透露的信息,力证《古文尚书》"不古不今,非伏非孔",乃后儒杜撰而成。

细节考辨固然重要,更难得的是确立辨伪的"大本"。阎若璩对于自己辨伪的总体理路,做了细致的说明。他说:

天下事由根柢而之枝节也易,由枝节而返根柢也难。窃以考据之学亦尔。余之辨伪古文,吃紧在孔壁原有真古文,为《舜典》《汩作》《九共》等二十四篇,非张霸伪撰。孔安国以下,马、郑以上,传习尽在于是。《大禹谟》《五子之歌》等二十五篇,则晚出魏晋间,假托安国之名者,此根柢也。得此根柢在手,然后以攻二十五篇,

---

① (清)阎若璩撰,黄怀信、吕翊欣校点:《尚书古文疏证(附古文尚书冤词)》卷六,第396—397页。

其文理之疏脱，依傍之分明，节节皆迎刃而解矣。不然，仅以子、史诸书仰攻圣经，人岂有信之哉？①

清儒阎若璩《尚书古文疏证》引证文献时，有时衍及旁文，过于繁琐，难免流于细枝蔓节。他注重孔安国、马融、郑玄等学者之间的师徒传授，但没有考虑到汉魏孔氏家学——孔安国家族后裔之间的《尚书》流传，没有考虑到汉代师传与家学并存的情况。

单从一项分析他立论的证据，如以篇数不合证明《古文尚书》为伪书，或许有商榷的余地，但从整体而言，阎若璩首先确立孔壁《古文尚书》为真实可信，然后将汉代文献记载中真《古文尚书》的内容与梅赜本对照，由根柢至枝节，从篇数、篇目、文体、文辞、官制、礼制、历史地理、天文历法等层面，多角度抉发"晚书"之罅漏，则考辨允当，证据确凿，"祛千古之大疑，立不败之定谳"，最终成为清代辨伪学的典范之作。

清初学者尊崇宋学，奉蔡沈《书集传》为圭臬。清代中期，考据学兴起，效法郑学，重视章句训诂。而阎若璩《尚书古文疏证》，正处于自理学向考据学演进的重要转捩点上。梁启超先生说《古文尚书》二千余年被公认为神圣不可侵犯之宝典，上自皇帝经筵、下至蒙馆课读皆无不加以背诵，虽有积疑，但皆有所惮而莫敢断，自若璩此书出而谳乃定。②阎若璩使"《古文尚书》伪书"说成为定谳，堪称近三百年来学术解放之第一功臣。③

宋儒重道统，讲心传，所谓虞廷十六字，即"人心惟危，道心惟微，惟精惟一，允执厥中"，在宋明理学家看来，是尧、舜、禹君臣相授的不二心法，为文、武、周公、孔、曾、思、孟一脉相承的道统论之核心。《尚书古文疏证》第三十一条云："二十五篇之书……其精密绝伦者在'虞廷十六字'……而不能灭'虞廷十六字'为乌有，犹未足服信古文者

---

① （清）阎若璩撰，黄怀信、吕翊欣校点：《尚书古文疏证（附古文尚书冤词）》卷八，第601页。
② 梁启超：《清代学术概论》，上海古籍出版社2005年版，第11页。
③ 梁启超：《中国近三百年学术史》，东方出版社1996年版，第86页。

之心也。"① 《古文尚书》精密绝伦者，在虞廷十六字。一旦阎若璩证明虞廷十六字纯粹为后儒袭用《论语》《荀子》之作，则维持理学体系的重要支柱轰然崩塌。此后理学日渐式微，而汉学（考据学）兴起，学风丕变，江藩《国朝汉学师承记》将阎若璩列为清代汉学第一人，盖缘于此。

综上所述，历来抉发《古文尚书》伪迹的学者众多，我们并未能全部涉及，只是重点从学术的角度，将南宋至明清学者的辨伪方法、理路予以廓清。《古文尚书》语言平易，《今文尚书》佶屈聱牙，吴棫、朱熹对《古文尚书》的怀疑主要是从体例、语感上入手的。他们的质疑并不彻底，也没有列出切实的证据，但筚路蓝缕，开启了考证《古文尚书》真伪的先声。元明时期，怀疑《古文尚书》的人数并不少，梅鷟、郝敬等学者从语句、文体、史实及传授源流等方面，一一抉发《古文尚书》剽窃的出处，真正将宋人的怀疑落实到学术层面。清代阎若璩认定孔壁《古文尚书》为真，立其根柢，从孔壁《古文尚书》与梅赜本的差异处着手，最终使《古文尚书》公案真相大白于天下。

明清之际，少数民族入主中原，国家政权颠覆，百姓流离失所，陷入水深火热之中。当时的知识分子有鉴于此，把经世致用、关注现实社会，作为治学尤为紧迫的任务，于是奋起反击理学的空疏。从唐至宋、明，理学经过学者的长期建构，体大思精，清儒很难从理论体系层面将其推翻。虞廷十六字"人心惟危，道心惟微，惟精惟一，允执厥中"，见于《古文尚书·大禹谟》，是宋儒理学建构的重要支撑。清儒阎若璩、惠栋等人考证《古文尚书》伪作，使虞廷十六字无所依傍，从文献层面釜底抽薪，为尊汉抑宋、倡明考据学扫清了障碍。

阎若璩之后，程廷祚《晚书订疑》、惠栋《古文尚书考》、江声《尚书集注音疏》、王鸣盛《尚书后案》、戴震《尚书义考》、崔述《古文尚书辨伪》、孙星衍《尚书今古文注疏》、丁晏《尚书余论》、皮锡瑞《经学通论》等，皆羽翼阎说，服膺"《古文尚书》伪书"之论。摆脱空谈心性的学术弊端，重新回归经典本身，由义理主导转向实证考据，"以经学济理学之穷"，阎若璩《尚书古文疏证》堪称考据学发展的里程碑，肇

---

① （清）阎若璩撰，黄怀信、吕翊欣校点：《尚书古文疏证（附古文尚书冤词）》卷二，第122页。

启了有清一代学术风气转进的先声。

四 明清时期学者为《古文尚书》辩护之声

梅鷟、郝敬等人对"晚书"的辨伪,严谨缜密,取得了丰硕的学术成果,但他们"离经叛道",对《尚书》经典真实性的怀疑,遭到了陈第和朱朝瑛等学者的强烈反对。自明代开始,证真派与证伪派开启了长时段、多回合的激烈争鸣。

明代陈第撰《尚书疏衍》四卷,公开为"晚书"辩护。他说:

> 夫《书》之所以贵真,以其得也,足以立极也。所以恶其伪者,以其失也,不足以垂训也。今自天子公卿、大夫、士、庶人服习古文,而挚然有裨于治理,乃不求其精而反苛责之区区疏迹之间,不亦过乎?①

陈第认为,《尚书》的价值在"得",在于"立极",天子公卿、大夫、士、庶人传习《古文尚书》,有益于社会治理,此为最关键的事。学者不于此着力,反而探求其作伪之迹,则难免有偏颇之嫌。他又说:

> 二十五篇其旨奥,其文卑而高,近而弥远,幽通鬼神,明合礼乐,故味道之士见则爱,爱则玩,由绎而浸淫讽咏,而服习拟议,以身化裁,以政定事功,而成亹亹矣。②

"晚书"辞近旨远,合于圣人之道,士人君子见则爱之,以致政定功成,社会秩序安定。它如果遭到人为舍弃,儒家推崇的二帝三王之道,则无所依傍。陈第主要是以"晚书"服务于社会治理的功用,从崇经卫道的立场,回击梅鷟等人对它的怀疑。四库馆臣对陈第的评价是:"惟笃信梅赜古文,以朱子疑之为非,于梅鷟《尚书考异》《尚书谱》二编排诋

---

① 转引自(清)阎若璩撰,黄怀信、吕翊欣校点《尚书古文疏证(附古文尚书冤词)》,第792页。

② 同上。

尤力，而未能深考源流。"（《四库全书总目》卷十二）陈第指出了"晚书"在维护圣人之教方面的重要价值，而未能在证据方面，对证伪派予以回应。而这项工作，则是由清代毛奇龄等人陆续补充完成的。

朱朝瑛（1605—1670年），字美之，号康流。他撰《读尚书略记》（卷数缺），力倡"晚书"不伪。四库馆臣的评价是，其书"力辨攻古文者之非，殊失深考"（《四库全书总目》卷十四）。质言之，有明一代，学者信奉程朱理学。他们为《古文尚书》辩护，刚刚起步，主要是从"晚书"的价值着眼，而没有从文献举证的角度，做深入细致的考察。

对于阎若璩、惠栋等人的"《古文尚书》伪书"说，清代学者反对之声不绝于耳。为《古文尚书》辩护的学者，有郝懿行、陈逢衡、邵懿辰、陆陇其、徐世沐、李塨等。清儒李塨说：

《书大序》曰："科斗书废已久，时人无能知者，以所闻伏生之书考论文义，定其可知者。"谓古文皆科斗书，世废已久，不惟人莫能知，即安国亦不能尽知。乃以伏生二十八篇在古文中者，先对读之，以辨其字。因已辨之字又读其他，又得二十五篇，文义可知。①

李塨坚信《古文尚书》不伪，至于古文的辞气问题，他解释说孔安国对于蝌蚪文字，也不认识。他只好"以今文读之"，即对照伏生书，识别孔壁古文。今文、古文差别明显，"辨其字不得，遂以义定之"，有些字孔安国无法释读，只能据己意猜测，对古文做了适当的润色，所以"晚书"给人的感觉，是"如出于一手"。李塨结合孔安国对蝌蚪文字的隶定、释读过程，解释今文、古文的辞气差异问题，言之成理，有其可取之处。

在证真派中，最著名的代表是毛奇龄（1623—1713年）。毛奇龄，字大可，学者称之为西河先生，浙江萧山人。他著有《古文尚书冤词》一书，以驳斥阎若璩之说，其文曰：

---

① （清）李塨著，冯辰校：《恕谷后集》卷九，中华书局1985年版，第106—107页。

《书》体无难易之分,惟典、谟浑穆,颂、命庞和,训、诰通晰,誓、诫峻激。每以体制分平险,盖庙堂之上高文典册,自与示师告众者不同。故有谓《盘庚》《大诰》义直意曲,朴锲与蓁莽兼而有之。且亦时代升降,实使之然。《左传》简整而《国策》悍曼,大、小《雅》至变后则其词反险奥历落,与前迥异。是以《禹誓》《甘誓》尚自坦缓,至商、周加之以桀纵之气。韩愈所云"周《诰》、殷《盘》,诘曲聱牙",专指商、周言,非无谓也。今不分体制,不辨时代,单以古文、今文较量难易,且谓今文艰涩而古文平易,是岂古文中无《盘庚》《大诰》《多士》《多方》耶?抑岂今文自《盘庚》《大诰》诸篇外,并无《尧典》《皋谟》《洪范》《无逸》所云平易者参其间耶?夫二十八篇中有难有易,则五十八篇中亦有难有易,不必难者属今文,易者属古文也。①

古文平易晓畅,而今文艰涩难懂,是以朱熹为代表的学者质疑《古文尚书》是伪书的最初动因。对此,毛奇龄指出古文中亦有像《盘庚》《大诰》《多士》等难懂的篇目,今文中也有像《皋陶谟》《洪范》及《无逸》等语句平易的篇章。韩愈所云"周《诰》、殷《盘》,诘曲聱牙",用来指商、周两代,则是可以的。如果下至春秋时期,则未必然。质言之,古文、今文要区分时代和文体,不能单据文辞的浅深、难易一概而论。

毛奇龄将《古文尚书》经、传两分,经为真,传为伪,他回应阎若璩质疑的主要证据,是《隋书·经籍志》。《经籍志》记载:"晋世秘府所存,有《古文尚书》经文,今无有传者……至东晋,豫章内史梅赜始得安国之《传》奏之。"毛奇龄将"晚书"之经传分开,他强调东晋梅赜所献仅是孔安国的《传》,而不是《古文尚书》的经文。"晚书"经文自西汉传流一直绵延不绝,西晋秘府尚有底本保存,所以它不可能是伪作。

---

① 参见(清)阎若璩撰,黄怀信、吕翊欣校点《尚书古文疏证(附古文尚书冤词)》,第790—791页。

怀疑《古文尚书》的学者，并大、小《书序》一起否定。对此，毛奇龄《古文尚书冤词》辩驳说：

> 至于梅赜所上，系孔传而非经文。而经文在内者，直记曰永嘉乱后犹存经文，经文在外者，则自都尉朝至桑钦，尹敏至杨伦，太保郑冲至梅赜，皆历有授受，彼我传述，并无伪学。①

毛奇龄认为梅赜所献为只有《孔传》，没有《古文尚书》。《古文尚书》经文永嘉之后仍在流传，线索清晰，只是郑玄等儒者未见。毛氏主张将经传分开，以证古文不伪。对此，清儒皮锡瑞批评说：

> 毛奇龄好与朱子立异，乃作《古文尚书冤词》，其所执为左证以鸣冤者，《隋书·经籍志》也。《隋志》作于唐初，其时方尊伪孔，作义赞，颁学官，作《志》者即稍有微辞，何敢显然直斥其伪？《志》所云虽历历可据，要皆传伪书者臆造不经之说。②

清儒皮锡瑞指出，毛奇龄辨伪的重要证据是《隋书·经籍志》，但其书的撰作时代在唐初。当时《孔传》风靡于世，学者无力怀疑《孔传》之伪。《古文尚书》出现在魏晋时期，而《隋书·经籍志》成书在唐初，从时间上看，不能以后书证明前书——梅赜本《古文尚书》不伪。客观地讲，毛奇龄依据唐初《隋书·经籍志》，不用汉儒训注作为凭证，其大本已失，虽有小得，亦不足以从根本上撼动阎若璩之说。

明代梅鷟撰作《尚书考异》，力证《古文尚书》为伪书，便有陈第为之辩护。清初阎若璩以《尚书古文疏证》重证《古文尚书》之伪，毛奇龄撰作《古文尚书冤词》，与之抗衡，他自比为"抑洪水""驱猛兽"。可以说，证伪、证真两派搜寻证据，长期的、反复的辩难，已经成为"晚书"学史上异彩纷呈的学术景观。

---

① 参见（清）阎若璩撰，黄怀信、吕翊欣校点《尚书古文疏证（附古文尚书冤词）》，第750页。

② （清）皮锡瑞：《经学通论·书经》，中华书局1954年版，第83页。

四库馆臣对清代《古文尚书》辨伪工作总结说：

> 明梅鷟始参考诸书，证其剽剟。而见闻较狭，搜采未周。至若璩乃引经据古，一一陈其矛盾之故，古文之伪乃大明。所列一百二十八条，毛奇龄作《古文尚书冤词》，百计相轧，终不能以强辞夺正理。则有据之言，先立于不可败也。①

继阎若璩之后，惠栋《古文尚书考》、崔述《古文尚书辨伪》、程廷祚《晚出订疑》等继续补充证据，支持阎若璩之说。其后虽有毛奇龄《古文尚书冤词》、吴光耀《古文尚书正辞》、洪良品《古文尚书辨惑》等极力为《古文尚书》翻案，但"终不能以强辞夺正理"。经过清代学者之间反复辩难，互相攻讦，"《古文尚书》伪书"说最终成为学术定谳，铁证如山。

以经学方法重新审视理学系统的主张，无异于把程朱理学推到文献考证的学术法庭②。清初的辨伪工作，颠覆了长期形成的、人们心目中对经典的神圣信仰，自此，"晚书"跌落神坛，成为学术研究的对象。怀疑、考据之风兴盛，文献的真伪演变为学术研究的核心话题。

五 疑《书》之风的扩大化

魏源《书古微》云："夫黜东晋梅赜之伪，以返于马、郑古文本，此齐一变至鲁也；知并辨马、郑古文说之臆造无师授，以返于伏生、欧阳、夏侯及马迁、孔安国问故之学，此鲁一变至道也。"③阎若璩证实梅赜所献"晚书"为伪，是"齐一变至鲁"，知道马、郑之古文为伪，而返于伏生之今文，是"鲁一变至道"。魏源崇信今文经，所以大力攻击杜林漆书不可信。他说：

---

① （清）永瑢等撰：《四库全书总目》卷一二，中华书局1965年版，第101页。
② 赵刚：《论阎若璩"虞廷十六字"辨伪的客观意义——与余英时先生商榷》，《哲学研究》1995年第4期。
③ （清）魏源：《魏源全集·书古微例言上》，岳麓书社2011年版，第9页。

> 考漆书竹简，每简一行，每行二十五字或二十二字。若四十五篇之《书》漆书于简，则其竹简必且盈车。乃谓仅止一卷，遭乱挟持不离，不足欺三尺孺子。①

古文写在竹简上，按照每简 22—25 字，45 篇古文必会有一车之多。但杜林漆书只有一卷，杜林在危难之间也不离身，漆书必然不会如此之多。马融、郑玄之古文与孔壁中经一脉相传，是阎若璩立论的重要基点。魏源则直接否定杜林漆书不存在，切断了马融、郑玄与孔壁中经之间的学术关联。

梁启超说："自阎若璩攻伪《古文尚书》得胜，渐开学者疑经之风。于是刘逢禄大疑《春秋左氏传》，魏源大疑《诗毛氏传》。若《周官》，则宋以来固多疑之矣。康有为乃综集诸家说，严画今、古文分野，谓凡东汉晚出之古文经传，皆刘歆所伪造。"② 自阎若璩怀疑"晚书"取得成功之后，刘逢禄怀疑《左传》，龚自珍质疑"中古文"，魏源否定马融、郑玄为代表的东汉古文，康有为则直接断言东汉晚出的古文经传全部为刘歆伪造，怀疑之风甚嚣尘上。

清末鸦片战争失利，列强用坚船利炮打开了中国的大门。面对国运日益颓废，进步的知识分子开始在《书》经中寻找解决问题的答案。他们倡导经世致用，呼吁变法图强，于是今文经派崛起。客观地讲，"刘歆遍伪群经"，不是学术细密考证的结果，而是出于政治层面的考量，是重时务、强中华、御夷狄的治政理念，在学术层面的折射与投映。由阎若璩到崔述，再到今文学派，从怀疑诸子传注到疑经，清儒所开创的古书辨伪之学，成为民国时期古史辨派兴起的重要学术背景。

第二节 民国以来"《古文尚书》伪书"说的延续与补充

在清儒阎若璩、惠栋之后，"《古文尚书》伪书"说已经成为铁案，

---

① （清）魏源：《魏源全集·书古微例言上》，第 97 页。
② 梁启超：《清代学术概论》，上海古籍出版社 2005 年版，第 5 页。

但谢庭兰《古文尚书辨》、洪良品《古文尚书辨惑》、吴光耀《古文尚书正辞》等先后为《古文尚书》辩护，他们坚信《古文尚书》不伪。民国时期，张荫麟先生称他们为"反控方"，而所谓"致狱再鞫"，究其质实，便是对这些说法做进一步的审判、清理。

张荫麟《伪〈古文尚书〉案之反控与再鞫》说：

> 今世言《尚书》者几莫不宗阎若璩辈之说，以梅赜所献书，于今文之二十五篇为晋人伪作。（至伪作之人则或云梅赜，或云皇甫谧，或云王肃，或云王肃之徒。）然阎氏《尚书古文疏证》出后，起而反驳之者亘有清二百余年不绝。除毛奇龄《古文尚书冤词》著录于《四库》者外，尚有十数种，都百数十卷。其立论颇与阎辈之说，针锋相对。则吾人在下最后判断之前，宜不能不覆勘其言。①

阎若璩之后，有清二百年间，反驳阎若璩意见的著作不下十几种。而民国时的学者，甚至包括梁启超这样的名家，竟然没有审查反驳者的意见，就直接相信阎若璩之说，张荫麟觉得自己有必要对这些说法再次考辨。他模仿法官断案的形式，自任主审，"传集两造律师，使各将其理由，定为最后之形式，两相对质，然后加以裁判"，对辨真、辨伪两派的说法加以重审，最终评议定案。

> 吾人非谓上述各项无讨论之价值，惟必待"晚书"与壁书是否为一之问题既解决，然后讨论之，方有意义。若用为解决本问题之根据，则毫无效果。吾前言之矣，欲使反面之主张确立，必须证明壁书与"晚书"之不同，或"晚书"作于壁书出现之后。以下即进而审判此类之证据。

在真伪研判之中，张荫麟先生采用逻辑推理的方法，特别强调要拿出切实的证据，以证明梅赜本《古文尚书》与孔壁中书不同，且撰作于

---

① 张荫麟：《伪〈古文尚书〉案之反控与再鞫》，《燕京学报》1929 年第 5 期。下引不再一一注明。

孔壁中书之后。对于梅赜本《古文尚书》究竟是不是来自孔壁中书，辨伪者的证据，一是篇数不同。孔壁中经增多《尚书》为16篇，梅赜本《古文尚书》为25篇。二是篇目不同。三是内容不同，主要理由是刘歆、郑玄等人引《书》与梅赜本存在着差异。张荫麟最后总结说："反面所举证据极为充分，正面之辩护完全失败。吾人可下一最后之结论曰：'晚书'不是《古文尚书》原本，换言之，即属伪作。"张先生赞成反方所持意见，判定《古文尚书》是伪书。

客观地讲，张荫麟《伪〈古文尚书〉案之反控与再鞠》虽然增加了正方、反方的观点与证据，但其实质是继续沿用阎若璩"立其根柢"的方法与理路，以孔壁中经作为考辨真伪的标准，查找梅赜本《古文尚书》与之不同之处，以此揭发其作伪之迹。形式上虽颇有创新，但辨伪方法、证据上并无实质性的超越。

虞、夏、商、周的历史，主要靠《尚书》流传至今。胡适先生说："唐、虞、夏、商的事实，今所根据，止有一部《尚书》。但《尚书》是否可作史料，正难决定。梅赜伪古文固不用说，即二十八篇之'真古文'，依我看来，也没有信史的价值……我以为《尚书》或是儒家造出的'托古改制'的书，或是古代歌功颂德的官书。无论如何，没有史料的价值。"①儒家按照合于仁义的价值观念，选编《尚书》，并非是作伪。在《古文尚书》之外，胡适打着"材料审查"的幌子，强调"宁可疑而错，不可信而错"②，将《今文尚书》一并怀疑，置入伪书的行列，剥离了《尚书》对古史的支撑，人为地造成了虞、夏、商、周四代历史的"材料空白"③。

钱玄同先生说：

> 我以为推倒"群经"比疑辨"诸子"尤为重要。因"诸子"是向来被人目为"异端"的……不把"经"中有许多伪史这个意思说

---

① 胡适：《胡适全集》第5卷，安徽教育出版社2007年版，第213页。
② 胡适：《胡适文集》第3册，人民文学出版社1998年版，第357页。
③ 胡适说："在东周以前的历史，是没有一字可以信的。"参俞吾金编选《疑古与开新——胡适文选》，上海远东出版社1995年版，第60页。

明,则周代——及其以前——底历史永远是讲不好的。①

诸子已经有人怀疑,现在关键是把经书里的伪史讲清楚。在钱先生看来,经书辨伪的意义更为重大。他主张现在的(今文)二十八篇中,有历史价值的恐怕没有几篇。《尧典》《皋陶谟》《禹贡》《甘誓》等篇,一定是晚周人伪造的。② "晚书"之伪已经坐实,胡适曾让顾颉刚重提《尚书》真伪公案,考辨《今文尚书》的不可信。胡适、钱玄同对顾颉刚疑古思想的形成,皆有所助益。

顾先生是《尚书》学研究的巨擘,同时也是古史辨派的开创者。伪史的基础是伪书,欲辨伪史,必须先辨伪书,顾颉刚将古书辨伪看作是复原古史的重要突破口。对于《古文尚书》,顾先生信奉清儒的辨伪成果,认定该书是伪作。他强调以史学的态度研究经学,目标在于要使《尚书》还原为古书,成为研究古史的史料,而不成为现代的煌煌法典。③ 1923年,顾颉刚先生之所以能提出"层累地造成中国古史"的重要论断,其中重要的一项是来自对《尚书》的整理研究。

顾先生对以《尚书》为代表的古史文献考察,分四个方面展开:(1)辨古代帝王的系统及历年事迹,作《帝系考》;(2)辨三代文物制度的由来与其异同,作《王制考》;(3)辨帝王的心传及圣贤的学派,作《道统考》;(4)辨经书的构成及经学的演变,作《经学考》。④ 在顾先生看来,清儒已经摧毁了《尚书》中的伪古文,而他的辨伪应侧重更高层面。顾颉刚倡导打破民族出于一元的观念,打破地域向来一统的观念,打破古史人化的观念,打破古代为黄金世界的观念。⑤ 他试图彻底推翻古史研究领域的四个"偶像":作为种族偶像的三皇五帝系统,作为政治偶像的王制,作为伦理思想偶像的道统,作为学术文化偶像的经学。⑥

---

① 钱玄同:《论〈诗〉说及群经辨伪书》,载顾颉刚编《古史辨》第1册,上海古籍出版社1982年版,第52页。
② 钱玄同:《答顾颉刚先生书》,载顾颉刚编《古史辨》第1册,第76—77页。
③ 罗根泽编著:《民国丛书》第4编《古史辨》,上海书店1992年版,第13页。
④ 刘起釪:《顾颉刚先生卓越的〈尚书〉研究》,《文史哲》1993年第2期。
⑤ 顾颉刚:《古史辨自序》(上册),商务印书馆2017年版,第12—15页。
⑥ 顾颉刚:《顾序》,载罗根泽编著《古史辨》第4册,朴社1933年版,第1—23页。

五四运动以来,"打倒孔家店",推翻神圣的偶像,不过是一种空洞的政治口号。而顾颉刚以"层累说"为研究范式,将打到神圣偶像落实到学术层面,与当时反传统的社会思潮暗合,所以能在当时社会产生广泛的影响与共鸣。古史辨派在古史理论研究上的成就,明显多于对古书的考辨。"不立一真,惟穷流变",顾先生在考察历史真相之外,注意到人们的历史认识,会随着时间的推移而改变。古书不再是神圣的经典,而是学术研究的资料,把经学推上现代学术研究的平台,"层累说"不仅具有思想解放的意义,更是指导我们上古史的强大理论武器。

张心澄承袭宋濂《诸子辨》、胡应麟《四部正讹》的辨伪思路,撰作《伪书通考》,将一千多部古书打入伪书行列,疑古之风日渐炽烈。张西堂著《尚书引论》,他怀疑孔壁古文在根本上讲来,实无其事,只是刘歆及一般拥立古文的人所虚构之辞。① 顾颉刚弟子刘起釪从魏晋之际的学术史入手,主张皇甫谧未曾采用《古文尚书》,所谓托始于郑冲的《古文尚书》传授系统是编造的,郑冲与《古文尚书》无关。② 陈梦家《尚书通论》指出,东晋时期的《古文尚书》,出现于汉代以后,究竟是谁人所造作,向来有不同的推测。他排除了皇甫谧、梅赜、王肃三人的可能性,认为作伪者为东晋的孔安国。③

刘起釪、陈梦家等先生的意见,皆深受古史辨思潮的影响,《尚书》经典的神圣外衣被剥落,部分篇目的年代被人为置后。蒋善国先生明确列出七条划分孔传经文真伪的标准:凡孔壁《古文尚书》所无的篇目,都是伪的;凡较汉代今、古文《尚书》内容不完整的各篇都是伪的;凡古籍引《书》明说引某篇经文,它的文词虽见于《孔传》经文,而篇名不同的,都是伪的;凡与周秦古籍和汉人所引经文不同的各篇都是伪的;凡与汉代今、古文《尚书》内容不同的各篇,都是伪的;凡东汉诸儒说已亡的各篇,都是伪的。④

马雍《尚书史话》认为,作伪者在搜辑先秦《尚书》逸文方面下了

---

① 张西堂:《尚书引论》,陕西人民出版社1958年版,第162页。
② 刘起釪:《尚书学史》(订补修订本),中华书局2017年版,第175—182页。
③ 陈梦家:《尚书通论》(外二种),河北教育出版社2000年版,第124页。
④ 蒋善国:《尚书综述》,上海古籍出版社1988年版,第316—321页。

很大的功夫，如果他老老实实地把这些逸文按原貌编辑成书，而称之为《尚书》逸文，那倒不失为一项重要的贡献。① 河间献王也有古文本，孔壁并非《尚书》类文献传流的唯一路径，杜林漆书的来源尚不清楚，不能把孔壁之外的古文皆定为伪书。《尚书》的传授是多线条的，而非单线条的。和蒋善国先生相比，马雍的意见更为客观公允，但依然笃信《古文尚书》为晚出。从民国时期至20世纪80年代，《古文尚书》称"伪《古文尚书》"，《孔传》称"伪《孔传》"，"《古文尚书》伪书"说已经深入人心，成为学界的基本常识了。

综上所述，疑古自唐代已经发轫，如刘知几、柳宗元等。它不是某一个时代的专属，而是一股波涛渐趋汹涌的学术思潮。清代后期的今文经学派，已经出现了疑经范围扩大化的趋势。至民国时期，古史辨派延续清儒质疑《古文尚书》的理路，对古书反思、辨伪达到极致。他们不能区分自然成伪与主观作伪，将长期演进而成的文本变形当作一人一时之伪，因而制造了大量的冤假错案。

古史辨派将阎若璩《尚书古文疏证》视为古书辨伪最为成功的案例，崔述的"世愈后则其传闻愈繁"，成为顾颉刚"层累说"的逻辑起点。顾先生提出"层累地造成中国古史"的理论假说，正是清儒辨伪学术风气影响下的产物。从民国时期到20世纪80年代，"《古文尚书》伪书"说一直占据着学界的主流地位。期间虽有学者持不同意见，如符定一撰作《新学伪经考驳谊》，批驳康有为"《古文尚书》刘歆伪造说"②，但声音甚为微弱，无力突破"《古文尚书》伪书"说的藩篱。

第三节　20世纪80年代以后对《古文尚书》公案的重新反思

明儒郑瑗，福建莆田人，明宪宗成化十七年进士，官至南京礼部郎中，著《井观琐言》三卷。郑瑗曰："古文《书》虽有格言，而大可疑。观商周遗器，其铭识皆类今文《书》，无一如古文之易晓者。《礼记》出

---

① 马雍：《尚书史话》，中华书局1982年版，第63页。
② 符定一：《新学伪经考驳谊》，商务印书馆1927年版，第14页。

于汉儒，尚有突兀不可解处，岂有四代古书而篇篇平坦整齐如此？如《伊训》全篇平易，惟《孟子》所引二言独艰深。且以商诗比之周诗，自是奥古；而商书比之周书，乃反平易，岂有是理哉？"① 商周时期青铜器铭识艰涩难读，类似《今文尚书》，而与《古文尚书》明显不同。《古文尚书》若为四代古书，为何篇篇辞气平坦整齐如此？郑瑗的举证，虽仅为只言片语，但他联系出土器物，借助商周青铜器铭文语言风格，辨识《古文尚书》之伪，可谓是首倡其声，慧眼独具。

自清儒阎若璩《尚书古文疏证》之后，虽不断遭遇学者的质疑，但"《古文尚书》伪书"说一直占据着学界主流的地位。20世纪七八十年代以来，借助简帛文献大量出土，大量冤假错案得以平反，人们对古书成书规律的认识日益深化。

李学勤先生将古书流传过程中变形的情况归纳为十种："第一，佚失无存。第二，名存实亡。第三，为今本一部。第四，后人增广。第五，后人修改。第六，经过重编。第七，合编成卷。第八，篇章单行。第九，异本并存。第十，改换文字。"② 李先生鉴于疑古过勇之失，强调古书的形成每每要有长期的过程，除了少数书籍立于学官，或有官本，一般都要经过改动变化。在民间流传的，变动尤甚。③ 他主张不能以静态的眼光看待古书，倡导"走出疑古"④，对古书成书规律进行"第二次反思"。

李零先生说："古书的形成是个相当复杂的过程，从思想的酝酿形成，到口授笔录，到整齐章句，到分篇定名、结集成书，往往并不一定是由一个人来完成。它是在学派内部的传习过程中经过众人之手逐渐形成，往往因所闻所录各异，形成若干不同传本，有时还附以各种参考资料和心得体会（类似后来的"传"），老师的东西和学生的东西并不能分得那么清楚。"⑤ 李零先生认为，由于过去对古书体例认识不清，学界用

---

① 转引自（清）阎若璩撰，黄怀信、吕翊欣校点《尚书古文疏证（附：古文尚书冤词）》卷八，第623页。
② 《当代学者自选文库·李学勤卷》，安徽教育出版社1998年版，第15—21页。
③ 李学勤：《竹简〈家语〉与汉魏孔氏家学》，《孔子研究》1987年第2期。
④ "疑古"不属于某一个时代，在表述上"走出疑古"比"走出疑古时代"可能更为允当。
⑤ 李零：《关于〈孙子兵法〉研究整理的新认识》，《古籍整理与研究》1987年第1期。

汉魏以后的著述体例来判断先秦古书的真伪，传统辨伪学所定判别真伪的标准大多不能成立。① 他特别推崇余嘉锡的《古书通例》，主张以"古书年代学"取代"古书辨伪学"。

郑良树先生认为，古籍其实是一种有生命的机体，在长期的流传过程中，它们是生机蓬勃，有增减的变化，也有衍生异化等的演变；即使已编纂"定型"的书，也不排除有第二及第三次编辑的可能，把初编所未曾搜入的材料，或者初编以后衍生出来的新材料再行纂集。② 由大量"冤假错案"的平反，重新评价清儒的辨伪成果，③ 进而分析古书体例，反思古书成书的规律，学者们认识到古书成书每每经历漫长的过程，有其增减删改的复杂过程。正是在这种学术大背景之下，学界启动了对《古文尚书》真伪问题的再考察、再探索。

一 对《古文尚书》文本来源的考察

梅赜本《古文尚书》在魏晋时期突然出现，学者们欲证其真，必须解决其文本的来源问题。郑杰文先生从《墨子》引文的角度，对《古文尚书》的真伪问题展开探索。他说《墨子》引《仲虺之诰》3 则，引《泰誓》8 则，其文意大多可与梅赜本《古文尚书》比对，但文句、字词甚至语序，又与《墨子》所引不同，说明梅赜并没有从《墨子》中抄袭《尚书》文句，以造作《古文尚书》，清代以来"梅赜造作《古文尚书》"的说法应当重新审视。④ 梅显懋、贾清宇认为，《孟子》引《书》存在改动加工情况，《孟子·梁惠王下》《滕文公下》两篇引《书》，便是孟子为圆已说有意改动的结果，不能以此作为《古文尚书》造伪的证据。⑤

杨善群先生比较《古文尚书》与旧籍引语的二十六个实例，发现古

---

① 《李零自选集》，广西师范大学出版社 1998 年版，第 22—23 页。
② 郑良树：《诸子著作年代考》，北京图书馆出版社 2001 年版，第 6—7 页。
③ 李学勤先生说："在辨伪方面，清代学者做出了很大贡献，但是也有不足之处，其一些局限性延续到现在还有影响。今天要进一步探究中国古代文化，应当从这些局限中超脱出来。"参李学勤《简帛佚籍与学术史》，第 33 页。
④ 郑杰文：《〈墨子〉引〈书〉与历代〈尚书〉传本之比较——兼论"伪古文〈尚书〉"不伪》，《孔子研究》2006 年第 1 期。
⑤ 梅显懋、贾清宇：《〈孟子〉引〈书〉二例考论》，《辽宁师范大学学报》（社会科学版）2010 年第 4 期。

文完整、全面、流畅、连贯，并用六条反证，说明"晚书"决非编排旧籍引语而成，而是别有来源的真古文献。① 胡治洪先生说得更为明确，梅赜所献孔传本就是孔子后人为避秦火而藏于旧宅壁中的百篇遗存，也即是孔子亲手删定的先圣教言和华夏古史。胡先生虽然也承认《古文尚书》经过改写，但他把改写的时代定为先秦，认为《古文尚书》是西周至春秋早期的文化精英们，根据传述或书写的上古史料编成的经典。②

以上学者论说的共同点，是相信《古文尚书》渊源有自，并非伪造而成。先秦文献改写是常见的现象，《古文尚书》成书也当如此。他们试图以动态的眼光，发现古书形成过程中不断被改编的规律，解释《古文尚书》与传世文献引《书》差异的原因。

二 汉魏学术传承与《古文尚书》成书

杨善群先生指出，《古文尚书》自西汉以来长期流传于世，有韦昭等众多学者见过并称引其书。在魏晋之际逐渐完备成集，形成了郑冲、苏愉、梁柳、臧曹、梅赜有史可征的传授关系。它的来源可能有七个方面，而非一人一时之伪造。③ 胡治洪先生指出，《全汉文》《全后汉文》《全三国文》《全晋文》中存在着引用《古文尚书》及其孔安国传的资料，这些资料表明《古文尚书》自西汉末年至西晋晚期一直绵延不绝，流传于世。南宋以降，疑《书》者们对于《古文尚书》传承脉络茫昧无稽的指控，是不成立的。④

刘建国对《古文尚书·说命》篇的文献引文做了初步统计，《说命上》的引文，见于《左传》1条，《国语》1条，《孟子》1条；《说命中》的引文，见于《左传》2条；《说命下》，见于《国语》2条。他主张《孔传》之《古文尚书》，既包括了《今文尚书》，也包括了梅氏所上之《古文尚书》，又与司马迁记载相同。所以孔氏、梅氏之《古文尚书》

---

① 杨善群：《古文〈尚书〉与旧籍引语的比较研究》，《齐鲁学刊》2003年第5期。
② 胡治洪：《〈尚书〉真伪问题之由来与重辨》，《江苏师范大学学报》（哲学社会科学版）2014年第1期。
③ 杨善群：《古文〈尚书〉流传过程探讨》，《学习与探索》2003年第4期。
④ 胡治洪：《汉晋之间古文〈尚书〉流传情况补证》，《中国文化研究》2015年第3期。

皆为真书。① 此外，刘先生从材料来源、传授过程、文献著录、避讳等多角度展开考察，力证《古文尚书》为可信之古书，梅赜伪造《古文尚书》为"冤假错案"。

三　对清人辨伪成果及方法的重新评判

学者由《古文尚书》辨伪，逐渐转向对清人辨伪方法的重新甄别，阎若璩首当其冲。黄怀信先生以《尚书·说命》篇为例，对阎若璩的辨伪方法逐条反驳。他认为《古文尚书》本非一时一人之作，文辞格制不同，理所当然。郑玄称"逸"，最多只能说明郑玄之时社会上没有流传；而社会上没有流传，不等于世间无有其书。单凭"念终始典于学"与"教学半"，怎么可以伪造出如此有机文字？又怎么知道"敬孙务时敏，厥修乃来"在其前而不在其后？阎若璩先定其伪，然后再找证据，显然，这是不科学的辨伪方法。②

张富祥先生指出，现在还没有充分而确实的理由，可以证明今本的古文部分都不是汉代古文本原有的篇章。前人对《尚书》的考辨，注重今古文之别，从传本源流、古籍引文、书篇内容、文辞体格等方面论证今本古文经之伪，在方法上尚欠周密，现有的相关成果也还都不能视为定论。先秦《尚书》的编纂体制原不像通常所设想得那样整齐，各种传本的篇章类型也不一致，以往的辨伪工作在相当程度上，忽视了《尚书》流传的复杂性及古代遗文的类型差异，而欲以一种标准统一《尚书》的体制是不现实的。③ 相关研究，参见黄肃《梅赜〈尚书〉古文真伪管见》等。④

张岩《审核古文〈尚书〉案》全面批评阎若璩的偏颇与谬误，主张《尚书古文疏证》中没有一条确凿有效的证据，是大胆假设的"有罪推

---

① 刘建国：《先秦伪书辨正》，陕西人民出版社2004年版，第55—59页。
② 黄怀信：《〈说命〉考信》，载宋镇豪、宫长为主编《中华圣贤文化研究文集》，文物出版社2010年版，第56页。
③ 张富祥：《古文〈尚书〉辨伪方法异议》，载山东大学文史哲研究院编《古籍整理研究与中国古典文献学学科建设国际学术研讨会论文集》，济南，2009年3月29日—4月2日，第355页。
④ 黄肃：《梅赜〈尚书〉古文真伪管见》，《许昌师专学报》（社会科学版）1987年第3期。

定",他认为阎氏的举证远不足以证明其最终结论。张岩依据文献万字含量,挑选出108个常用字,然后对《今文尚书》与《古文尚书》进行字频统计,结果发现《今文尚书》为47%,《古文尚书》为53%,频率非常接近。作伪者不仅造经,而且要造一部今古文同注的《孔传》,他认为《古文尚书》"作伪"难度太高,高到了不可能实现的程度。① 张岩先生比较有特色的地方,是利用现代计算机技术,对先秦两汉数十种文献和今《古文尚书》字频检索进行比较。和过去的研究相比,学界考辨《古文尚书》的手段在不断创新。

朱建亮先生以具体例证,反驳阎若璩之说。他认为孔安国献书之后,会留有副本,《孔传》可能是根据副本写的。阎若璩以石经残碑为"根柢",但石经所记"高宗之飨国百年"根本不可信。阎氏说上古没有族刑,但真古文《尚书·吕刑》记载以前是有过酷刑的。《伪书》没有把"四岳""百揆"当作正式的官名,阎氏对此可能存在误读。②

杨善群先生批评阎若璩《尚书古文疏证》运用了二难推理、胡编乱造、自相矛盾、吹毛求疵等八种不正当的考据方法,歪曲事实,欺骗读者。他的绝大部分论据都似是而非,因而是不能成立的。③《尚书古文疏证》第87条言"汉金城郡乃昭帝置",第18条言"晋省谷城入河南",第89条言"济渎枯而复通乃王莽后事",说的都是《孔传》有孔安国以后的地名和地理现象。杨善群先生对此的解释是,自孔安国后,《古文尚书》一直在孔氏家族中传承,世世修之,因此在《孔传》中出现孔安国以后的地名,并不奇怪。④ 相关研究,可参看氏著《中国学术史奇观:"伪古文〈尚书〉"真相》⑤。

虞万里先生指出,《孔子家语》和《孔丛子》之伪,仅是清儒崇郑玄鄙王肃风气下之集体观念,原未经科学方法证明,且今因出土文献之启

---

① 张岩:《审核古文〈尚书〉案》,中华书局2006年版,第29—33页。
② 朱建亮:《〈伪古文尚书〉研究》,光明日报出版社2017年版,第13—18页。
③ 杨善群:《辨伪学的歧途——评〈尚书古文疏证〉》,《淮阴师范学院学报》2005年第3期。
④ 杨善群:《评阎若璩考据的欺骗性——〈尚书古文疏证〉综合研究》,《史林》2016年第1期。
⑤ 杨善群:《中国学术史奇观:"伪古文〈尚书〉"真相》,上海人民出版社2019年版。

示,《孔子家语》《孔丛子》真伪又被重新审视,并非一定伪书,则丁晏之重要证据已无着落。退而论之,即使《孔子家语》《孔丛子》为王肃伪造,也不能就此推定《古文尚书》亦为王肃伪造,两者之间无必然联系。① 辨伪者认为《古文尚书》风格"平缓卑弱,殊不类先汉以前之文",其传承脉络茫昧无稽,由此构成怀疑的前提;又以"吹毛索瘢"的方式寻找该文本的"破绽",由此构成怀疑的证据;进而确指或泛指某人拼凑缀合古籍中的引《书》文句以作成伪书,由此构成怀疑的结论。胡治洪对清儒的辨伪方法予以坚决批判,他坚信《古文尚书》成书方式根本不存在所谓"作伪"问题,而是轴心时代各大文明之经典产生的共同方式。②

和上述学者的证真相比,仍有不少学者坚称《古文尚书》乃伪书,充分肯定清儒阎若璩的学术贡献。杨柳岸先生认为,"遗贤""影响""其一曰""昏迷""来世""师古""放牛"等词语,仅见于《古文尚书》,终周秦之世杳无踪迹,直到汉代以后文献才"重新"出现,借此可知《古文尚书》为伪作。③ 李燕、袁玮等学者强调阎若璩以"根抵——枝节"的逻辑结构,运用实证法、虚会法排比史料,考辨东晋豫章内史梅赜所献孔传本《古文尚书》二十五篇是伪书,对于清代学术范式的确立,实有先导作用。④ 房德邻结合近年出土的战国楚简等相关资料,申论"孔安国献书作传说"与史实不符,孔安国《传》中的"金城""驹丽""南山"是晚于孔安国的人所写,古文经中的《君陈》《君牙》《大禹谟》等乃伪作,强烈反驳张岩《审核古文〈尚书〉案》对阎若璩《疏证》的批判。⑤

《古文尚书·五子之歌》云:

---

① 虞万里:《以丁晏〈尚书余论〉为中心看王肃伪造〈古文尚书传〉说——从肯定到否定后之思考》,《中国文哲研究集刊》第 37 期,第 131—152 页,2010 年。

② 胡治洪:《〈尚书〉真伪问题之由来与重辨》,《江苏师范大学学报》(哲学社会科学版) 2014 年第 1 期。

③ 杨柳岸:《〈古文尚书〉晚出词语考》,《武汉大学学报》(人文科学版) 2015 年第 1 期。

④ 李燕:《阎若璩与清代学术范式的确立——以〈尚书古文疏证〉为中心的考察》,《学术界》2013 年第 9 期;袁玮:《阎若璩〈古文尚书疏证〉辨伪成就试论》,《档案学通讯》2010 年第 2 期。

⑤ 房德邻:《驳张岩先生对〈尚书古文疏证〉的"甄别"》,《清史研究》2011 年第 2 期。

其一曰："皇祖有训，民可近，不可下，民惟邦本，本固邦宁。予视天下愚夫愚妇一能胜予，一人三失，怨岂在明，不见是图。予临兆民，懔乎若朽索之驭六马，为人上者，奈何不敬？"

张民权从诗文用韵的角度出发，为阎若璩立论提供证据。他说："按古韵家研究，此段文字中能押韵的字有'宁、敬'（耕部），但二字相距甚远。又有'下、予、图、马'（鱼部），韵脚之间仍相距甚远。只有'训、近'（文部）二字相挨。在古人诗歌中，尚未见有如此韵疏的诗歌。即以《尚书》之中歌谣言之，亦无此例。"① 张先生说既然《五子之歌》属于诗歌，韵脚之间不会如此疏远。清儒认为作伪者出于魏晋之间，张民权与之不同，他推论"马下"与"图与"（鱼部）相韵，应当是前汉时期语音特点。如果从音韵上分析，《古文尚书》作伪者至少是汉魏之间人，而不是魏晋时人。

简帛文献的大量出土，让学界看到了先秦两汉时期古书文本的真实面貌，《孙子兵法》《孔子家语》《尉缭子》等大批古书的"冤假错案"得以"平反"。学界逐渐认识到早期古书成书过程极为复杂，是长期的、多次"层累"的结果，不能以今例古，简单地以真伪作为标准来判定古书。古书的形成是动态的，不是静止的，有其发生、演变的过程与规律。"古书年代学""文本形态学""古书类型学"等一系列概念的提出，就是强调对古书的成书过程做更为深入、细致的动态考察。在淡化对《古文尚书》真伪问题讨论，更多地转向对古书成书过程及规律认识的背景下，支持阎若璩"《古文尚书》伪书"说的声音日渐式微。

总之，20世纪七八十年以来，为《古文尚书》翻案之声此起彼伏，逐渐占据上风。学界对《古文尚书》第二次反思的最终结果，导致它的定性由伪入真，重新回归"真书"的行列。古史辨派由怀疑古史到怀疑古书，以部分之伪定全书为伪，将一千多部古书打入伪书的行列，认定刘歆、王肃等人遍伪群经，显然有疑古过勇之嫌。随着地下文献的大量出土，学界依据新见简帛文本形态，突破疑古思潮的束缚，强调先秦古

---

① 张民权：《诗文用韵与〈尚书〉辨伪》，《孔孟月刊》第37卷第11期，1999年。

书体例及流传过程的复杂性,给《古文尚书》《周礼》《今本竹书纪年》等古书批量翻案,结果出现了由"古书全伪"到"古书全真"的戏剧性反转。

以类相存,多本别传,《书》类文献的传流是多线的,而非单线的,但《尚书》成书过程的复杂性,并不能成为消弭"晚书"真伪考辨的理由。阜阳汉简等新见文献证明《孔子家语》是真书,由《孔子家语》连带《古文尚书》成为真书。20世纪80年代以后学者重新断言《古文尚书》为真书,不过是古书大量翻案风气下的定性改变,而未在出土文献学层面找到真正过硬的证据。在《古文尚书》由伪入真,突破伪书窠臼的过程中,证真派没有看到先秦时期《书》类文献的原貌。他们对于《古文尚书》的证真,和古史辨派一样,也是一种"间接性"的推定。

第四节　中国港台地区及海外《古文尚书》研究

一　中国港台地区关于《古文尚书》的论争

鸣佩《伪古文尚书考》在梳理《古文尚书》伪迹被揭露之后,妄说孔颖达《尚书正义》此后可不看,可知受阎若璩、惠栋等人影响,《古文尚书》之伪在当时已经深入人心。① 屈万里《尚书中不可尽信的材料》指出,虽然现在还有些提倡经学的人,连篇累牍地引用这些伪书(《古文尚书》);虽然他们还津津有味地侈谈所谓尧舜禹的十六字心传,但稍微对经学史有些常识的人们,都知道这二十五篇已是经过判定有案的冒牌货。② 在屈先生看来,"《古文尚书》伪作"说已经铁板钉钉,不容置疑。

(一)《古文尚书》真伪考辨

20世纪50至70年代,中国大陆《古文尚书》研究相对沉寂,论争的重心转移至中国台湾地区。王保德连续发表多篇文章,如《阎若璩尚书古文疏证驳议》③、《古文尚书非伪作的新考证》④、《从编订年历总谱:

---

① 鸣佩:《伪古文尚书考》,《中华周刊》1934年3月3日。
② 屈万里:《尚书中不可尽信的材料》,台湾《新时代》第1卷第3期,1961年。
③ 王保德:《阎若璩〈尚书古文疏证〉驳议》,台北《中华杂志》第7卷第9—12期,1969年。
④ 王保德:《〈古文尚书〉非伪作的新考证》,《文坛》第124—129期,1970年。

再论古文尚书非伪作的新考证》①、《阎若璩不了解同德度义的意义》②等，从历法编订等多方面，强调《古文尚书》不是伪作，阎若璩的辨伪方法存在偏颇。胡秋原撰作《关于古文尚书孔安国传之公案》③、《书经日食与中国历史文化之天文学性——论阎若璩之虚妄与李约瑟中国科学史天文篇》④，一是强调《孔传》不伪，二是从天文历法的角度驳斥阎若璩之说不可信。

虞廷十六字是道统的根脉，刘善哉撰写《对阎若璩古文尚书疏证道统的反考证》⑤、《对阎若璩尚书古文疏证的反考证：旅獒篇》⑥、《阎若璩攻击大禹谟皋陶迈种德之评议》⑦及《阎若璩以孔传尚书用七世庙为伪文的反考证》⑧等多篇文章，从道统、篇目、语句、礼制等角度反驳"《古文尚书》伪书"说，以求经尊而道行，重新复兴中华文化。由于清儒已经广泛搜集证据材料，王保德、刘善哉等学者虽然连续、多次撰文，但没有补充新的、实质性证据，他们对阎若璩的反驳，并没有撼动"《古文尚书》伪书"说。

清儒阎若璩、惠栋侧重从整部书考察《古文尚书》晚出，而台湾地区另外一些学者支持《古文尚书》伪书说。在研究方法上，他们更加多元化、精细化，深入到具体每一篇，从不同角度补证阎氏之说。庄雅州先生说作伪之道，绝难凭空捏造，必杂采载籍，模仿剽窃，改头换面，以取信于人。他从取材、文辞、文体、清理及史实五个方面，分别举例

---

① 王保德：《从编订年历总谱：再论〈古文尚书〉非伪作的新考证》，《建设》26 卷第 8 期—27 卷第 3 期，1978 年。

② 王保德：《阎若璩不了解"同德度义"的意义》，《学园》第 6 卷第 7 期，1971 年。

③ 胡秋原：《关于古文尚书孔安国传之公案》，台北《中华杂志》第 7 卷第 9 期，1969 年。

④ 胡秋原：《书经日食与中国历史文化之天文学性——论阎若璩之虚妄与李约瑟中国科学史天文篇》，台北《中华杂志》第 8 卷第 1 期，1970 年。

⑤ 刘善哉：《对阎若璩〈古文尚书疏证〉道统的反考证》，台北《学园》第 5 卷第 4 期，1969 年。

⑥ 刘善哉：《对阎若璩〈尚书古文疏证〉的反考证：旅獒篇》，台北《学园》第 5 卷第 9 期，1970 年。

⑦ 刘善哉：《阎若璩攻击大禹谟皋陶迈种德之评议》，台北《学园》第 5 卷第 12 期，1970 年。

⑧ 刘善哉：《阎若璩以孔传尚书用七世庙为伪文的反考证》，台北《学园》第 6 卷第 5 期，1971 年。

说明《古文尚书·大禹谟》篇是伪作。①

欲辨古文真伪，先秦文献引文是重要的参照。许锬辉先生为证明《古文尚书·泰誓》篇晚出，他首列《古文尚书》，然后采用疏证的形式，将先秦两汉相关文献一一列出：

(1)《古文尚书·泰誓上》："同力度德，同德度义，受有臣亿万，惟亿万心；予有臣三千，惟一心。"

(2)《左传》昭公二十四年："《大誓》曰：纣有亿兆夷人，亦有离德。余有乱臣十人，同心同德。"

(3) 苌弘曰："同德度义。"

(4)《管子·法禁》篇："《大誓》曰：纣有臣亿万人，亦有亿万之心。武王有臣三千，而一心。"

(1) 是《古文尚书》，(2) 是《左传》，(3) 是苌弘之语，(4) 是《管子》，许先生最后得出结论：《古文尚书》袭取《左传》昭公二十四年、《管子·法禁》所引《大誓》之文，并取苌弘之语为之。② 许先生的研究思路，是仿效阎若璩、惠栋，将《古文尚书·泰誓》抄袭的出处一一发掘出来，细化到每一句话，条分缕析，以此证明《泰誓》确是伪造之篇。

朱廷献先生认为《泰誓》篇有三种，一为先秦之古文《泰誓》，为真，今所辑者十余条而已。二为汉初壁内之伪《泰誓》，欺世最久，而世莫或知之。三为东晋梅本伪《泰誓》，其为伪已成定谳。③ 朱先生所说"壁内"并非孔壁，而是指民间女子发老屋所得。汉初壁内之伪《泰誓》曾为伏生、司马迁所引用，然而不知其篇为赝品，所以朱先生全力批判此篇之晚出。宗静航从语言角度考察，认为《书大序》有"科斗""隶古定""开设""训传"等晚出词语，其成书时代应在西汉以后。④

---

① 庄雅洲：《大禹谟辨伪》，《孔孟月刊》第 17 卷第 2 期，1978 年。
② 许锬辉：《伪古文泰誓疏证》，《木铎》第 8 期，1979 年。
③ 朱廷献：《太誓真伪辨》，《孔孟月刊》第 19 卷第 4 期，1980 年。
④ 宗静航：《从语言角度看孔传本〈书大序〉的成书时代》，《扬州大学学报》（人文社会科学版）2015 年第 2 期。

（二）《古文尚书》成书过程及价值的研讨

在承认《古文尚书》是伪书的前提下，学者对该书的成书过程及价值展开新的探讨。《古文尚书》的作伪者，向来有王肃、皇甫谧及梅赜等多种说法。梅赜是传书者，未必是《古文尚书》的伪造之人。针对陈梦家怀疑作伪者是东晋的孔安国，饶宗颐先生提出否定性意见。他认为找到一个和西汉孔安国同名同姓的人做本案的主犯，是一个很有趣味的假设。东晋孔安国深谙于礼，但不是一个有著述的经学家。从敦煌目录来看，《古文尚书》的作者是西汉临淮太守孔安国，而不是东晋的山阴孔安国。①

朱廷献《尚书研究》强调豫章内史梅赜献孔安国传之《古文尚书》58篇，而其中25篇，原为辑逸之作。初或无作伪之意，然而未加注明辑逸之因，而隐蔽其迹，欺骗后世，亦难辞作伪之责。②

对于《古文尚书》的编纂年代，蔡根祥先生依据《后汉书》引《尚书》情况，推定该书出于刘宋元嘉年间③，间接否定了"梅赜伪造《古文尚书》"的观点。叶纯芳说古文家崇奉周公，而周公更是上承尧、舜、禹、汤、文、武的人物，是政治与学术的正统，这部伪《古文尚书》的出现，说明了当时经学家为了提倡古学，不惜伪造古书以支持其学说。④

吴伯曜先生强调即使伪《古文尚书》的作者果真是"袭用"先秦经传子书的思想、文句，但是他并不是漫无选择的加以拼凑字句成书，在选择、舍取的过程中已加入作者的价值观和思想理念，甚至含有作者的政治理想。因此，不妨将伪《古文尚书》中被认为是袭用自各经传子书的文字、思想，视为是对于这些经传子书思想的阐扬与应用，并且探究这些思想内容对现代的人们的启示。⑤

---

① 饶宗颐：《论古文尚书非东晋孔安国所编成》，《选堂集林》上册，明文书局1982年版，第398—410页。
② 朱廷献：《尚书研究》，台湾商务印书馆股份有限公司1987年版，第143页。
③ 蔡根祥：《〈后汉书〉引〈尚书〉考辨》，载潘美月、杜洁祥主编《古典文献研究辑刊·四编》第13册，花木兰文化出版社2007年版，第151页。
④ 叶纯芳：《魏晋经学的定位问题》，《经学研究论丛》第10辑，台湾学生书局2002年版，第9—36页。
⑤ 吴伯曜：《论〈尚书·大禹谟〉的思想价值》，《经学研究论丛》第8辑，台湾学生书局2000年版，第111—136页。

焦启镇《尚书古文真伪》说《书》以载道,在于合圣人之旨。若不悖圣人,则尊奉之不暇,安可废也?①焦先生站在尊经卫道的立场之上,强调《古文尚书》合于圣人之道,不可废弃,主张应淡化《古文尚书》真伪的考察。郭象升主张虽可能是有如王肃之人采缀义理,纳入《古文尚书》之中,其实质不过是代圣人立言而已。②由于时代的局限,《古文尚书》作伪者在编辑、补缀中不免融入己意,但更多的却是阐述儒家圣贤的思想。郑泽《伪古文尚书之论语化》认为,《论语》中有理想之君子与圣人,伪古文作者举此种德行加诸古圣人之身,使《论语》之理想实现于古史之中。③

程元敏《尚书学史》是中国台湾地区学者新近研究《尚书》学的力作,他对《古文尚书》每篇都进行解题,并附上相关文献佚文。程先生专列一章晋代《尚书》学,梳理郑冲、皇甫谧、臧曹、梅赜等人之间的《尚书》传流。他的结论是:《古文尚书》经、传为王肃之徒伪造,谀臣郑冲传下,西晋时期未立于学官。至东晋元帝,梅赜献上,遂立官授徒。学界常说怀疑《古文尚书》者始自宋代吴棫,不知首疑伪书者是皇甫谧。④

(三)《古文尚书》学术史的梳理

屈万里《汉石经尚书残字集证》以石经残字为据,认为古文《舜典》确从《舜典》中析出,《益稷》则出自《皋陶谟》。朱熹作为"《古文尚书》伪书"说的倡导者之一,自然受到学界的关注。姜龙翔认为,朱熹对《古文尚书》的来源及毫无讹损的现象感到疑惑,由于没有坚实的证据,他并未再延续"假书"的思维,而把焦点关注于如何对今、古文难易之差异提出解释。⑤

中国港台地区对《古文尚书》真伪问题的考察,又往往和阎若璩、毛奇龄两人之间的学术论争纠结在一起。戴君仁《阎毛古文尚书公案》从客观的求证、超俗的观察、科学的证据、测情的研究、本源的探讨五

---

① 焦启镇:《尚书古文真伪》,《学生》第3期,1917年。
② 郭象升:《伪古文尚书说》,《采社杂志》第11期,1934年。
③ 郑泽:《伪古文尚书之论语化》,《国立中山大学语言历史学研究所周刊》第40期,1928年。
④ 程元敏:《尚书学史》,华东师范大学出版社2013年版,第1079页。
⑤ 姜龙翔:《朱子疑〈古文尚书〉再探》,《嘉大中文学报》2011年第5期。

个方面，充分肯定阎若璩的辨伪学成就。对于毛奇龄，则分误据、臆说、强辩、曲解、游离、诬矫、颠倒、矛盾八个方面，批驳他考证的失误之处。从对阎、毛不同的态度上，可知戴先生已认定《古文尚书》乃伪作。① 戴君仁主张把这25篇伪《古文尚书》，不看作上古的经典、三代的信史，而只当作魏晋间子书来读，似乎仍不失为一部很有价值的书。②

林庆彰《清初的群经辨伪学》指出，《尚书古文疏证》从误认官制，礼制等处，从史例、古人撰书义例、传注体例、句读讹误等处辨伪书，皆梁启超《古书真伪及其年代》一书所未道及。阎若璩《疏证》除于学术思想史有积极的意义外，更拓展辨伪方法的领域，使辨伪书的方法更加细密。③

刘人鹏指出，考证绝不只是材料的问题，而是考证家在某个程度上借着材料创造史实。④ 阎若璩以"孔壁古文为真"为其立论的根柢。刘人鹏则认为此根柢不过是预设的假说。他撰文《诠释与考证——阎若璩辨伪论据分析》，强调阎若璩辨伪其实是站在其所预设观点上的诠释结果，表面上是尊重材料、凭证据说话，但证据之所以成为证据，是解释的结果……对史料的直接信任感，其实远低于前代。⑤ 许华峰持不同意见，他认为阎若璩立论的基石"孔壁古文为真"，并非是假说，而是多重文献考证的结果。⑥

赵铭丰主张学界"唯阎（阎若璩）是取"的单一认同，让毛奇龄《古文尚书冤词》遭受偏颇对待，影响所及，自然让多数学者难以客观持平，检验毛氏考辨思维的内在理路。因此还原与重整清初两派学人考辨《古文尚书》实质的对话秩序，有其学理必要。⑦ 相关研究成果，参见周

---

① 戴君仁：《阎毛古文尚书公案》，"国立"编译馆中华丛书编审委员会1978年版。
② 同上书，第180页。
③ 林庆彰：《清初的群经辨伪学》，华东师范大学出版社2011年版，第183页。
④ 刘人鹏：《阎若璩与古文尚书辨伪——一个学术史的个案研究》，潘美月、杜洁祥主编《古典文献研究辑刊·初编》第20册，花木兰文化出版社2005年版，第53页。
⑤ 刘人鹏：《诠释与考证——阎若璩辨伪论据分析》，《清代经学国际研讨会论文集》，"中研院"中国文哲研究所1994年版，第190页。
⑥ 许华峰：《阎若璩尚书古文疏证的辨伪方法》，花木兰文化出版社2005年版。
⑦ 赵铭丰：《程廷祚与毛奇龄——论〈古文尚书〉考辨异时对话的轴线转移》，《国家图书馆馆刊》2012年第1期。

凤五《伪古文尚书问题重探》①、蒋秋华《尚书研究》② 等。

曹美秀认为，郝懿行在乾隆五十九年之前，其著作中完全看不到考据学、汉学的色彩，此后，他不但对《古文尚书》的看法有由真至伪的重大转变，对经文中各别字词的训解、对前人注疏之评价等，亦有相应的调整。其为学历程及《古文尚书》观点的变化，是观察清代考据学、汉学及伪《古文尚书》说流传情形的一个极佳例证。"伪《古文尚书》"说的流布，可能比我们以精英人物为据所描绘的学术史发展还要慢，范围也小得多。③

和上述个案研究相比，另外有些台湾学者转向从清代学术风气上总体把握。林庆彰认为，前人皆以为毛奇龄与阎氏等人立异，不免流于义气之争。实则毛氏所以要护卫《古文尚书》，自以为《尚书》25 篇非人伪作，既非伪书，则为先秦之原典，既是原典，则应详加保护，以免受伤。可见，毛氏之护卫《古文尚书》，仍是回归原典的另一种表现方式而已。④

张丽珠认为清初既有清廷"尊朱"之官方哲学和黄宗羲、孙奇逢、李颙等民间王学修正派，又有新思想之曙光初露，如陈确、唐甄、颜元等人之新义理观。而辨伪学是为居间衔接并转换明清学术，进而推波清学走向辨、正、校、补之考据学大盛的关键。⑤ 黄世豪指出，冯景与阎若璩同时，他著有《淮南子洪保》一书，分别就《尚书古文疏证》的第四与第五两卷给予评论，从中可知阎若璩在撰作《尚书古文疏证》时，与清初学界互动的情形，也可进一步观察其书撰作期间，阎若璩辨伪论点被接受与被质疑的不同面向。⑥

陈文采《顾颉刚疑古辨伪的思考与方法》认为，顾颉刚在《古文尚书》方面的主要工作，是扫除壅蔽《尚书》的三个障碍物——伪古文、

---

① 周凤五：《伪古文尚书问题重探》，硕士学位论文，台湾大学中研所，1974 年。
② 蒋秋华：《尚书研究》，载林庆彰主编《五十年来的经学研究》，台湾学生书局 2003 年版。
③ 曹美秀：《郝懿行〈书说〉与其为学历程》，《台大中文学报》第 55 期，2016 年。
④ 林庆彰：《明末清初经学研究的回归原典运动》，《孔子研究》1989 年第 2 期。
⑤ 张丽珠：《清初的辨伪学发展及其对于清学走向的影响》，《书目季刊》第 48 卷第 4 期，2015 年。
⑥ 黄世豪：《冯景〈淮南子洪保〉与阎若璩〈尚书古文疏证〉撰作关系考论》，《中国文化大学中文学报》第 26 期，2013 年。

汉古文、道统。伪古文，前人的成就巨大，故所做的只是"补苴充实"；汉古文，则在《新学伪经考》的基础上，作精微探索的工作；至于道统的部分，其实就是古史四考的全部工作。林登昱《〈尚书〉在古史辨思潮中的新发展》强调考证、注释及辨伪都不始于古史辨，但问题是古史辨带上了一个预设推翻（打倒经学）的立场，不惜将《尚书》一变而为民俗作品，与传统认知起了莫大的冲突。①

张淑惠《近二十年来出土文献对经学研究的影响》综论河北八角廊汉简、阜阳汉简、马王堆帛书、郭店简四批出土文献的影响②，但对于郭店简引《书》关注度不足。针对部分学者以郭店儒简引《书》证明《古文尚书》不伪的观点，魏慈德先生说主张《古文尚书》不伪者犯了一个逻辑上的错误，即作伪者本据古书中的《尚书》佚文，杂糅补缀他说而成伪篇，而这些佚文乃抄袭自古书中明引《尚书》篇章之句，因此作伪者无须看到战国抄本《缁衣》，只要根据传本《礼记·缁衣》便可造伪。故战国抄本《缁衣》的出现，并不能证明伪廿五篇的内容曾经出现于战国时期，也因此无法作为《古文尚书》不伪的证据。③

二 日本学者对《古文尚书》的考察

日本学者非常重视《尚书》，认为经书居中国正统精神生活的枢轴地位，而《尚书》是经书中的经书，古典中的古典。它是"王者之纪录"，构成中国精神史上牢固的传统。（平冈武夫《经书の成立·序》）大约在中国南北朝时期，《尚书》开始传入日本。从平安至室町时代，形成了中原氏、藤原氏、清原氏等明经、传经世家。16—17世纪，日本儒学受朱熹学说强烈影响，藤原惺窝及其门人林罗山、松永尺五等专主朱子学，德川幕府推崇程朱理学，更是不遗余力。三宅正彦《日本儒学思想史》，

---

① 林登昱：《〈尚书〉在古史辨思潮中的新发展》，博士学位论文，"国立"中正大学，1998年。

② 张淑惠：《近二十年来出土文献对经学研究的影响》，《经学研究论丛》第7辑，台湾学生书局1999年版，第295—316页。

③ 魏慈德：《楚地出土战国书籍抄本与传世文献同源异本关系试探——以与〈尚书〉有关的篇章为主》，清华大学出土文献研究与保护中心主编《出土文献》第9辑，2016年，第98—116页。

详细阐述了朱子学在日本传播、变迁的历程。①

日本的《古文尚书》版本大致分为两类：一是写本，二是刻本。在日本现存的《尚书》写本之中，孔传本《古文尚书》居多。为便于普通读者阅读，在唐写本之外，日本学者多参照孔传本《古文尚书》抄写，加音注、训点，同时注入自己的研究心得，逐渐形成了不同的《尚书》传授系统。在室町时代，刻本在日本已经出现。日本学者在刊本上加训点，形成日本特色的刊本，称"和刻本"。日本甚至仿照《尚书》文体，编纂诏令文集。

山井鼎（1690—1728年），撰《尚书古文考》，主要是采集金石隶篆各书有关《尚书》的文字，纂集而成。其中，涉及《说命》《咸有一德》等古文篇目的，也有少量内容。②

在19世纪之前，人们尊崇经学，将《古文尚书》置于神圣、膜拜的地位。至20世纪，日本学者受外来思潮影响，将"晚书"作为学术研究的材料，开始出现了考辨《古文尚书》真伪问题的著作。伊藤仁斋对"晚书"持怀疑态度，他枚举该书抄袭先秦两汉文献所引"《书》曰"的例证，如《太甲》"天作孽"袭自《孟子·公孙丑上》等。他推崇汉学，其时代与清儒阎若璩大体相仿佛。

伊藤仁斋之子伊藤长坚《书反正》承袭其父之志，复兴古学，攻《古文尚书》之伪，力图恢复伏生书之旧。太田元贞《古文尚书别考》《尚书古今文同异考》强调今文、古文《尚书》的差异，梅赜本古文补缀出于晋代，皆川愿《古文尚书辨伪》注重反驳毛奇龄辩护之说，他们都从不同角度证明《古文尚书》为后儒伪托之作。皆川愿《尚书绎解》只解今文，不解古文，和吴澄等学者近似。在日本，亦有为《古文尚书》辩护的学者，山本信有《古文尚书勤王师》反驳阎若璩、惠栋之说，认为原古文的篇章不容怀疑。③ 笃守汉唐经学，此后疑经之风出现，证伪、证真两派激烈交锋，日本《古文尚书》学演进的历程，和中国大陆相

---

① ［日］三宅正彦著，陈华北译注：《日本儒学思想史》，山东大学出版社1997年版。
② 参见［日］山井鼎撰《尚书古文考》，《丛书集成初编》本，中华书局1985年版。
③ 相关研究论述，参见刘起釪《日本的尚书学与其文献》，商务印书馆1997年版，第30—32、191—192页。

仿佛。

20世纪以后，日本《尚书》学研究进入现代期。随着西方理论、方法的传入，日本学者研究的视角、手段日益丰富、多元化。内藤虎次郎《尚书编次考》对《尚书》的编次过程，做了较为深入的考察。其主要观点撮录、总结如下：

> 《尚书》最初以关于周公之记录为其重心，可以想像之，尤是今日之五诰。儒家之所流传间，尚有以各时代之语，而替代古语之迹。……而伴于儒家思想之发展，次第在文本上生出变化焉。其初为王鲁说，次为以孔子为素王说，后来因与其他诸子之竞争上，以传古道统为必要，所以有典谟诸篇，附加于其中。次儒家之用于六国时，自曲学之必要上，所以有《甫刑（吕刑）》以下各篇之附加。此变迁实在伏生《尚书》未出世以前，而一路进行，儒家所传之《尚书》与墨家所传之《尚书》每每不同者，在儒家之间，因各派分开，故流传歧异之本文。自汉以后，因伏生《尚书》之统一，其他皆失其原有之形矣。此等变化，当研究《尚书》之迹，实有先行考究之必要也。①

内藤虎次郎用动态的眼光看待《尚书》的成书过程，特别是指出从西汉伏生《今文尚书》至东晋梅赜伪《古文尚书》出现，自梅赜本《古文尚书》到《五经正义》，期间文本亦有所变化，乃其独到之处。

但他说"探索其事实之变化之由来，须从探索其思想之根本上变化始"，先有以鲁为尊的观念和以孔子为素王的观念，后增加《费誓》与《洪范》两篇；先有曲学阿世之风，后"齐国儒家一派增加了《甫刑（吕刑）》，魏国儒家一派增加了《文侯之命》，秦国儒家一派增加了《秦誓》"。内藤先生仅凭思想倾向立论，并无多少文献学上的证据支撑，容易遭到后儒的质疑。《尚书编次考》后来改名为《尚书稽疑》，收入《内

---

① ［日］内藤虎次郎：《尚书编次考》，载江侠庵编译《先秦经籍考》，商务印书馆1931年版，第79—96页。

藤湖南全集》第 7 卷①，疑古之风在日本《尚书》学研究中弥漫开来。内藤先生的观点在日本学界产生重要影响，奠定了此后日本国内《尚书》学研究的基调。

20 世纪日本《古文尚书》研究，可以分为以下几种情况：

（一）版本梳理及文本的点校、整理

《古文尚书》有郑玄注本，孔传注本，在日本现存《尚书》版本多为孔传注本，即孔颖达编订《五经正义》所取之版本。池田末利《尚书》版本梳理以武内义雄《古文尚书の二钞本》②为代表，文本的点校以石冢晴通《岩崎本古文尚书、毛诗の训点》③、加藤常贤《真古文尚书集释》④等为代表。

加藤常贤《真古文尚书集释》介绍了《今文尚书》《古文尚书》《真古文尚书的内容》《现本古文尚书（即伪古文尚书）》的不同情况后，集释部分荟萃历代注疏之说，上自马融、郑玄、《孔传》，下至王国维、杨筠如等，其中又有自己的意见，是一部择善而从的集释性著作。元田彝《尚书集解》则侧重汇集日本学者的训释意见，如帆足愚亭、中井子善、龟井元凤、野本伯美等。⑤

（二）《古文尚书》成书问题的考察

小林信明《古文尚书の研究》分为八章，一是序论，二是隶古定书概况，三是卫包改字考，四是梅赜本《古文尚书》考，五是后汉至魏《古文尚书》学的考察，六是前汉《古文尚书》学的考察，七是孔壁《古文尚书》考，八是《古文尚书》学的特色⑥。该书采用历史溯源法，由唐代向西汉追溯，特别关注《尚书》隶古定字体，收集了隶古定字唐写本三种、日本古写本四种以及敦煌本与《西域考古图谱》所载隶古定文字，分篇考校，是《尚书》学史上第一部对隶古定字体作比较系统研

---

① ［日］内藤虎次郎：《尚书编次考》，后收入《内藤湖南全集》第 7 卷，筑摩书房 1970 年版，第 9—23 页。
② 《武内义雄全集》第 3 卷，角川书店 1979 年版，第 412—419 页。
③ ［日］石冢晴通：《岩崎本古文尚书、毛诗の训点》，《东洋文库书报》第 15 号，1984 年。
④ ［日］加藤常贤：《真古文尚书集释》，明治书院 1964 年版，第 455—480 页。
⑤ ［日］元田彝：《尚书集解》，弘道馆 1913 年版。
⑥ ［日］小林信明：《古文尚书の研究》，大修馆书店 1959 年版。

究的著作。诸桥辙次以"空谷足音",称赞此书富有开创性的工作。

松本雅明《春秋战国における尚书の展开》将先秦《尚书》学史分春秋后期、战国前期、中期及后期四个时期,春秋后期以《论语》引《书》为代表,战国前期以《孟子》引《书》为代表,战国中期以《左传》《国语》《墨子》引《书》为代表,战国后期以《礼记》《荀子》《吕氏春秋》《韩非子》等引《书》为代表。① 松本分四个时期考察《尚书》原型之发展,固无问题,但他将《左传》《国语》引《书》归于战国中期,明显有些不妥。

(三) 对《古文尚书》辨伪学史的研究

关于《古文尚书》真伪的争鸣,野村茂夫以《帝王世纪》作为考察《古文尚书》真伪问题的突破口。② 中岛敏夫连续四期撰文,强调《古文尚书·大禹谟》虞廷十六字出于后儒伪托。③ 宇野精一将对《古文尚书》的怀疑,扩展至《孔传》。④ 诸桥辙次《儒学之目的与宋儒庆历至庆元百六十年间之活动》专列一章"《尚书》流变",其中涉及梅赜本的传流演变。他认为梅赜《尚书》中属于今文者,来自郑玄注本。孔安国、张霸所传者多断简残篇,经王肃或其他人辑收整理,此为古文部分的来源。⑤ 相关研究成果,可参看松崎觉本《古文尚书に关する研究》⑥、赤冢忠《儒家思想研究》⑦ 等。

尾崎顺一郎《惠栋〈古文尚书考〉とその学术史上の位置について》

---

① [日] 松元雅明:《春秋战国における尚书の展开》,风间书房1966年版。
② [日] 野村茂夫:《〈古文尚书〉の伪作についての若干の考察——〈帝王世纪〉との关连を中心に》,《日本中国学会报》1991年,第61—75页。
③ [日] 中岛敏夫:《〈尚书〉(大禹谟)"人心"十六字伪作说について》,《文明》第21卷15号,2005年;《文明》第21卷16号,2006年;《文明》第21卷17号,2006年;《文明》第21卷18号,2007年。
④ [日] 宇野精一:《论伪古文孔传(1)》,《斯文》第7编6号,1925年;《论伪古文孔传(2)》,《斯文》第8编1号,1926年。
⑤ [日] 诸桥辙次撰,唐卓群译:《儒学之目的与宋儒庆历至庆元百六十年间之活动》,首都女子学术研究会1937年版,第108—111页。
⑥ [日] 松崎觉本:《古文尚书に关する研究》,《汉学会杂志》第9卷2号,1941年,第142—201页。
⑦ [日] 赤冢忠:《儒家思想研究》,研文社2002年版。

侧重考察惠栋《古文尚书考》在学术史上的地位。① 竹元规人先生依据厦门大学的《尚书》讲义，指出顾颉刚采用丁晏的说法，相信《古文尚书》是王肃伪造的。比较清代学者和顾颉刚的观点可知，"王肃伪造说"并不是单一的学说，有种种背景、含义和后果。② 相关研究成果，参见吉田纯《尚书古文疏证とその时代》③ 等。

（四）《古文尚书》相关史实及思想义理的考察

平冈武夫《经书の成立》将中国人的世界观发展史分为三个阶段：一是殷王朝，二是周初迄清，三是民国。殷人崇拜先祖，天的观念在西周金文及《尚书》中才开始出现。天的观念成立当在殷周之际，而天下的世界观则以经书中的天获得成立。④ 1951 年，平冈武夫先生出版《经书の传统》一书，依次考述自隋唐以迄明清所撰的自汉魏以下历代的一些《续尚书》《补尚书》《仿尚书》，等等，阐明《尚书》的文化史观，以见《尚书》一经对后世的影响，中国历代都承受其传统作用。⑤ 青木正儿以《尚书》所记载内容为据，分析了尧、舜、禹传说的构成过程。⑥

（五）出土文献与《古文尚书》研究

贝冢茂树《中国古代史学の发展》，以甲骨、金文研究《尚书》，闻名于学界。郭店简面世之后，其中《缁衣》《成之闻之》引用《尹诰》等篇目，为考察《古文尚书》真伪提供了重要线索。日本学界较早利用出土文献考辨《古文尚书》的是泽田多喜男，其《郭店楚简缁衣篇考》专列一章"引用《尚书》の检讨"。他认为既然伪《古文尚书》的篇章出现在郭店楚简《缁衣》之中，那么该书便不是完全虚构的，而可能是

---

① [日]尾崎顺一郎：《惠栋〈古文尚书考〉とその学术史上の位置について》，《集刊东洋学（Chinese and Oriental Studies）》2018 年第 6 期。
② [日]竹元规人：《顾颉刚在厦门大学的〈尚书〉讲义——兼论顾颉刚"王肃伪造说"的学术史背景和意义》，《史学史研究》2017 年第 2 期。
③ [日]吉田纯：《尚书古文疏证とその时代》，《日本中国学会报》第 40 集，1988 年，第 153—167 页。
④ [日]平冈武夫：《经书の成立》，创文社 1983 年版。
⑤ 刘起釪：《现代日本的〈尚书〉研究》，载张岱年主编《传统文化与现代化》1994 年第 2 期，第 87 页。
⑥ [日]青木正儿：《尧舜传说の构成》，《支那学》第 4 卷 2 号，1927 年。

借助《尚书》古本资料进行的创作。① 清华简面世之后，亦引起日本学者的注意，金城未来《清华简〈说命〉の文献的特质：天の思想を中心に》便是这方面的开拓之作。②

三　朝鲜《古文尚书》学研究

大约在中国的三国时期，《尚书》传入朝鲜半岛。高句丽在中央设立太学，《尚书》成为教授弟子的重要科目。据《韩国经学资料集成·书经》记载，李朝时期《尚书》的注疏之作有百余种。朝鲜学者将《易》《礼》与《尚书》内容结合起来，特别以图解说《尚书》，逐渐形成了具有朝鲜特色的《尚书》学诠释体系。

受中国《尚书》学怀疑思潮的影响，《古文尚书》辨伪也是朝鲜学者颇为关注的内容。他们对《古文尚书》的辨伪，其理路大致可分为以下几个方面：

（一）辞气辨伪

李埈《书杂录》云："古文二十四篇，四代之书咸备。而详其文体，小无异同，恰似一人一时一笔所制。今与今文比并，读来难易、平涩、优劣、高下不翅判然，若黑白霄壤之不类。"③ 在李埈看来，《古文尚书》和《今文尚书》相比，辞气难易、平涩、优劣、高下明显不同。《古文尚书》四句为句，对偶相举，此为文章辞气之可疑者。

（二）文献源流辨伪

丁若镛撰作《梅氏书平》十卷，以汉代孔壁作为考辨《古文尚书》的逻辑基点。丁若镛认为梅赜所献五十八篇《古文尚书》，与孔壁《古文尚书》篇数不符。《隋书·经籍志》中记载的与之相关的诸多问题，如孔安国作《传》、《古文尚书》私传等与汉代文献所载也都不相符，《舜典》篇更是梅赜等人所伪造。由此，丁氏推断梅赜所献的《古文尚书》五十

---

① ［日］泽田多喜男：《郭店楚简缁衣篇考》，载东京大学郭店楚简研究会《郭店楚简の思想史の研究》第3卷，2000年，第66—89页。

② ［日］金城未来：《清华简〈说命〉の文献的特质：天の思想を中心に》，载大阪大学文学会《待兼山论丛·哲学篇》，2013年，第1—16页。

③ ［朝鲜］李埈：《书杂录》，载成均馆大学校大东文化研究院《韩国经学资料集成·书经》第19册，成均馆大学校出版部1994年版，第200页。

八篇，并非是真孔壁《古文尚书》。① 金正喜撰作《尚书今古文辨》，从两个方面力证梅赜本《古文尚书》之伪：一是从《古文尚书》篇数，二是《尚书》今古文之名的演变。②

（三）魏晋之际政治形势对学术的影响

洪承贤从政治需要的立场，看待魏晋时期《古文尚书》的形成。他认为，《尚书》是提高皇帝权威的极其匹配的工具，西晋政府欲利用《尚书》来解释魏晋禅让的正当性。但当时的《尚书》中未发现舜、禹禅让的篇章。西晋为将魏晋禅让与舜王、禹王相比拟，就需要伪造经典。《大禹谟》的内容中有不少部分，是源于《左传》《论语》《孟子》和《荀子》等书中的章节，这大概就是当时精通原始儒家的古文学者郑冲所为。③

古朝鲜学者中亦有主张《古文尚书》不伪者。李源祚《伪古文十六言辨》曰：

> 古文设或有一二可疑处，至于《禹谟》十六言，是圣圣相传之心法也，非圣人道不得。程朱之表章发挥，后贤之尊信讲明，何如也？是果荀卿而能言之，梅赜而能成之耶？……今不求之于心学精微之蕴，只从言语文字上考校辨说，信枝叶而疑本根，执他赃而证此案，深所未喻。④

按照李源祚的理解，虞廷十六字义理精微，荀子、梅赜之辈是杜撰不出来的。从语言文字上考察，而不探寻其义理，如同信其枝叶而怀疑根本。他又说：

---

① 崔冠华：《丁若镛考辨古文〈尚书〉的基本理路——〈梅氏书平〉的逻辑基点》，《湖南大学学报》（社会科学版）2009 年第 3 期，第 42 页。

② 葛荣晋主编：《韩国实学思想史》，首都师范大学出版社 2002 年版，第 403—404 页。

③ [韩] 홍승현（洪承贤）：《后汉末～魏晋时期尚书学의전개와그의의》，《东洋史学研究》第 130 辑，2015 年，第 1—44 页。

④ [朝鲜] 李源祚：《伪古文十六言辨》，载成均馆大学校大东文化研究院《韩国经学资料集成·书经》第 18 册，成均馆大学校出版部 1994 年版，第 4 页。

朱子何尝疑十六言耶？……《禹谟》注之手泽尚新，《中庸序》之道统相传，当置朱先生于何地？①

怀疑《古文尚书》者，吴棫首倡其声，朱熹其后附和之。由于朱熹在学界的影响，《古文尚书》伪书说在学界迅速传播开来。对此，李源祚主张朱熹为《大禹谟》《中庸》作传注，竭力构建尧、舜、禹、汤、文、武、周公一脉相传的道统，他怎么可能会怀疑《古文尚书》呢？

关于以辞气辨《古文尚书》之伪，李震相反驳说：

> 文出于言，言出于理，理到之言，固当文从字顺。若乃伏书之佶屈，则特其方言之杂，而写本之讹耳。岂必佶屈者独为古，而平顺者不古耶？……《书》之真伪，当以道理决之，不当以文体论。②

他的意见是不能以语言风格佶屈或平易，来判定年代。文章在于义理，义理所至，自然文从字顺。伏生《今文尚书》的佶屈风格，是羼杂方言、文本书写讹误所致。

从文献源流的角度，李书九《尚书讲义》亦强调《古文尚书》不伪，其间不乏可深思者：

> 孔壁书不立学官，然而科斗原文见藏秘府，安国所写隶本，亲授都尉朝，以传至桑钦，东京魏晋代相传受，逮至梅赜。故隋《经籍志》云："晋世秘府所存惟古文经文，至东晋豫章内史梅赜始得安国之《传》，奏之。"是梅氏所上者，安国之《传》，非古文之经也。安国之《传》，东晋始行。古文之经，非东晋始出也。此其疑可破也。
>
> 典谟、训诰体制各异，虞夏殷周时代递降，而古文中未尝无

---

① ［朝鲜］李源祚：《伪古文十六言辨》，载成均馆大学校大东文化研究院《韩国经学资料集成·书经》第18册，第5—6页。
② ［朝鲜］李震相：《尚书今古文辨》，载成均馆大学校大东文化研究院《韩国经学资料集成·书经》第19册，第227—229页。

《盘庚》《大诰》《多士》《多方》，今文中未尝无《尧典》《皋陶谟》《洪范》《无逸》。夫二十八篇有难有易，则五十八篇亦有难有易。不必难者属今文，易者属古文。况伏生并无口授事，《史记·儒林传》"伏壁所藏书，仅求得二十九篇，其余亡失"，则此二十九篇有壁本矣。既有壁本，则依本教授，何必强记？此其疑可破也。①

李书九依据《隋书·经籍志》，强调梅赜所献只是《孔传》，古文之经早已经存在。典、谟、训、诰文体各异，今文中有易读者，古文中也有难读者。《论语》《孝经》与《古文尚书》同出孔壁，《论语》没有讹损，世人不怀疑，为何独怀疑《古文尚书》？《书小序》收入《史记》夏、商、周三《本纪》，断非后世伪作。孔安国献书遭遇巫蛊之事，见于《艺文志》《儒林传》，《史记》叙事并非全部止于太初四年。限于篇幅，不再赘述，相关研究可参看《韩国经学资料集成·书经》部分。

综上所述，对于《古文尚书》的真伪问题，亦是朝鲜学者关注的重要内容。证真与证伪两派展开了激烈的学术争鸣。朝鲜学者从辞气、文献源流及政治形势等方面，开拓出的辨伪方法和路径，对于《古文尚书》真伪的考察，亦颇具有启发性。日本、朝鲜及中国港台地区的《古文尚书》辨伪之学，与中国（大陆）大约同时而稍后，都是对《古文尚书》真伪公案重新探索的产物。"晚书"真伪之争，已经成为泛及东亚的重大文化事件。

  附记：美国研究"晚书"的学者相对较少，除后文中引用的艾兰外，还有戴梅可（Michael Nylan）《儒家〈五经〉》（*The Five "Confucian" Classics*）耶鲁大学出版社 2001 年版；鲁惟一主编《古代中国文献：书目文献指导》，加州大学伯克利分校东亚研究院及古代中国研究协会，1993 年；冯凯（Kai Vogelsang）《刻印与宣告：论〈尚书〉诸"诰"的真实性》，《远东古物博物馆学报》2002 年第 74 期。

---

① ［朝鲜］李书九：《尚书讲义》，载成均馆大学校大东文化研究院《韩国经学资料集成·书经》第 14 册，第 190—193 页。

本节对日本《古文尚书》学的撰写，借鉴了刘起釪《日本的尚书学与其文献》①、《现代日本的〈尚书〉研究》②、《悼念日本的中国学权威平冈武夫先生》③及田敬典《近一百年日本〈尚书〉研究概况——1900—2009年之回顾与展望》等相关研究成果④，特致谢忱。

---

① 刘起釪：《日本的尚书学与其文献》，商务印书馆1997年版。
② 刘起釪：《现代日本的〈尚书〉研究》，张岱年主编《传统文化与现代化》1994年第2期，第82—91页。
③ 刘起釪：《悼念日本的中国学权威平冈武夫先生》，《中国史研究动态》1995年第8期。
④ 田敬典：《近一百年日本〈尚书〉研究概况——1900—2009年之回顾与展望》，载林庆彰主编《经学研究论丛》第22辑，台湾学术出版社2015年版，第123—182页。

第二章

出土文献与先秦《书》类文献研究

《古文尚书》虽出于孔壁,但其源头却在先秦。日本学者野村茂夫《先秦における尚书の流传についての若干の考察》按照时间顺序,考察《左传》《国语》《论语》《孟子》《墨子》《荀子》《韩非子》及《吕氏春秋》的引《书》情况,最后将儒家与墨子引《书》比较,以期展现儒、墨两家《尚书》系统的不同。① 罗根泽《由〈墨子〉引经推测儒墨两家与经书之关系》比较儒、墨两家《书》类文献后,得出的最终结论是《墨子》所引《书》与今古文《尚书》全殊。②

野村茂夫、罗根泽两位先生,考察先秦《尚书》学,仅限于儒、墨两家,对于道家、法家关注不足。且受时代条件限制,他们所依据的材料,是传世文献的《尚书》引文,比较琐碎零散。清华简展现的是战国时期《书》类文献的原貌,且有20多篇。我们增加清华简、郭店简等研究资料,分为儒家、墨家、道家、法家及清华简五个系统,力求在前贤基础之上,更加详尽、全面地理清先秦时期《书》类文献传流的特征。

第一节 春秋时期《书》类文献传流

由于文献资料匮乏,学者对春秋《尚书》学的研究,主要材料依据

---

① [日]野村茂夫:《先秦における尚书の流传についての若干の考察》,载《日本中国学会报》第17集,1965年。

② 罗根泽编著:《古史辨》第4册,上海古籍出版社1982年版,第279页。

是《左传》与《国语》的引《书》。顾栋高《春秋大事表》①、陈梦家《尚书通论》②、蒋善国《尚书综述》③、刘起釪《尚书学史》④ 及马士远《周秦〈尚书〉学研究》⑤ 等，对两书的引《书》情况做过较为细致的梳理。关于《左传》引《书》的次数，陈梦家先生统计结果为47条，刘起釪先生统计为13篇86条，而马士远先生主张是71次。不同学者统计的结果之间，颇有出入。

先秦时期，《书》类文献和非《书》类文献的边界有时较为模糊。《左传》文公六年臾骈曰：

吾闻《前志》有之曰："敌惠敌怨，不在后嗣。"忠之道也。

又文公二年狼瞫曰：

《周志》有之："勇则害上，不登于明堂。"

狼瞫所引《周志》，见于《逸周书》，是《书》类文献。而臾骈所引《前志》，也称"《志》"，当属于《书》类文献。但另外一些学者认为，臾骈所引不见于《尚书》或《逸周书》，所以不是《书》类文献。学者对《书》类文献界定的标准不一致，是导致统计数据彼此差异的主要原因。

春秋时期，《书》类文献正处在形成之中，存在诸多不确定性因素。我们一般以《尚书》《逸周书》作为判定春秋时期引《书》的标准。实际上，《尚书》《逸周书》只是儒家选取的《书》类文献。对照清华简，像《厚父》《封许之命》等，很多不在《尚书》《逸周书》中，也属于

---

① 后又有学者增补，参见顾栋高《春秋大事表》，中华书局1993年版，第2561—2565页；孙希国、王芳《〈春秋大事表·春秋左传引据书经表〉补》，《辽东学院学报》（社会科学版）2017年第1期。
② 陈梦家：《尚书通论》，中华书局2005年版，第3—29页。
③ 蒋善国：《尚书综述》，上海古籍出版社1988年版，第15—16页。
④ 刘起釪：《尚书学史》，中华书局1989年版，第11—62页。
⑤ 马士远：《周秦〈尚书〉学研究》，中华书局2008年版，第63—83页。

《书》类文献。那么，我们如何确立《书》类文献的标准，以保证统计数据的可信性？

一　界定春秋时期引《书》的标准

在数据统计之前，界定春秋时期《书》类文献的标准，是首先要做的工作。我们划定的标准：一是称"《书》曰""某代《书》曰"或"西方之《书》曰"，只要带有"《书》曰"，即使不见于《尚书》《逸周书》，也要归入《书》类文献。二是虽然没有称"《书》曰"，但相关文句见于今传本《尚书》《逸周书》的。三是前代学者注疏，认定是出自"逸《书》"的，可纳入《书》类文献。四是体例与语言风格。《左传》襄公四年魏绛说："《夏训》有之曰：'有穷后羿。'"《尚书》的体例是典、谟、训、诰、誓、命，"《夏训》"从时代和体例上看，是属于《书》类文献的。此句见于《古文尚书·五子之歌》，但不是"训"的体例。又《左传》昭公七年："昔武王数纣之罪，以告诸侯曰：'纣为天下逋逃主，萃渊薮'，故夫致死焉。"体例与语言风格，也可作为判定春秋时期《书》类文献的参照标准。

《左传》宣公十二年："仲虺有言曰：'取乱侮亡。'兼弱也。"此句没有称"《书》曰"，见于《古文尚书·仲虺之诰》。我们知道，《古文尚书》是后世辑补之作（论证见下文）。"取乱侮亡"是魏晋时期学者才辑入《古文尚书》的，我们不能因为《古文尚书》收入它，反过来说此句出自《书》类文献。质言之，我们不以《古文尚书》作为判定春秋《尚书》学的证据。此亦是我们与以前学者的不同之处。

《国语·周语中》单襄公说：

> 先王之教曰："雨毕而除道，水涸而成梁，草木节解而备藏，陨霜而冬裘具，清风至而修城郭。"①

又：

---

① 徐元诰：《国语集解·周语中》，中华书局2002年版，第64—65页。

先王之令有之，曰："天道赏善而罚淫，故凡我造国，无从非彝，无即慆淫，各守尔典，以承天休。"①

在《国语·周语中》中，单襄公先后引用先王之教、《夏令》、时儆、时儆、周制、周之《秩官》及先王之令。这些先王之教、先王之令等，是不是《书》类文献，目前尚很难确定②，所以我们暂时不列入统计之中。《国语·周语中》单襄公又说："《书》曰：'民可近也，而不可上也。'"③ 像这样明确引《书》，我们才纳入到统计之中。

《左传》《国语》引《书》的具体情况，参见附表一、附表二。

二 春秋《尚书》学的特点

据《左传》周人引《书》者2人，晋国人引《书》次数最多。但在《国语》之中，周王室之人引《书》4次，引《书》次数最多。不同文献之间，由于作者选取材料的视角不同，难免会导致引《书》面貌存在些差异。再如：

《左传》僖公二十三年齐姜曰："怀与安，实败名。"④
《国语·晋语四》齐姜曰："西方之《书》有之曰：'怀与安，实疚大事。'"⑤

齐姜劝谏重耳不可贪图眼前安逸，应抓住机遇，及时回国，以纾解人民之困苦。同样是引用齐姜一人之语，《左传》"实败名"，与《国语》"实疚大事"语句已经略有不同。

《左传》《国语》作者侧重借鉴经验教训，突出道德教化，观邦国治

---

① 徐元诰：《国语集解·周语中》，第68页。
② 《周语中》"先王之令"的文句，见于《汤诰》。而《汤诰》属于《古文尚书》，可能是作伪者将"先王之令"的内容，辑入《古文尚书》，因此我们暂不把"先王之令"看作是《书》类文献。
③ 徐元诰：《国语集解·周语中》，第75页。
④ （清）阮元校刻：《春秋左传正义》卷一五，《十三经注疏》本，中华书局1980年版，第1815页。
⑤ 徐元诰：《国语集解·晋语四》，第324页。

政之成败，采纳嘉言善谋，所选择的都是精英人士富有思想性的语言段落。在这些精英阶层引《书》之中，《尚书》原有的观念，如巫鬼崇拜和荒诞无稽的内容，在一定程度上会被遮蔽。艰涩古奥的语句引得少，而一些平实明了、富有哲理的语句，引用量明显偏多。因此，我们首先必须清醒地认识到，两书的引文与《尚书》的本来面貌存在明显的距离。据《左传》《国语》引《书》考察春秋《尚书》学的特点，只不过是管中窥豹，略见一斑而已。现将春秋时期《尚书》学的特征，归纳如下：

（一）《书》类文献的称谓尚未固定化

春秋时期，对《书》类文献的称谓：一是《书》，或者某代之书；二是篇名。《尚书》在先秦时期称"《书》"，或在前面加上时代以别之。《左传》襄公三年："《商书》曰：'无偏无党，王道荡荡。'"又《左传》成公八年："《周书》曰：'不敢侮鳏寡。'"据笔者统计，《左传》引"《虞书》""《夏书》""《商书》""《周书》""《书》"，凡38次，《国语》凡9次。由《左传》《国语》引《书》的称谓，可知《尚书》的前身——西周官方档案，是按照虞、夏、商、周四代排序的。所以按照朝代，分别称为《虞书》《夏书》《商书》《周书》，是春秋时期《书》类文献最为常见的称引形式。

《国语·晋语四》齐姜云："西方之《书》有之曰：'怀与安，实疚大事。'"韦昭注曰："西方，谓周。《诗》云：'谁将西归。'又曰：'西方之人。'皆谓周也。"[①] 齐姜称《周书》为"西方之《书》"，便是以自己所处方位为坐标而言的。地理位置不同，同样的书，在不同人那里，称谓有时是不一样的。

《国语·周语上》内史过对曰："《夏书》有之曰：'众非元后，何戴？后非众，无与守邦。'在《汤誓》曰：'余一人有罪，无以万夫。万夫有罪，在余一人。'在《盘庚》曰：'国之臧，则惟女众。国之不臧，则惟余一人是有逸罚。'"[②] 内史过既按照时代顺序，称"《夏书》"，又同时称篇名《汤誓》《盘庚》，同一人对《书》的称谓也不尽相同。以上齐姜、内史过的事例，说明当时《书》类文献的称谓，尚未形成明确的、

[①] 徐元诰：《国语集解·晋语四》，第324页。
[②] 徐元诰：《国语集解·周语上》，第32页。

统一的标准。

《国语·周语中》单襄公说:"在《太誓》曰:'民之所欲,天必从之。'"《国语·郑语》史伯:"《泰誓》曰:'民之所欲,天必从之。'"单襄公是周王室人,史伯为郑国人,他们身处不同的地域,都称《泰誓》篇名。可见当时少数重要的篇名,开始出现了固定化的趋向。

(二)《尚书》与《逸周书》尚未分开,地位等同

《左传》文公二年狼瞫曰:"《周志》有之:'勇则害上,不登于明堂。'"狼瞫所引《周志》之文,又见于《逸周书·大匡》。在春秋时期,《尚书》与《逸周书》一体,并未分开,两者地位相同,都被称为《书》。

(三)《书》类文献的作者开始受到重视

《左传》文公二年狼瞫说:"《周志》有之:'勇则害上,不登于明堂。'"杜预注:"《周志》,《周书》也。"① 从当时人们的引用情况看,《书》类文献的体例,一是"志",如"先王之志""仲虺之志""史佚之志"等;二是"言",如"史佚有言""仲虺有言""周任有言"等;三是"誓",如《太誓》《汤誓》等;四是"诰",如《康诰》《盘庚之诰》等,五是"法",如"周文王之法"等。这些称谓,有的和《尚书》的体例相合,如"诰""誓"等。有的则与《尚书》的体例不合,如"言""志"等。这些不合的篇目,如"周文王之法""周任有言"等,凸显的并不是《书》类文献的体例,而是作者的因素。春秋时期,人们不仅重视《书》,而《书》的一些重要作者(主要是圣王或贤臣),如武丁、周文王、史佚、仲虺、周任等,同样被置于权威的地位。

(四)引《书》的次数及其前后变化

《国语》引《书》的年代,有些很难确定,而《左传》引《书》有明确的年代,所以我们主要以《左传》引《书》作为考查的对象。我们把春秋时期分为三个阶段:早期(前770—前680年),包括隐公、桓公、庄公、闵公;中期(前679—前573年),包括僖公、文公、宣公、成公;晚期(前572—前468年),包括襄公、昭公、定公、哀公。具体数据见表2-1:

---

① (清)阮元校刻:《春秋左传正义》卷一八,《十三经注疏》本,第1838页。

表 2-1　　　　　春秋时期《左传》引《书》次数

春秋时期	在位国君	称引次数	合计
春秋早期（前 770—前 680 年）	隐公	1	3
	桓公	0	
	庄公	2	
	闵公	0	
春秋中期（前 679—前 573 年）	僖公	7	19
	文公	4	
	宣公	2	
	成公	6	
春秋后期（前 572—前 468 年）	襄公	15	33
	昭公	10	
	定公	4	
	哀公	4	

从时间上看，鲁隐公时期 1 次，庄公时期 2 次，鲁僖公时期 7 次，文公时期 4 次，宣公时期 2 次，成公时期 6 次，襄公时期 15 次，昭公时期 10 次，定公时期 4 次，哀公时期 4 次。春秋早期引《书》3 次，中期引《书》19 次，晚期引《书》33 次，合计为 55 次。虽然我们单纯取《左传》作为例证，样本不够广泛，但总体上看，引《书》次数不断增多，似乎说明当时的人们已经认识到《书》类文献的价值，对它重视的程度不断加强。

（五）《书》类文献资政特征明显

《左传》庄公八年："夏，师及齐师围郕。郕降于齐师。仲庆父请伐齐师。公曰：'不可。我实不德，齐师何罪？罪我之由。《夏书》曰："皋陶迈种德，德乃降。"姑务修德以待时乎？'"① 齐鲁两国军队围攻郕国，郕人向齐师请降。仲庆父认为齐人有诈，请求讨伐齐师。鲁庄公引用《夏书》"皋陶迈种德，德乃降"，说敌人不降，是我们德行欠佳，不如修德以待时日。鲁庄公作为国君，已经熟稔《尚书》，认识到国君修德的重

---

① （清）阮元校刻：《春秋左传正义》卷八，《十三经注疏》本，第 1765 页。

要性。

又《国语·周语中》云：

> 襄王十七（三）年，郑人伐滑。王使游孙伯请滑，郑人执之。王怒，将以狄伐郑。富辰谏曰："不可……"王曰："利何如而内，何如而外？"对曰："……郑伯捷之齿长矣，王而弱之，是不长老也。狄，隗姓也，郑出自宣王，王而虐之，是不爱亲也。夫礼，新不间旧，王以狄女间姜、任，非礼，且弃旧也。王一举而弃七德，臣故曰利外矣。《书》有之曰：'必有忍也，若能有济也。'王不忍小忿而弃郑，又登叔隗以阶狄。狄，封豕豺狼也，不可厌也。"王不听。①

周襄王十三年（前639年），郑国讨伐滑国。周襄王派游孙伯前去说情，结果人竟然被郑国扣留了。周襄王大怒，欲要征伐郑国。富辰劝谏襄王，要亲近同族的郑国，疏远夷狄滑国。同时引《书》"必有忍也，若能有济也"，强调小不忍则乱大谋。此为大臣引《书》，向国君进谏的例证。

《国语·晋语四》曰：

> 齐侯妻之，甚善焉。有马二十乘，将死于齐而已矣……公子曰："吾不动矣，必死于此。"姜曰："不然……人不求及，其能及乎？日月不处，人谁获安？西方之《书》有之曰：'怀与安，实疚大事。'……齐国之政败矣，晋之无道久矣，从者之谋忠矣，时日及矣，公子几矣。君国可以济百姓，而释之者，非人也。败不可处，时不可失，忠不可弃，怀不可从，子必速行！"②

重耳周游列国，至于齐，齐侯非常礼遇他。重耳贪图物质享受，准备老死在齐国。齐姜引用西方之《书》（《周书》），劝谏他要以国事为重，重新回到晋国，解救百姓于苦难之中。男子重视《书》常见，此为

---

① 徐元诰：《国语集解·周语中》，第44—49页。
② 同上书，第323—325页。

贵族女子引《书》资政，尤其引人注目。上述三个事例，分别是国君引《书》强调修君德，大臣引《书》修同姓之好，女子引《书》劝谏丈夫以国事为重，《书》类文献已经深切融入人们的政治活动之中。它的"资于政事"的作用，在政治实践中得到充分的体现。

（六）称引《书》者来自多国，《书》类文献广泛传播

我们现将称引《书》者，按照国别分列如表2-2：

表2-2　　　　　《左传》《国语》引《书》国别

	周王室	晋国	鲁国	卫国	郑国	齐国	楚国	蔡国	虞国
1	史伯	卜偃	鲁庄公	大叔文子	子皮	齐姜	申公巫臣	公孙归生	宫之奇
2	内史过	赵衰	叔孙惠伯	北宫文子	子产	子旗	芉尹无宇		
3	苌弘	臼季	季文子	祝佗	子羽	苑何忌	左史倚相		
4	富辰	宁嬴	大史克				白公子张		
5	单襄公	臾骈	臧武仲				观射父		
6	单穆公	郤缺	叔孙豹				伍子胥		
7	太子晋	荀林父	鲁大史				楚昭王		
8	伶州鸠	随武子	孔子						
9	王子朝	羊舌职							
10		狼瞫							
11		或谓栾武子							
12		韩厥							
13		范文子							
14		魏绛							
15		师旷							
16		祁奚							
17		叔向							
18		司马叔游							
19		智伯国							

从《左传》《国语》称《书》人数看，晋国19人，周王室9人，鲁

国 8 人。其后依次是楚国、齐国、郑国、卫国、蔡国、虞国。晋国引《书》的人数最多，说明其文化发达，居于当时领先的地位。楚人引《书》人数不多，但可知春秋时期《书》学已经传播到楚地。过去一般认为荆楚为"蛮夷"地区，但从引《书》的情形看，楚文化在春秋时期也不是想象得那么落后。

《左传》襄公三十年子产说："《郑书》有之曰：'安定国家，必大焉先。'"① 又《左传》昭公二十八年叔游曰："《郑书》有之：'恶直丑正，实蕃有徒。'"② 《左传》两次引用《郑书》，说明春秋时期郑国已经有《书》。《礼记·大学》云："《楚书》曰：'楚国无以为宝，惟善以为宝。'舅犯曰：'亡人无以为宝，仁亲以为宝。'"③ 据《大学》，楚国已经有专门的《书》，其时代与舅犯同时或稍前。《书》本来是西周的王室档案，《郑书》《楚书》在不同诸侯国中的出现，说明在春秋时期，《书》类文献已出现了国别化的趋势。

（七）称《书》者基本为贵族阶层

我们将称《书》者的社会身份列表如表 2-3：

表 2-3　　　《左传》《国语》引《书》者的社会身份

身份	春秋时期《尚书》称引者	合计
国君	鲁庄公、单穆公	2
卿	单襄公、季文子、郤缺、荀林父、韩厥、范文子、魏绛、子产、子皮	9
大夫	苌弘、内史过、富辰、臧仲武、穆叔、卜偃、赵衰、臼季、宁嬴、臾骈、随武子、羊舌职、祁奚、叔向、司马叔游、智伯国、子羽、申公巫臣、白公子张、北宫文子、大叔文子、子旗、苑何忌、宫之奇、蔡声子、伍子胥	26
特殊身份者	史伯（太史）、鲁太史、孔子（大司寇）、师旷（乐师）、左史倚相、观射父（大巫师）、祝佗（祝史）、齐姜（晋文公夫人）	8

---

① （清）阮元校刻：《春秋左传正义》卷四〇，《十三经注疏》本，第 2013 页。
② （清）阮元校刻：《春秋左传正义》卷五二，《十三经注疏》本，第 2118 页。
③ （清）阮元校刻：《礼记正义》卷六〇，《十三经注疏》本，中华书局 1980 年版，第 1675 页。

从社会各阶层人数看，国君 2 人，卿 9 人，大夫 26 人，特殊身份者 8 人。春秋时期接受《书》类文献教育的是贵族，平民没有资格接受《书》类文献教育，所以从引《书》者的身份看，几乎全部是贵族。巫师、祝史、太史，作为特殊身份者，他们是当时知识、思想的重要传播者，手中也掌握《书》类文献的资源。儒家《书》教，便是赖思想家孔子得以开启。从引《书》的情况看，大夫的人数多于卿，卿的人数多于国君。可知在贵族内部，已经出现了"文化下移"的趋势。在某种意义上说，春秋时期，文化程度最高的是大夫。

《左传》宣公十五年记载：

> 晋侯赏桓子狄臣千室，亦赏士伯以瓜衍之县。曰："吾获狄土，子之功也。微子，吾丧伯氏矣。"羊舌职说是赏也，曰："《周书》所谓'庸庸祗祗'者，谓此物也夫。士伯庸中行伯，君信之，亦庸士伯，此之谓明德矣。文王所以造周，不是过也。"①

桓子，即荀林父，晋国的正卿。公元前 597 年邲之战，荀林父指挥作战不力，晋景公欲杀荀林父。士伯，即士贞子，晋国大夫。士伯劝谏晋景公，让荀林父戴罪立功。此后，荀林父灭狄，取得一系列显赫的战功，晋景公将瓜衍之县赏赐给士伯。羊舌职引《尚书·康诰》"庸庸祗祗"，赞美晋景公知人善任，有周文王之遗风。大夫阶层文化程度高，掌握了话语权，尊贤、用贤、敬奉贤人，遂成为春秋时期日渐兴盛的社会风尚。

（八）引《书》内容是当时思想变化的风向标

> 《左传》襄公三十一年穆叔曰："《大誓》云：'民之所欲，天必从之。'"②

> 《左传》昭公元年子羽曰："《大誓》曰：'民之所欲，天必从之。'"③

---

① （清）阮元校刻：《春秋左传正义》卷二四，《十三经注疏》本，第 1888 页。
② （清）阮元校刻：《春秋左传正义》卷四〇，《十三经注疏》本，第 2014 页。
③ （清）阮元校刻：《春秋左传正义》卷四一，《十三经注疏》本，第 2020 页。

《国语·郑语》史伯曰："《泰誓》曰：'民之所欲，天必从之。'"①

春秋时代，民众的作用日益凸显，精英阶层重视民众，而《泰誓》被引用的频率非常之高。《左传》桓公六年："夫民，神之主也，是以圣王先成民而后致力于神。"春秋时期王权衰微，诸侯代兴，神本思想衰落，民本理念升腾，神意之中融入了民意的内容，所以《泰誓》"民之所欲，天必从之"一句，如此高频率地出现。《左传》成公十六年范文子云："《周书》曰：'唯命不于常。'"此句见于《尚书·康诰》。天命不是恒久的，民心所在，即是天命所依。质言之，《书》类文献那些篇目受到重视，与社会思潮的变迁息息相关。尊贤重民，相信天命转移，《泰誓》《康诰》等篇引用的频率高，正是当时精英阶层思想变化趋势的真实反映。

（九）引用方式有直接引用与间接引用

《左传》引《书》，分为直接引用和间接引用两种类型。直接引用容易理解，所谓间接引用，如《左传》僖公三十三年引《康诰》曰："父不慈，子不祗，兄不友，弟不共，不相及也。"《尚书·康诰》作："子弗祗服厥父事，大伤厥考心；于父不能字厥子，乃疾厥子。于弟弗念天显，乃弗克恭厥兄；兄亦不念鞠子哀，大不友于弟。"两者文字明显有差异，此属于间接引用。

《左传》昭公七年子产说"昔尧殛鲧于羽山"，亦是化用、檃栝《尚书·尧典》之语。"檃栝经文而引之"，是古人称引《尚书》较为常见的方式。这些间接引用（化用）的存在，导致《书》类文献同其他文献的边界模糊化，是造成学者对《左传》引《书》统计数据差异的重要原因。《左传》《国语》引《书》，虽然文字或有差异，但对《尚书》的理解，大致不离经文的意旨。

（一〇）《左传》《国语》引《书》与《尚书》文本存在差异

《左传》哀公十一年子胥引《盘庚之诰》曰："其有颠越不共，则劓殄无遗育，无俾易种于兹邑。"《尚书·盘庚中》："乃有不吉不迪，颠越

---

① 徐元诰：《国语集解·郑语》，第4705页。

不恭，暂遇奸宄，我乃劓殄灭之，无遗育，无俾易种于兹新邑。"《盘庚中》"我乃劓殄灭之，无遗育"，《左传》作"劓殄无遗育"。《盘庚》"兹新邑"，《左传》作"兹邑"，文字多处不同。《盘庚中》"暂遇奸宄"一句，不见于《左传》引《书》。古人没有学术规范的概念，引《书》并不是严格遵照原文，所以导致《左传》《国语》引《书》，有时与《尚书》文字存有差异。

不仅《左传》与《尚书》有差异，即使是在同一部书《左传》之内，引《书》前后也会不同。（1）《左传》襄公十四年："仲虺有言曰：'亡者侮之，乱者取之。'"（2）《左传》襄公三十年："《仲虺之志》云：'乱者取之，亡者侮之'。"（3）《左传》宣公十二年："仲虺有言曰：'取乱侮亡。'"同是引《仲虺之志》，第（1）（2）句句序不同，第（3）句可以看作是第（1）（2）的简省。对于《书》类文献的文字、句序，言说人可以根据对话的语境、对象，进行灵活的调整。文字有增减，句序前后调整，句旨可归纳、总结，是春秋时期人们引《书》的普遍现象。

（一）《左传》《国语》引《书》或存在后儒补入

引《书》的形式灵活多样，大致可以分为四种：一是春秋时期社会贤达，如赵衰、叔向等；二是"孔子曰"，有时称"仲尼曰"；三是"君子曰"；四是无名氏，如"或谓栾武子曰"。《左传》襄公二十三年云：

> 齐侯将为臧纥田。臧孙闻之，见齐侯。与之言伐晋。对曰："多则多矣！抑君似鼠。夫鼠，昼伏夜动，不穴于寝庙，畏人故也。今君闻晋之乱而后作焉，宁将事之，非鼠如何？"乃弗与田。
>
> 仲尼曰："知之难也。有臧武仲之知，而不容于鲁国，抑有由也。作不顺而施不恕也。《夏书》曰：'念兹在兹。'顺事、恕施也。"①

《左传》孔子引《书》5次，其中3次"仲尼曰"分别对应鲁襄公二十三年、鲁襄公二十五年、鲁昭公五年。尤其是鲁襄公二十三年，为公元前550年，当时孔子尚未出生。马士远先生认为是《左传》作者本人

---

① （清）阮元校刻：《春秋左传正义》卷三五，《十三经注疏》本，第1978页。

对《左传》时代的有关事件、人物进行直接评论时,借孔子的话语,为其观点张目。① 程元敏认为是左丘明自作,讬孔子以出者也。② 他甚至认为《国语》引《书》之人,如单穆公、白公及观射父等人,皆是《国语》作者讬之以出。③《左传》《国语》引《书》人数众多,程先生主张全部或大部分为作者伪讬,并不可信。

先秦古书往往经历了漫长的成书过程,并非成书于一人一时。《左传》主体形成于左丘明时期,其后又有后学陆续增补、删改。《左传》中出现左丘明去世后之事,便是明证。《左传》襄公二十三年仲尼引《夏书》曰:"念兹在兹。"当时孔子尚未出生,所以不可能引《书》并加以评论。我们认为,三处"仲尼曰"并非当时孔子所说,而可能是后来孔子知道事情原委,发表的评论。左丘明及其后学撰作《左传》时,补入了孔子之语。

综上所述,春秋时期或称"《书》曰",或称篇名,如《康诰》《泰誓》等,说明当时《书》类文献的名称并不固定化。《左传》引《书》55 次,《国语》引《书》16 次。从称《书》者的国籍看,当时《书》类文献以周王室为中心,向外辐射、传播到晋国、鲁国、齐国、蔡国、卫国、郑国及楚国等多个国家。晋人引《书》数量最多,暗示其在政治、经济及文化方面的翘楚地位。《郑书》《楚书》的出现,可以看作是《书》类文献国别化的反映。

国君称《书》治政,大臣借《书》进谏,女子引《书》规劝丈夫,这些现象的出现,说明《书》和当时的政治、社会生活联系日益密切。从社会阶层看,当时称《书》者多是些执政卿大夫,可知《书》教依然限制在贵族范围之内。春秋时期鬼神崇拜依然盛行,但《泰誓》篇"民之所欲,天必从之"多次被称引,说明重民理念升腾,已经成为引领当时社会思潮变迁的风向标。

---

① 马士远:《周秦〈尚书〉学研究》,第 120 页。
② 程元敏:《〈尚书〉学史》,第 396 页。
③ 同上书,第 399 页。

第二节　战国时期《书》类文献分系研究

　　战国时期，王纲解纽，诸侯争霸，于乱世中寻求社会秩序的重建，是诸子面临的时代命题。作为先王治政之典，《尚书》是古代治国智慧的渊薮。《墨子·非命上》："于何本之？上本之于古者圣王之事。"① 墨子在建构理论体系时，多次强调的本于"古者圣王之事"，便主要是来自《书》类文献。当时诸子百家为了宣扬自己的思想学说，争夺话语权，往往会引征《书》类文献，借助先王之语，作为自己思想主张的立论依据。由于他们根据自己政治立场，选取篇目，导致当时《书》类文献呈现出纷繁复杂的面貌。

　　按照先秦、两汉、魏晋、南北朝、隋唐、宋、元、明、清等不同朝代断代研究，是目前《尚书》学研究的主流。但《尚书》学的研究，既要注重不同时代的纵向贯通，同时又需注意同一时代横向之间的延展。笔者研究战国时期《书》类文献的传流，与以前学者的不同之处是，在时代分期的基础上分系，即将当时《尚书》学分为不同的系统，凸显战国《尚书》学横向之间的展开。

　　战国时期《书》类文献传流的形式：一是多系并存，即可分为儒家、墨家、道家、法家及清华简等不同系统；二是多本别传，如《说命》，有儒家、墨家及清华简等不同传本。我们先分系统，后区别传本，以求立体地呈现当时《书》类文献多元发展的情形。

　　墨家、道家等学派的《书》类文献已经亡佚，我们在比较中，依据的是他们《书》类文献的引文。儒家《尚书》系统，是我们目前最熟知的系统。儒家《尚书》系统包括两方面：一是《今文尚书》《逸周书》，二是儒家引《书》。郭店儒简、上博简引《书》，也纳入到比较的范围内。鉴于《古文尚书》可能为晚出辑补之作。在清华简与儒家《尚书》系统比较时，我们暂时不列入。特此说明。

---

　　① （清）孙诒让：《墨子间诂》卷三五《非命上》，中华书局1954年版，第164页。

一 清华简与儒家《尚书》系统比较

许慎《说文解字·序》说"著于竹帛谓之书","书"最初是简策的泛称。春秋、战国时代出现了广义与狭义之分①，后来"书"逐渐成为《尚书》(《书》类文献)的专称。先秦诸子百家之中，儒家《尚书》资料保存相对完整，流传广泛，成为解读战国时期《书》类文献传流最为重要的参照。今存儒家《尚书》《逸周书》经过多次文本变形，已经远非原始的面貌，但我们研究先秦时期《书》类文献的传流，仍不得不以儒家《尚书》《逸周书》为基点。

(一) 篇数、篇目比较

《汉书·艺文志》云："《书》之所起远矣，至孔子纂焉，上断于尧，下讫于秦，凡百篇，而为之序，言其作意。"② 班固说孔子整理《尚书》，其数为百篇。《书小序》出于孔壁，收录儒家《尚书》篇目100篇，因此百篇可以作为儒家《尚书》的篇数。儒家《尚书》有百篇之多，具体篇目见于《书小序》，而清华简只有二十几篇，数量明显比儒家《尚书》文献少得多。经秦始皇焚书之后，到汉初伏生《今文尚书》存28(或29)篇。清华简《书》类文献的篇数，和经历秦火之劫的《今文尚书》大致相当。

《尚书》分为《今文尚书》与《古文尚书》，《古文尚书》晚出。我们统计《尚书》的篇数、篇名，主要依据的是《书小序》。

表2-4 清华简与《尚书》中《夏书》《商书》《周书》的比例

	清华简	《尚书》	备注
《夏书》	0	12	儒家《夏书》之数，不包括《虞书》。 清华简《厚父》归入《周书》。
《商书》	6	32	
《周书》	9	40	

---

① 参见蒋善国《尚书综述》，上海古籍出版社1988年版，第1页。
② (汉)班固：《汉书》卷三〇《艺文志》，中华书局2019年版，第1706页。

清华简中没有《夏书》,《商书》《周书》的比例是 2:3。《尚书》中《夏书》《商书》《周书》比例是 3:8:10。汉儒说先秦《虞夏书》10 篇,《商书》20 篇,《周书》20 篇。清华简与儒家《尚书》的相同之处,是周书多,而夏、商之书偏少,即"厚今薄古"。不同之处是,清华简《夏书》《商书》尤其是《夏书》比例明显偏低。

孔子推崇的历代圣王,是尧、舜、禹、汤、文、武、周公。所以其编选的篇目,也大多围绕这些人物展开。清华简中没有尧、舜禅让的内容,大禹见于《厚父》,却没有他本人的诰命。周公八《诰》,在儒家看来,是《尚书》中非常重要的篇目。清华简中一篇也没有保存,让人颇感遗憾。卫是大国,康叔受封之后,成为东方的诸侯之长。清华简《封许之命》主要内容是周成王册封许国国君吕丁,许国是小国,地位不重要,没有凸显德义的内容。和《康诰》相比,它分量明显薄弱得多。因此《封许之命》的存在,证明清华简《书》类文献篇目的选择,似乎带有一定的偶然性和地域性。

《康诰》是先秦时期被征引次数最多的篇目。《泰誓》流传的范围极广。不知是何种原因,清华简中存有《封许之命》,而《泰誓》《大诰》《康诰》等重量级篇目的缺失,说明清华简墓主人收集的范围和水平,要比儒家略显逊色。

(二) 篇名比较

《书》类文献最初没有篇名,篇名的出现是为称引、表述的方便。先秦时期,《书》类文献大约经历了无篇名、篇名出现、篇名不固定到篇名固定化四个阶段。不同《书》类文献系统之间,拟题篇名的水平也不同。儒家《书》类文献篇名比较多,而清华简篇名相对比较少。为比较方便,我们以清华简作为主线,列表对比如表 2-5:

表 2-5　　　儒家与清华简《书》类文献篇名对照

	清华简	儒家《尚书》《逸周书》	备注
1	《尹至》,原无篇名,篇名为整理者所加	无对应	

续表

	清华简	儒家《尚书》《逸周书》	备注
2	清华简《尹诰》原无篇名，篇名为整理者所加	《尹诰》或《咸有一德》	
3	《傅说之命》	《说命》	
4	《赤鹄之集汤之屋》	无对应	
5	《程寤》无篇题，系整理者后来添加	《程寤》	
6	《命训》无篇题，系整理者后来添加	《命训》	
7	《耆夜》	无对应	
8	《周武王有疾周公所自以代王之志》	《金縢》	
9	《皇门》无篇题，系整理者添加	《皇门》	
10	《厚父》	无对应	
11	《封许之命》	无对应	
12	《摄命》系整理者添加	《囧（？）命》	学者意见不一致
13	《祭公之顾命》	《祭公》	

1. 相同之处

战国时期，清华简与儒家《书》类文献系统中，《尚书》《逸周书》的篇目并未分开，皆存在"逸《书》"现象。在清华简《书》类文献中，《尹诰》《金縢》等篇属今本《尚书》篇目，《程寤》《祭公之顾命》等篇属于《逸周书》篇目，展现出《尚书》与《逸周书》并存的状态。《礼记·缁衣》引《书》，既见于《尚书》，又见于《逸周书》，与清华简同。可知战国中期以前，《尚书》和《逸周书》尚未分开。而今天儒家《尚书》《逸周书》两分，则可能是战国晚期以后，乃至秦汉之际的事情。相传孔子将《尚书》《逸周书》分开，现在看来并不可信。

在清华简中，有些篇目见于《尚书》《逸周书》，但像《尹至》《厚父》《封许之命》《赤鹄之集汤之屋》篇，不见于今传儒家《尚书》，属于"逸《书》"。郭店简《成之闻之》引《韶命》说："允师济德。"《韶命》也是"逸《书》"。① 逸《书》在清华简和儒家《书》类文献系统中都存在，由此笔者推测，战国时期，逸《书》的存在可能是《书》类文献流传过程中，一种较为普遍的现象。

《尚书·说命序》："高宗梦得说，使百工营求诸野，得诸傅岩，作《说命》三篇。"由《书小序》可知，《说命》的作者是武丁，篇数为三篇。清华简《傅说之命》主要是武丁命傅说之辞，且篇数为三篇，与《书小序》契合。

2. 不同之处

清华简《尹至》《尹诰》《程寤》《命训》《耆夜》《皇门》《摄命》皆无篇题，为整理者所添加。清华简《周武王有疾周公所自以代王之志》，儒家《尚书》作"《金縢》"。《厚父》《封许之命》《赤鹄之集汤之屋》不见于儒家《尚书》系统。客观地讲，清华简与今传本《尚书》《逸周书》篇名多数不相同。

从篇名字数看，清华简《厚父》篇名为两字，《傅说之命》《封许之命》为四字，《祭公之顾命》为五字，《赤鹄之集汤之屋》为七字，《周武王有疾周公所自以代王之志》为十四字。清华简的篇名字数参差不齐，最多与最少相差竟然达十二字，非常不方便称引。郭店儒简所引《书》篇名分别是：《尹诰》《君牙》《吕刑》《君陈》《祭公之顾命》《康诰》《詔命》《大禹（谟）》，最多五字，最少两字，篇名字数均匀，整齐划一，便于称引。

郭店简《缁衣》引《🖋（祭）公之顾命》云："毋以小谋败大作，毋以嬖御息庄后，毋以嬖士息大夫、卿士。"② 郭店简《缁衣》所引篇名"🖋（祭）公之顾命"，与清华简《🖋（祭）公之顾命》篇名相同。③ 今传《逸周书》篇名作"祭公"，可能是由"🖋（祭）公之顾命"简化而成。

---

① 《古文尚书·说命中》说"允协于先王成德"，李学勤先生据此认为《詔命》当是《说命》。但清华简《傅说之命》为真《古文尚书》篇目，其中并无"允师济德"一句，所以我们怀疑《詔命》可能是"逸《书》"。参见李学勤《试论楚简中的〈说命〉佚文》，《烟台大学学报》（哲学社会科学版）2008年第2期。

② 荆门市博物馆编：《郭店楚墓竹简》，文物出版社1998年版，第130页。

③ 清华简《祭公之顾命》"🖋"，郭店简《缁衣》中的"🖋"及上博简《缁衣》中的"🖋"，都可与"祭"字通假。

《尚书·说命》篇名，亦可看作是从清华简《傅说之命》简约而成。质言之，儒家为称引方便，在原先基础之上，可能对《书》类文献篇名进行了二次简约化处理。

从郭店简《缁衣》《成之闻之》引《书》看，在七十子时代，儒家《书》经篇目似乎普遍具备了篇名。郭店简《缁衣》引用《书》，则《尚书》篇名的普遍出现，肯定要比《缁衣》成书时代更早一些。清华简时代为战国中期偏晚，其中很多篇目没有篇名。在儒家《书》类文献普遍出现篇名之时，清华简《书》类文献依然保持着很多篇目没有篇名的状态。

其中典型的例证，《尹诰》（又称《咸有一德》）的篇名在儒家系统内部早已经出现，而且不止一个。但清华简《尹至》《尹诰》，皆无篇名。①儒家《尚书》篇名普遍出现，说明其受众多，称引的频率高，传习的范围较为广泛。清华简《书》类文献很多篇目没有篇名，说明其受众少，称引的频率低，依然保持着较为原始的状态。在不同系统之间，《书》类文献篇名的发展，也是不同步的。

《尚书》篇名的拟定，与史官有着密切的关系。《周礼·春官·宗伯》："（外史）掌三皇五帝之书，掌达书名于四方。"郑玄注云："谓若《尧典》《禹贡》，达此名使知之。"② 外史掌管三皇五帝之书，并流布书名于四方。林之奇《尚书全解》："《书》之名篇，非成于一人之手，盖历代史官各以其意标识其所传之简册，以为别异。"③ 林氏将篇名的添加，归为历代史官所为。

实际上，在史官之外，诸子也参与了篇名的拟定。清华简墓主人可能是史官，但清华简《书》类文献自带篇名的有9篇（其中包括《傅说之命》三篇），没有篇名的为6篇，没有篇名的比重接近40%。反而，儒家几乎篇篇有篇名。《尚书》的篇名最初为史官添加，但这一进程非常缓慢，后来诸子因为经常称引，参与了篇名的拟定，明显加速了《书》类

---

① 还有一种可能，是《尹至》《尹诰》与《赤鹄之集汤之屋》共用一个篇名，也与儒家《尚书》不同。

② （清）阮元校刻：《周礼注疏》卷二六，《十三经注疏》本，中华书局1980年版，第820页。

③ （宋）林之奇著，陈良中点校：《尚书全解》卷二四，人民出版社2019年版，第380页。

文献篇名添加的进程。

郭店简《缁衣》称引"尹诰"篇名，既然是"称引"，说明"尹诰"早在郭店简《缁衣》成书之前，篇名就已经出现。清华简与郭店简的时代差不多，《缁衣》至少有三个版本在楚地传播（郭店简、上博简及香港中文大学文物馆藏简牍），可谓是广泛传播，"尹诰"之名自然为时人所熟知。可是直到战国中期偏晚，清华简《尹诰》却依然保持着没有篇名的状态。也就是说，早在战国初期，儒家将此篇定名为"尹诰"，且广泛传播，但清华简墓主人对此并不认可。

清华简《赤鹄之集汤之屋》《尹至》《尹诰》三篇作为一个整体，与儒家只收录《尹诰》也明显不一致。《尚书·金滕》篇名，清华简作"周武王有疾周公所自以代王之志"。当时社会上流传着很多《书》类文献，不同的学者，由于选编的观点、立场不同，选择的篇目是不同的，对《书》类文献的拟名也存在差异。《尹诰》，又称《咸有一德》，即使在儒家同一学派内部，对《书》类文献的命名也会有所不同。

汉儒孔安国说："序者，所以叙作者之意也。"古书的编者，往往摘抄文本内容的两三个字，拟作篇题，与文章的主旨并无密切的关联。而《书序》的本质属性，是介绍作者的撰作之意，以增进对文章主旨的理解。清华简《金滕》，简背为"周武王有疾周公所自以代王之志"，交代了《金滕》撰作的原因。因此，它虽然表面上是篇题，实际上却带有书序的性质。儒家有《书序》，清华简《金滕》的题目起到了《书序》的作用，我们似可推测，清华简应没有《书序》。

《尚书》篇名流传至今，既有主观因素，也有客观因素。《尚书》篇名的拟定，主要目的是学者称引的方便，因此清华简《周武王有疾周公所自以代王之志》的篇名十四字，比常见的书序字数都多，造成称引非常不方便。秦代焚书，各家的《书》类文献都被焚毁，只有儒家的侥幸保存下来，所以儒家系统的《尚书》篇名最终取代各家，成为后世《尚书》各篇的定名。

儒家内部，对于《尚书》的定名，有时也不统一，所以同篇异名、同名异篇的现象时有发生。《书》类文献的流传具有偶然性，如果儒家《尚书》亡佚了，其他学派的流传下来，自然会保存其他学派的篇名。但儒家《尚书》篇名二到五字，朗朗上口，方便称引，他们对篇名的拟定具有较高水准，对《书》类文献整理、保护，也较其他学派更为重视。后世最终采用儒家《尚书》篇名作为定名，有其必然的一面。

（三）文本内容比较

清华简的面世，让我们看到了战国时期《书》类文献的原貌。清华简和儒家《书》类文献系统直接对应的篇目是：《尹诰》《傅说之命》《程寤》《金縢》《皇门》《祭公》《命训》。我们试从文本内容比较入手，考察战国时期《书》类文献传流的规律与特征。

1. 清华简《尹诰》与《尚书·尹诰》引文

《礼记·缁衣》、郭店简《缁衣》、上博简《缁衣》皆称引《尹诰》，为便于比较，我们将相关内容对比如下：

(1) 清华简《尹诰》："惟尹既及汤咸有一德。"①
(2)《礼记·缁衣》：《尹吉》曰："惟尹躬及汤咸有壹德。"②
(3) 郭店简《缁衣》：《尹诰》云："惟尹𠂇（允）及汤咸有一德。"③
(4) 上博简《缁衣》：《尹诰》云："惟尹𠂇（允）汤咸有一德。"④

清华简《尹诰》"既"字，《礼记·缁衣》作"躬"，郭店简、上博简作"允"，其余内容相同。郭店简《缁衣》"𠂇"字，整理者隶定为"躬"⑤，裘先生释读"𠂇"为"允"，怀疑《礼记·缁衣》"躬"当为"𠂇"的讹字。⑥ 其说可从。《说文》："允，信也。"上博简《缁衣》"𠂇"，与郭店简"𠂇"结构近似，应看作是"躬"字的不同写法。

从清华简看，《赤鹄之集汤之屋》是商汤、伊尹君臣生隙，《尹至》

---

① 李学勤主编：《清华大学藏战国竹简（壹）》，第133页。
② （清）阮元校刻：《礼记正义》卷五五，《十三经注疏》本，中华书局1980年版，第1648页。
③ 荆门市博物馆编：《郭店楚墓竹简》，第129页。
④ 马承源主编：《上海博物馆藏战国楚竹书（一）》，上海古籍出版社2001年版，第177页。
⑤ 荆门市博物馆编：《郭店楚墓竹简》，第129页。
⑥ 同上书，第132页。

为伊尹弃夏归商。《尹诰》"惟尹既及汤咸有一德",可大致解释为伊尹既已与商汤同心同德,然后向商汤献治国谋略,起兵伐夏桀。清华简《尹诰》"既"字,和郭店简"允"字相比,两者皆可文意通达。但"既"字,能表现出伊尹、商汤由君臣生隙到信任重建的过程,"既"字占优。①

又:

(1) 清华简《尹诰》:"尹念天之败西邑夏,曰:'夏自绝其有民,亦惟厥众。'"②

(2)《礼记·缁衣》:"《尹吉》曰:'惟尹躬天见于西邑夏,自周有终,相亦惟终。'"③

《礼记·缁衣》引《书》和清华简相比,错讹字明显较多。对照清华简,可知《礼记·缁衣》引《书》"见",当为"败"字,"自周有终,相亦惟终",当训读为"自害其众,丧亦惟众"。④ 清华简《尹诰》与儒家文献引《尹诰》语意相同,只是用字略有差异。《礼记·缁衣》引《书》与清华简的差异,是在传抄过程中文字错讹造成的。

2. 清华简《傅说之命》和《尚书·说命》比较

传世本《说命》属于《古文尚书》,为晚出之作,不在我们比较的范围内。我们这里主要是将清华简《傅说之命》,与《尚书·说命序》《国语》《礼记》的引文作比较。从这些典籍所引文字,也大致可以窥知儒家《尚书·说命》的情况。

(1)《礼记·文王世子》引《兑命》:"念终始典于学。"

(2)《礼记·学记》引《兑命》曰:"念终始典于学。"

(3)《礼记·学记》引《兑命》曰:"学学半。"(《说命》作

---

① 参拙作《〈清华大学战国竹简(壹)〉整理研究》,上海古籍出版社 2016 年版,第 175 页。

② 李学勤主编:《清华大学藏战国竹简(壹)》,中西书局 2010 年版,第 133 页。

③ (清)阮元校刻:《礼记正义》卷五五,《十三经注疏》本,第 1649 页。

④ 参见马楠《清华简第一册补释》,《中国史研究》2011 年第 1 期;李守奎《汉代伊尹文献的分类与清华简中伊尹诸篇的性质》,《深圳大学学报》(人文社会科学版)2015 年第 3 期。

"教学半")

(4)《礼记·学记》引《兑命》曰:"敬孙务时敏,厥修乃来。"

(5)《礼记·缁衣》引《兑命》曰:"惟口起羞,惟甲胄起兵,惟衣裳在笥,惟干戈省厥躬。"

(6)《礼记·缁衣》引《兑命》曰:"爵无及恶德。"

(7)《国语·楚语上》引《说命》:"若津水,用女作舟。若天旱,用女作霖雨。启乃心,沃朕心。若药不瞑眩,厥疾不瘳。若跣不视地,厥足用伤。"①

以上7条,第(1)条和第(2)条重复,算作1条。清华简《傅说之命》分为甲、乙、丙三篇②,甲篇、丙篇不见于儒家《尚书》系统,唯有乙篇与儒家《说命》引文多有重合。儒家《尚书·说命》和清华简《傅说之命》乙篇相比,"念终始典于学"等4条不见于清华简,2条见于清华简,可知清华简《傅说之命》乙篇与儒家《说命·上》属于不同的传本。

清华简《傅说之命》甲篇:"王命厥百工向(乡),以货徇求说于邑人。惟𢎿(射)人得说于傅岩。"③ 向,整理者认为当读为"像",指画像。向,阳部,应读为"乡"。高宗命令百工到乡野,向邑人打听傅说的所在。"向"读为"乡",正与《史记·殷本纪》"使百工营求之野"之"野"相应。清华简《傅说之命》"𢎿",整理者释读为"弼",其实当为"射"字。"射人"负责弓箭的制作、维护,是百工之一。

《书小序》云:"使百工营求诸野,得诸傅岩。"百工,是包括"射人"在内的。野,即是《傅说之命》甲篇中的"向(乡)"。关于"营求",《孔传》:"使百官以所梦之形象经求之于野,得之于傅岩之溪。"④

---

① 《国语》引《说命》,虽然出自白公子张,但其引文"若药不瞑眩,厥疾不瘳",与《孟子·滕文公上》引《书》完全相同,所以我们将《国语·楚语上》引《说命》,看作是儒家《说命》的文本面貌。
② 清华简《傅说之命》三篇不是上、中、下关系,所以我们称之为甲篇、乙篇、丙篇。
③ 李学勤主编:《清华大学藏战国竹简(叁)》,中西书局2012年版,第122页。
④ (清)阮元校刻:《尚书正义》卷一○,《十三经注疏》本,中华书局1980年版,第174页。

《说文》:"货,财也。"对照清华简《傅说之命》,所谓"营求"寻找傅说,实际是百工奉高宗之命,拿着财物,向邑人寻求线索的过程。①

清华简《傅说之命》和《书小序》相比,都是派"百工"外出寻找傅说,但由清华简可知,发现傅说者为"射人"。都是"寻人",清华简更具体为"拿着财物相求"。可以说,两者寻傅说的过程基本相同,只是清华简《傅说之命》对细节交代得更为具体、详尽。

表 2-6 清华简《傅说之命》与传世文献《尚书·说命》引文对照

	清华简《傅说之命》	传世文献《尚书·说命》引文	备注
1	若金,甬(用)隹(惟)女(汝)作砺	若金,用女作砺	《国语·楚语上》
2	敬之哉!启乃心,日沃朕心	启乃心,沃朕心	同上
3	若药,女(如)不瞑眩,越疾罔瘳	若药不瞑眩,厥疾不瘳	《国语·楚语上》《孟子·滕文公上》
4	若天旱,汝作淫雨	若天旱,用女作霖雨	《国语·楚语上》
5	若圅(满)水,女(汝)作舟	若津水,用女作舟	同上
6	复(且)隹(惟)口记(起)戎出好,隹(惟)干戈作疾,隹(惟)袞蔵(载)悥(病),隹(惟)干戈生(眚)厥身	惟口起羞,惟甲胄起兵,惟衣裳在笥,惟干戈省厥躬 唯口出好兴戎	《礼记·缁衣》 《墨子·尚同中》
7	若诋(越)不见(视),甬(用)剔(伤)	若跣不视地,厥足用伤	《国语·楚语上》

(1) 文字有繁简之别

清华简《傅说之命》乙篇:"若金,甬(用)隹(惟)女(汝)作

---

① 《书小序》云:"高宗梦得说,使百工营求诸野,得诸傅岩。"小徐本"营求",大徐本作"夐求"。晁福林先生认为"夐求"意即远求,"营求"意为划片搜求,"夐求"为是而"营求"为非。笔者认为,"营求"即以财相求。晁先生划片搜求之说,恐为无据。参见晁福林《从清华简〈说命〉看〈尚书〉学史的一桩公案》,《人文杂志》2015 年第 2 期。

砺。"《国语·楚语上》："若金，用女作砺。"简本和《楚语上》相比，多一"惟"字。《楚语上》没有"惟"字，语意更加简洁、明快。清华简《傅说之命》乙篇："若药，女（如）不瞑眩，越疾罔瘳。"《国语·楚语上》作："若药不瞑眩，厥疾不瘳。"简本有"如"字，《楚语上》没有此字。清华简《傅说之命》乙篇："若天旱，汝作淫雨。"《楚语上》作："若天旱，用女作霖雨。"增加一"用"字。清华简《傅说之命》和传世文献引《书》，没有一句话用字完全一样，可见文字的增减，在当时是非常普遍的现象。总体上看，传世文献引《书》和清华简《傅说之命》相比，文字有增有减，但语意表达更为准确。

（2）同义互换

清华简《傅说之命》："若天旱，汝作淫雨。"淫，《楚语上》作"霖雨"。《尔雅·释天》："久雨谓之淫，淫谓之霖。""淫"与"霖"属于同义互换。"越"与"厥"属于虚词，无实在含义。"罔"与"不"，属于同义换用。

（3）抄写过程中存在文字讹误

清华简《傅说之命》乙篇："复（且）隹（惟）口记（起）戎出好，隹（惟）干戈作疾，隹（惟）褱戴（载）恩（病），隹（惟）干戈生（眚）厥身。"《礼记·缁衣》引《说命》作："惟口起羞，惟甲胄起兵，惟衣裳在笥，惟干戈省厥躬。"简本《傅说之命》两处作"干戈"，对照《礼记·缁衣》引《说命》，可知前"干戈"当为"甲胄"之讹。《缁衣》引《说命》"惟衣裳在笥"，"在笥"当如简本作"载病"。两者在传抄过程中，都有文字讹误的现象。

（4）句序调整

传世文献引《书》，有时和《书》类文献原文存在较大距离。《国语·楚语上》：①若金，用女作砺。②若津水，用女作舟。③若天旱，用女作霖雨。启乃心，沃朕心。④若药不瞑眩，厥疾不瘳。清华简《傅说之命》四句对应的顺序是：①④③②。白公子张引用时，对《说命》的句序做了相应的调整。

(5) 引文省略

清华简《傅说之命》乙篇曰：

若金，甬（用）佳（惟）女（汝）作砺。故我先王灭夏、燮𨖊（强）、哉（捷或剪）蠢（蠢）邦，佳（惟）庶相之力，㲋（乘）甬（用）孚自䢦（迹）。敬之哉！启乃心，日沃朕心。若药，女（如）不瞑眩，越疾罔瘳。朕畜汝，佳（惟）乃腹，非乃身。若天旱，汝作淫雨。若圜（满）水，女（汝）作舟。①

《楚语上》在引用《说命》时，将"若金，甬（用）佳（惟）女（汝）作砺"与"启乃心，日沃朕心"中间大段文字，即"故我先王灭夏、燮强、哉（捷或剪）蠢（蠢）邦，佳（惟）庶相之力，㲋（乘）甬（用）孚自䢦（迹）。敬之哉"，给省略了。其他如"朕畜汝，佳（惟）乃腹，非乃身"，也是。白公子张引《书》，不是全文引用，而是"跳跃式"引用，中间会有语句节略。

(6) 句式整齐化

表 2-7　　清华简《傅说之命》乙篇与《国语·楚语上》对照

	清华简《傅说之命》乙篇	《国语·楚语上》
1	甬（用）佳（惟）女（汝）作砺	用女作砺
2	汝作淫雨	用女作霖雨
3	女（汝）作舟	用女作舟

清华简《傅说之命》乙篇"甬（用）佳（惟）女（汝）作砺"，《楚语上》减"惟"字，改为"用女作砺"。清华简《傅说之命》乙篇"汝作淫雨"，《楚语上》增加"用"字，改为"用女作霖雨"。同样的，

---

① 㲋，整理者读为"胜"，从上读，恐非。参见李学勤主编《清华大学藏战国竹简（叁）》，第125页。

"汝作舟"改为"用女作舟",亦是如此。《说命》经白公子张改编后,句式非常整齐划一。

总之,由清华简《傅说之命》乙篇和《国语·楚语上》《孟子·滕文公上》《礼记·缁衣》引《书》比较可知,古人引《书》文字或有增减,或同义互换,句式前后有调整,但句意保持不变,此为战国时期引《书》的重要特征。"淫雨"改作"霖雨","满水"改为"津水",一些副词、助词会被互换或删除,可见战国时期人们引《书》并不严格。由清华简《傅说之命》到《国语·楚语上》,后儒引《书》为适应自己表达主题的需要,会同义互换,增减文字,省略部分语词,整齐句式,调整句序,对文本用语进行适度的优化。譬如积薪,后来居上,《国语·楚语上》引《书》要比清华简《傅说之命》表述更为顺畅、通达。

3. 清华简《程寤》与《逸周书·程寤》比较

《逸周书·程寤》已经亡佚,幸赖《潜夫论》《博物志》《艺文类聚》《太平御览》等书保存了部分文句。现将清华简《程寤》与传世文献引文,列表对比如表2-8:

表2-8　清华简《程寤》与《逸周书·程寤》内容对照①

	清华简《程寤》	《逸周书·程寤》	备注
地点		文王去商在程	《太平御览》卷三九七
时间	隹王元祀贞(正)月既生魄	正月既生魄	同上
梦境	太姒梦见商廷惟棘,乃小子发取周廷梓树于厥闲(间),化为松柏棫柞。寤惊,告王	太姒梦见商之庭产棘,小子发取周庭之梓树乎阙间,梓化为松柏棫柞。寤惊,以告文王	同上
除凶	王弗敢占,诏太子发,俾灵名凶祓。祝忻祓王,巫率祓太姒,宗丁祓太子发		

① 陈颖飞女士对此已经有所归纳,参见陈颖飞《清华简〈程寤〉与文王受命》,《清华大学学报》(哲学社会科学版)2013年第2期。

续表

	清华简《程寤》	《逸周书·程寤》	备注
币告	币告宗祊社稷,祈于六末山川,攻于商神,望,烝	文王不敢占,召太子发,命祝以币告于宗庙群神	《太平御览》卷八四
占梦	占于明堂	然后占之于明堂	《太平御览》卷八四
拜梦	王及太子发并拜吉梦,受商命于皇上帝	王及太子发并拜吉梦,受商之大命于皇天上帝	《太平御览》卷三九七

清华简《程寤》和传世文献引文基本一致,存在几处差异值得关注。关于寤梦发生的地点,《太平御览》卷三九七引《程寤》:"文王去商在程",《太平御览》卷八四引《帝王世纪》"文王自商去程",对于了解太姒之梦的形成背景至关重要。

《史记·周本纪》云:

> 崇侯虎谮西伯于殷纣曰:"西伯积善累德,诸侯皆向之,将不利于帝。"帝纣乃囚西伯于羑里。闳夭之徒患之,乃求有莘氏美女,骊戎之文马,有熊九驷,他奇怪物,因殷嬖臣费仲而献之纣。纣大说,曰:"此一物足以释西伯,况其多乎!"乃赦西伯,赐之弓矢斧钺,使西伯得征伐。①

崇侯虎向纣王进献谗言,纣王囚禁文王于羑里,欲杀之。闳夭等人以珍奇异宝贿赂纣王,纣王遂释放文王。文王离开商都,回到程,转危为安,而"去商在程",揭示的正是商、周矛盾日益尖锐化的社会现实,也即太姒寤梦发生的时代背景。如此重要信息,在清华简《程寤》中却缺失了。

清华简《程寤》说"隹王元祀贞(正)月既生魄",从"元祀"看,该篇是把寤梦之年,当作文王受命之年。从下文"王及大子发并拜吉梦,

---

① (汉)司马迁:《史记》卷四《周本纪》,第116页。

受商命于皇上帝"看，文王与武王并拜吉梦，应是两人同时受命。《太平御览》卷三九七引《程寤》曰"正月既生魄"，没有王年。《太平御览》卷八四引《帝王世纪》"十年正月，王自商至程"，认为此为周文王十年之事。《潜夫论》卷七："是故太姒有吉梦，文王不敢康吉，祀于群神，然后占于明堂，并拜吉梦。修省戒惧，闻喜若忧，故能成吉以有天下。"太姒寤梦后，文王"修省戒惧，闻喜若忧"，《潜夫论》竟将文王受命之事也忽略了。从时间纪年上看，传世文献并未像清华简一样，明确地把太姒寤梦当作文王受命的标志。

对于太姒梦境，传世文献及清华简皆记载较为详尽。清华简《程寤》："太姒梦见商廷惟棘，乃小子发取周廷梓树于厥間（间），化为松柏棫柞。寤惊，告王。"①《玉篇·心部》："惟，有也。"商廷惟棘，即是"商廷有棘"。"惟"字，传世文献引文或作"产"，或作"生"，用字虽异，语义接近。清华简《程寤》"乃"字，传世文献唯有张华《博物志》卷八有"乃"字，其他文献如《艺文类聚》《太平御览》等皆无。或许《程寤》篇亡于西晋之后。

清华简《程寤》"寤惊"，《博物志》卷八作"觉惊"，《艺文类聚》卷七九作"寐觉"，《太平御览》引《帝王世纪》作"觉而惊"。清华简《程寤》"告王"，传世文献多作"以告文王"。由"王"到"文王"，可能是流传过程中，后儒增补所致。清华简《程寤》："王弗敢占，诏太子发，俾灵名凶祓。祝忻祓王，巫率祓太姒，宗丁祓太子发。"殷周之际，鬼神崇拜盛行，在正式解梦之前除凶，此为必然之环节，可惜传世文献皆或缺之。

《太平御览》卷八四引《帝王世纪》："文王不敢占，召太子发，命祝以币告于宗庙群神。"币告宗庙群神，《帝王世纪》说得过于笼统。清华简《程寤》："币告宗祊社稷，祈于六末山川，攻于商神。"对于宗庙祖先神，则是币告；对于山川之神，则是祈告。对于商族之神，则是"攻"。从清华简《程寤》看，针对不同的神，采取了不同的祭祀、化解方式，其叙事要比《帝王世纪》更为详尽。

清华简《程寤》说："王及大子发并拜吉梦，受商命于皇上帝。"简

---

① 李学勤主编：《清华大学藏战国竹简（壹）》，第136页。

本"商命",《太平御览》卷三九七作"商之大命"。简本"皇上帝",《太平御览》卷三九七作"皇天上帝"。简言之,用语略有差异。

综上,清华简《程寤》和传世文献引文相比,一是文字用语有差异,如简本"惟"字,传世本或作"生",或作"产"。简本"商命",传世本作"商之大命"。简本"王",传世本作"文王"。这些可能是在流传过程中,后儒补充解释、说明所致。二是占梦环节各有取舍。简本不记寤梦发生的地点,传世本则对除凶的环节略去不记。孔子敬鬼神而远之,儒家思想在汉代以后上升为主流意识形态。所有的传世文献,如《潜夫论》《博物志》《艺文类聚》《太平御览》等,皆忽略解梦除凶的环节,或许与此有关。

4. 清华简《金縢》与《尚书·金縢》比较

清华简《金縢》自带篇题"周武王有疾周公所自以代王之志",但文字太长,不方便称引。所以笔者取整理者之说,简称清华简《金縢》。"周武王有疾周公所自以代王之志",虽是篇题,实际却带有书序的性质。《尚书·金縢序》:"周武王有疾,周公作《金縢》。"《金縢》篇敬告三王的"诰辞",乃周公所作,但周公并非《金縢》篇的作者,史官才是《金縢》一文的记录者。① 因此,《书小序》说"周公作《金縢》",颇受学者的质疑。简本强调《金縢》表达的是周公"所自以代王之志"——自愿替代武王去牺牲的精神,没有传世本《金縢》作者为谁的诟病。《尚书》的体例是典、谟、训、诰、誓、命,《金縢》的体例与以上六种似不合。从清华简《金縢》的篇题看,其体例或当属于"志"。

(1) 文字繁简之别

传世本《金縢》"既克商二年",简本作"武王既克殷三年",与传世本相比,增加"武王"两字。黄怀信先生指出,克殷者即"王弗豫"之王,"既克殷"前不必有"武王",今本长,简书"武王"二字,当是后人所增。② 其说可从。武王去世后,有成王、康王,为显示区别,《金

---

① 廖名春先生指出:"所谓'周公作《金縢》',即'以旦代某之身'等祝词为周公所作,并非指整个《金縢》篇为周公所作。"参见廖名春《清华简与〈尚书〉研究》,《文史哲》2010年第6期。

② 黄怀信:《清华简〈金縢〉校读》,《古籍整理研究学刊》2011年第3期。

縢》抄写者将"王"增补为"武王"。西周结束后，楚国有武王，而清华简流传于楚地，所以清华简《金縢》首句称"武王"，篇题称"周武王"①，皆是在流传过程中，后儒增补的解释、说明的文字。

《尚书·金縢》："为坛于南方，北面，周公立焉，植璧秉珪，乃告太王、王季、文王。"简本《金縢》作："为一坛于南方，周公立焉。"上文所说"三坛同墠"，指的是太王、王季、文王设立三坛。在三坛之前，又有一个祭坛。简本《金縢》增加"一"字，语意具体明确。而传世本却说"为三坛"，数字有差异。

清华简《金縢》说"史乃册祝告先王曰"，《尚书·金縢》作"史乃册祝曰"，传世本少"告先王"三字。清华简《金縢》："隹尔元孙发也，不若但（旦）也，是年（佞）若丂（巧）能，多才多艺，能事鬼神。"《尚书·金縢》："予仁若考能，多材多艺，能事鬼神。乃元孙不若旦多材多艺，不能事鬼神。""予仁若考能，多材多艺，能事鬼神"一句，不见于简本。传世本"四方之民罔不祇畏"，亦为简本《金縢》所无。文字增减在两个传本中，多处存在。

（2）同义互换

盘庚迁都，自奄迁至殷，以国都为号，因此，"殷"成为商人的代称。清华简《金縢》"武王既克殷三年"，传世本作"既克商二年"，"殷"和"商"属于同义互换。清华简《系年》第三章"周武王既克殷，乃设三监于殷"，用的亦是"殷"字。

清华简《金縢》："王不瘳又（有）尸。"整理者指出，瘳，今本作"豫"，或云"不怿"（《尚书·顾命》）。怿，孔传释为悦怿。尸，《说文》"迟"字或体"屖"所从，《广韵》："久也。"②朱右曾云："《礼》：'天子有疾称不豫，诸侯曰负兹。'今言不豫，尊之也。"③不瘳，即不悦怿，是武王生病委婉的说法。"不瘳又（有）尸"，指的是武王长期病重未见

---

① 参见刘国忠《试析清华简〈金縢〉篇名中的称谓问题》，载清华大学出土文献研究与保护中心编《清华简研究》第1辑，中西书局2012年版，第177页。

② 李学勤主编：《清华大学藏战国竹简（壹）》，第159页。

③ 《公羊传》桓公十六年注："天子有疾称不豫，诸侯称负兹。"盖其所本。参见黄怀信等《逸周书汇校集注》（修订本），第926页。

好转①，与传世本武王"有疾弗豫"用语虽异，但句意无别。

（3）用语差异

简本"秉璧甾珪"，传世本作"植璧秉珪"。《说文·玉部》："璧，瑞玉，圆也。"璧为玉器，平圆形，中间有孔。"珪"字与"圭"通假。《说文·土部》："圭，瑞玉也，上圆下方。"段玉裁注："圭之制，上不正圆。以对下方言之，故曰上圆。"圭，上端作三角形，下端正方形。甾，即"植"字。《集韵·职韵》："植，立也。"璧为平圆形，不方便"立"，而珪（圭）长条形，故可"植立"。手里拿着玉璧，在祭坛上植立起玉圭，以向三王致意。笔者认为，简本"秉璧甾珪"似乎优于传世本"植璧秉珪"。

清华简《金縢》："尔元孙发也。"君前臣名，在三王面前，史官当时说的必然是"元孙发"。《尚书·金縢》作："惟尔元孙某。"元孙发，在传世本改作"元孙某"。清华简《金縢》："隹尔元孙发也，不若但（旦）也。"简本两次出现"发"字，保存的是原貌。《孔传》曰："臣讳君，故曰某。"传世本《金縢》改"发"为"某"，乃后儒为避讳所改。

《尚书·金縢》："若尔三王是有丕子之责于天，以旦代某之身。""丕子之责"的含义，学界向来众说纷纭。清华简《金縢》："尔毋乃有备子之责才上。"传世本"丕子之责"，简本作"备子之责"。《玉篇·人部》："备，预也。"在周公看来，武王病重，原因是上帝需要一个儿子去服侍。笔者怀疑，"备子之责"可能是指三王有为上帝准备、贡献儿子的责任。简本"备子之责"清晰明了，反而传世本《金縢》"丕子之责"晦涩难懂。其他如传世本《金縢》"罪人"，简本作"祸人"，传世本"执书"，简本作"捕书"，亦属此类。

（4）叙事细节各有取舍

《尚书·金縢》："公乃自以为功，为三坛同墠。"功，指人质。周公将自己作为人质，欲自己替代武王去死。清华简《金縢》只是说"周公乃为三坛，同墠"，没有"自以为功"一句。"自以为功"是《金縢》篇的核心话语，体现的是"周公所自以代王之志"——勇于自我牺牲的精

---

① 清华简《祭公之顾命》"我闻祖不余又巳"，传世本《祭公》作"不豫有加"，"不余又巳"，或指长期病重，并有加重的可能。

神，不能或缺。清华简《金縢》缺失此句，不能不说是一种遗憾。①

《尚书·金縢》："乃卜三龟，一习吉。启籥见书，乃并是吉。公曰：'体！王其罔害。予小子新命于三王，惟永终是图。兹攸俟，能念予一人。'"清华简《金縢》和传世本最大的区别，是没有这一段占卜的内容。清华简《金縢》曰："二公告周公曰：'我其为王穆卜？'周公曰：'未可以戚吾先王。'"在简本作者看来，既然周公不让太公、召公穆卜，那他自己也不可能占卜，所以在抄写过程中，据自己的理解，删除了"乃卜三龟，一习吉"一段内容。

二公只是卜问武王病情如何，能否好转。三王知道之后，必然会为武王忧戚不已。周公精于鬼神之道，所以不让二公穆卜。但周公之卜，和二公穆卜有所不同。周公卜问的是解决困难的具体办法，他自愿为"质"，替代武王去服事上帝，这样做可不可以？周公与二公卜问的作法不同，所以周公拒绝了二公穆卜的建议。清华简《金縢》的改编者，生活在不知西周卜法的时代。简本《金縢》称"周武王"，以与楚武王相区别，我们猜测清华简《金縢》最终定本，可能要晚至战国时期。

传世本《金縢》："王出郊，天乃雨，反风，禾则尽起。"《史记·鲁世家》将"成王启金縢之书"一事，置于"周公卒后"，导致此后学者多认为此为周公死后之事，"秋大熟"为周公去世后的某个秋天。清儒孙星衍竟然主张将《金縢》篇一分为二，"秋大熟"以后内容，分属《亳姑》篇。②清华简《金縢》："王乃出逆公至鄗（郊）。是夕，天反风，禾斯起。"成王亲自迎接周公至郊外，然后天反风，禾苗立起，证明此确为周公生前之事。"王乃出逆公至鄗（郊）"一句至为关键，与"是岁也，秋大熟"相呼应，成为理清《金縢》故事情节之谜的关键佐证。而传世本只说"王出郊"，语焉不详，让司马迁、孙星衍等人理解为周公卒后之事，误读至深。

（5）句意错讹

清华简《金縢》说："尔之许我，我则晉璧与珪；尔不我许，我乃以

---

① 清华简《金縢》说："周公乃内其所为杠自以代王之敚于金縢之匱。"杠，学者已经指出相当于"质"，但在史官册祝之后才出现，不免有突兀之感。

② 参顾颉刚、刘起釪《尚书校释译论》，第1244页。

璧与珪归。"菩，整理者读为"晋"。① 这是周公和三王谈条件：如果三王答应周公的请求，他将璧与珪进献于三王；如果三王不答应，周公将玉璧、玉珪带回去。《尚书·金縢》："今我即命于元龟，尔之许我，我其以璧与珪，归俟尔命；尔不许我，我乃屏璧与珪。"《孔传》："许谓疾瘳，待命当以事神。不许谓不愈也。屏，藏也。言不得事神。"把"屏"解释为"藏"，如果三王不答应，则将玉璧、玉珪收回去，句意可以理清。但前半句如果三王答应，则也将玉璧、玉珪收回去，不合乎情理。以清华简可知，传世本《金縢》此处当有错讹。②

《尚书·金縢》说："王亦未敢诮公。"诮，意为"责备"。清华简《金縢》作："王亦未逆公。"对照简本，成王不是不敢责备周公，而是未亲自迎接周公，当以简本为是。

总之，战国时期，诸侯国林立，在不同地区形成了不同的地域文化。《尚书·金縢》为邹鲁之士所传，清华简《金縢》流传于楚地，相距悬远。《尚书·金縢》称武王为"王"，保存的是原貌。而简本《金縢》为与楚武王相区别，将"王"改称"周武王"。可见，地域文化已经渗透到《金縢》中来，影响到该篇文本人物的称谓。篇名不同，文字增减，同义互换，句意错讹，叙事细节取舍不同，清华简《金縢》与《尚书·金縢》差异化日渐明显。但从文本总体内容看，两者相同远多于相异，说明在流传过程中，《金縢》一直保持着相对稳定的篇章结构与故事情节。

5. 清华简《皇门》与《逸周书·皇门》比较

朱右曾先生说："《商誓》《度邑》《皇门》《芮良夫》诸篇，大似《今文尚书》，非伪古文所能仿佛。"③《皇门》篇虽在《逸周书》中，但其价值却与《今文尚书》诸篇等同。清华简《皇门》原无篇题，系整理者据《逸周书·皇门》篇题添加。《逸周书·皇门》在流传过程中，错讹较多。而清华简《皇门》未经后儒改编，保存着战国时期的原貌。两者的比较，是分析古书讹误形成原因，认识古书成书规律的重要例证。现

---

① 李学勤主编：《清华大学藏战国竹简（壹）》，第158页。
② 参见程浩《"书"类文献先秦流传考——以清华藏战国竹简为中心》，博士学位论文，清华大学，2015年。
③ 似，原误作"姒"，今纠正。参见黄怀信等《逸周书汇校集注》（修订本），第1229页。

将清华简《皇门》与《逸周书·皇门》内容比较如下。

（1）文字繁简之别

清华简《皇门》："隹（惟）正［月］庚午，公格才耆门。"《逸周书·皇门》说："维正月庚午，周公格左闳门会群门。"简本称"公"，传世本称"周公"。简本"公若曰"，传世本仅记"曰"。简本先说"公格才耆门"，又说"公若曰"，符合西周时期文例，但其篇首没有王年，读者不知"公"是何人。《逸周书·皇门》说"周公格左闳门"，在"公"前增加一"周"字，可谓是一字千金，是判定该篇成书年代及背景的关键性佐证。简本只是说周公"在耆门"，没说周公召集的对象。而传世本说周公"会群门"，则清晰地交代了周公召集的对象，是了解周公发布诰命的目的重要线索。

《逸周书·皇门》曰："先用有劝，永有□于上下。"王引之曰："先字于义无取，疑克字之误。"王引之怀疑"先"字当为"克"字，并引用《尚书·多方》"明德慎罚，亦克用劝"作为证据。对于传世本所缺之字，陈逢衡认为是"格"字，丁宗洛主张是"孚"字①。清华简《皇门》："先王用有劝，以宾佑于上。"可知"先"字后当补"王"字，"□"当为"佑"字，"下"字或当为衍文。王引之等学者的猜测无据。

《逸周书·皇门》说："人斯既助厥勤劳王家。"唐大沛指出，"厥"下疑脱"辟"字，上云"助厥辟勤王国王家"，此宜当然。② 清华简《皇门》云："是人斯既助厥辟勤劳王邦王家。"对照简本，传世本"人"字前当补"是"，"厥"字后补"辟"，"勤劳"后当补"王邦"。唐大沛之说确然不易。

《逸周书·皇门》说："弗恤王国王家，维德是用。以昏（问）求臣，作威不祥。"孙诒让云："'德'上当有一字，而今本脱之，此上下文所言皆恶德也。"③ 清华简《皇门》作："弗恤王邦王家，维俞德用，以昏（问）求于王臣，弗畏不祥。"对照简本，可知传世本"德"字前脱一"俞"字，证明孙诒让之说可信。清儒王念孙认为传世本《皇门》

---

① 以上诸说，参见黄怀信等《逸周书汇校集注》（修订本），第549页。
② 参见黄怀信等《逸周书汇校集注》（修订本），第550页。
③ 同上书，第553页。

"求"字为衍文,"以昏臣"连读,其上有脱文。① 简本出现之后,我们知道传世本"臣"字前脱"于王"两字,王念孙之说不可信。

(2) 古音通假

《逸周书·皇门》说:"乃维其有大门宗子势臣。"清儒陈逢衡说:"势臣,秉国有权势者也。"庄述祖校勘此句,指出"势"当作"埶"。② 清华简《皇门》:"乃隹大门宗子、埶臣。"埶,整理者读为"迩"。迩臣,亲近的大臣。③ 对照简本,可知庄述祖之说可信。"埶"与"势"韵部接近,传世本可能是因古音通假致误。

《逸周书·皇门》:"先人神祇报职用休,俾嗣在厥家。"清华简《皇门》作:"先神示复式用休,卑备才厥家。"传世本"祇",简本作"示"。整理者认为"示"与"祇"可通,但朱凤瀚先生持不同意见,他说"今本作'祇'或当是'示'之讹。"④《墨子·天志中》引《大誓》曰:"纣越厥夷居,不肯事上帝,弃厥先神祇不祀。"《太誓》"先神祇"与清华简《皇门》"先神示"对应,可知传世本"先人神祇"之"人"当为衍文,简本"示"可读为"祇"。

古音通假,在《逸周书·皇门》与简本《皇门》中较为多见。传世本《皇门》"王用奄有四邻",简本作"王用能盍(盖)又四邻","奄"与"盍(盖)"属于通假字。清华简《皇门》说"自釐臣至于又贫厶子",又,传世本作"有"。贫,传世本作"分"。厶,传世本作"私",当以传世本为是。《逸周书·皇门》"维时及胥学于非夷",清华简《皇门》作"乃维汲汲胥驱胥教(学)于非彝","夷"与"彝"音近可通。

清华简《皇门》说:"卑女罂(梏)夫之有悉(媚)妻,曰余蜀备才寝,以自雺厥家。"雺,整理者读为"落",词义为"废"。⑤ 上博简《诗论》简21"雺"字,传世本对应作"露"。《逸周书·皇门》:"譬若匹夫

---

① 参见黄怀信等《逸周书汇校集注》(修订本),第552页。
② 同上书,第546页。
③ 迩臣,不是大门宗子的近臣,而是天子近臣,所以我们主张中间断读。参见李学勤主编《清华大学藏战国竹简(壹)》,第167页。
④ 朱凤瀚:《读清华简〈皇门〉》,载清华大学出土文献研究与保护中心编《清华简研究》第1辑,中西书局2012年版,第189页。
⑤ 李学勤主编:《清华大学藏战国竹简(壹)》,第170页。

之有婚妻，曰予独服在寝，以自露厥家。"我们认为简本"雺"字，当从传世本，读为"露"。《方言》曰："露，败也。"王念孙《读书杂志》考证颇详，可参看。①

（3）同义互换

简本《皇门》："王用能承天之鲁命。"整理者指出，"鲁"训"嘉"。②《逸周书·皇门》："用能承天嘏命。"嘏，亦可训读为"嘉"。鲁命与嘏命，皆指天命而言，语意接近。《逸周书·皇门》："小人用格。"小人，简本作"少（小）民"，"人"与"民"属于同义互换。

《逸周书·皇门》："下邑小国，克有耇老据屏位。"清华简《皇门》："朕寡邑小邦，穮（蔑）有耆耇虑事屏朕位。"传世本"下邑小国"，简本作"寡邑小邦"。《尚书·大诰》："予惟小子，不敢替上帝命。天休于宁王，兴我小邦周。"在《书》类文献之中，周人常以"小邦周"自称。《逸周书·皇门》"下邑小国"，庄述祖云："下邑小国，谓周。"③"下邑小国"与"寡邑小邦"皆为周人谦称，用语虽异，所指相同。

《逸周书·皇门》："至于厥后嗣。"清华简《皇门》作："至于厥后嗣立王。"简本比传世本多"立王"二字。整理者指出"立王"见于《诗经·桑柔》。其实更接近的是《尚书》。《无逸》篇曰："自时厥后立王，生则逸，生则逸，不知稼穑之艰难。"《无逸》《皇门》皆为周公所作，出于一人之口。我们认为"厥后立王""厥后嗣""厥后嗣立王"字数虽有增减变化，但当为同义。

《逸周书·皇门》曰："万子孙用末被先王之灵光。"清华简《皇门》说："子孙穮被先王之耿光。"传世本"万子孙"，简本作"子孙"，学者或怀疑"万"字为衍文。内大子白壶铭文："万子孙永用亯。"（《殷周金文集成》9645）其实，"万"字并非衍文，"万子孙"与"子孙"属于同义互换。其他如传世本"及"，简本作"眔"，传世本"无"，简本作"毋"，亦皆此类。

---

① （清）王念孙：《读书杂志》（上），中国书店1985年版，第25页。
② 李学勤主编：《清华大学藏战国竹简（壹）》，第167页。
③ 黄怀信等：《逸周书汇校集注》（修订本），第545页。

（4）用语差异

简本周公会群臣，地点在耆门，而据《逸周书·皇门》，地点在左闪门。整理者认为"耆"，从老，古声，读为溪母鱼部之"库"。① 施谢捷先生持不同意见，他说："原读'库'之字作'从老省、古声'，或许是'胡寿'之专字，过去在齐系文字中出现多次，或作人名，或作为复姓'胡毋'之'胡'。以习惯将'耆门'释读为'胡门'与'闪门'正相对应。"② 学者认为"耆门"即是"闪门"主要依据有两点：一是语义接近。耆与胡通假，胡，大也；闪，亦大也。二是音韵通假。"耆"字，见母鱼部。"闪"字，匣母蒸部。两者韵部较远，不易通假，施先生不得不借助"胡"作为媒介。

至于耆门为何又称"闪门"，学界尚未形成一致的意见。③《说文·王部》："皇，大也。"潘振引《竹书》："成王元年，周公诰诸侯于皇门。"④ 从韵部、词义上看，笔者觉得简本"耆门"，更多地近于传世本"皇门"。所以我们现在只能笼统地讲，耆门与闪门、皇门是《皇门》篇文本在流传过程中，形成的对于同一地点的不同称谓。

《逸周书·皇门》："百姓兆民，用罔不茂在王庭。"《尔雅·释诂上》："茂，勉也。"茂在王庭，即"勉在王庭"。清华简《皇门》："百姓万民用亡不腜比才王廷。"整理者指出，"腜"读为"扰"，顺也。比，辅也。⑤ "茂"与"腜比"用语各异。

《逸周书·皇门》："乃方求论择元圣武夫，羞于王所。"清华简《皇门》作："乃方救选择元武圣夫，膳于王所。"传世本"元圣武夫"，简本作"元武圣夫"。朱凤瀚先生说："简文称'元武圣夫'，元者，大也，长也，'元武'在此相对于'圣夫'，亦是他称，指武艺高强者，称'元

---

① 李学勤主编：《清华大学藏战国竹简（壹）》，第165页。
② 施谢捷先生的意见，参复旦大学出土文献与古文字研究中心研究生读书会《清华简〈皇门〉研读札记》文后评论，复旦大学出土文献与古文字研究中心网站，http://www.gwz.fudan.edu.cn/Web/Show/1345，2011年1月5日。
③ 参见王志平《清华简〈皇门〉异文与周代的朝仪制度》，载清华大学出土文献研究与保护中心主编《清华简研究》第1辑，中西书局2012年版，第205—210页；黄杰《再议清华简〈皇门〉"耆门"及相关问题》，《中国文字研究》第19辑，2014年。
④ 黄怀信等：《逸周书汇校集注》（修订本），第543页。
⑤ 李学勤主编：《清华大学藏战国竹简（壹）》，第167页。

武',自然比单称'武夫'有更高的层次。圣夫,则指通达事理、品德高尚之人。相对而言,简文作'元武圣夫'可能要比今本近于原本。"① 朱先生主张当以简本为是。曾伯霥簠铭文:"唯王九月,初吉庚午,哲圣元武,元武孔黹,克逊淮夷,抑燮繁阳。"(《集成》4631、4632)"元武"虽然见于曾伯霥簠,但为形容词,而在《皇门》篇明显是名词。"元圣"见于《尚书》,《墨子·尚贤中》引《汤誓》曰:"聿求元圣,与之戮力同心,以治天下。"元圣指伊尹。"武夫"在传世文献中多见。《诗经·兔罝》云:

> 肃肃兔罝,椓之丁丁。赳赳**武夫**,公侯干城。
> 肃肃兔罝,施于中逵。赳赳**武夫**,公侯好仇。
> 肃肃兔罝,施于中林。赳赳**武夫**,公侯腹心。②

又《左传》僖公三十三年先轸曰:

> **武夫**力而拘诸原,妇人暂而免诸国。堕军实而长寇仇,亡无日矣。③

在先轸的话语中,"武夫"与"妇人"并举,已经成为春秋时期的习惯用语。又《墨子·尚贤下》引《竖年》"晞夫圣武知人,以屏辅而身"④,"晞夫圣武"与简本、传世本《皇门》皆不同。笔者认为,《逸周书·皇门》"元圣武夫"与简本"元武圣夫"可并存,最起码不能强定传世本为讹误。

《逸周书·皇门》云:"王国用宁,小人用格,□能稼穑。"此句文字

---

① 朱凤瀚:《读清华简〈皇门〉》,载清华大学出土文献研究与保护中心编《清华简研究》第1辑,第187页。
② (清)阮元校刻:《毛诗正义》卷一,《十三经注疏》本,中华书局1980年版,第281页。
③ (清)阮元校刻:《春秋左传正义》卷一七,《十三经注疏》本,第1833页。
④ 《墨子·尚贤下》:"于先王之书《竖年》之言然,曰:'晞夫圣武知人,以屏辅而身。'"

缺处，庄存与补"家"，朱骏声补"爰"，陈逢衡疑是"用"。① 清华简《皇门》作："少（小）民用叚能稼穑。"叚，整理者认为读为"假"，大也。② 此说仍可商榷，国家安宁，百姓生活稳定。我们怀疑简本"叚"当读为"暇"，"少（小）民用叚能稼穑"，意为小民有时间从事农业生产。简本"叚"与传世本"格"用语各异，传世本所缺之字凭借简本，似仍难以补足。

《逸周书·皇门》："戎兵克慎，军用克多。"陈逢衡云："克慎克多，有备无患也。"③ 此说分析得当，但"慎"字和"有备无患"很难联系起来。清华简《皇门》："戎兵以能兴，军用多实"，军队需要时能够兴起，军事物质充实，反而更能体现"有备无患"之意。

（5）语意错讹

传世本《皇门》错讹严重，简本《皇门》可补正其脱讹，但并不是传世本皆非，而简本皆是。《逸周书·皇门》："下邑小国克有耇老据屏位。"清华简《皇门》作："朕寡小邦，蔑有耇耇虡（虑？）事屏朕位。"对照简本，可知"据"后脱一"事"字。据事，或当为"执事"之意。传世本《皇门》："建沈人非不用明刑。"清华简《皇门》作："繲（肆）朕冲人非敢不用明刑。"对照简本"肆"字，可知传世本"建"当为"肆"，"沈"当作"冲"。

传世本的句意是：我下邑小国有耇老执事辅政，不是我不敢用明刑，而是他们开告我行嘉德之说。简本《皇门》说"朕寡小邦，蔑有耇耇虡事屏朕位，肆朕冲人非敢不用明刑，惟莫开余嘉德之说"，简本的意思与传世本完全相反：我下邑小国没有耇老执事辅政，我之所以不敢不用明刑，是因为没有人开告我行嘉德之说。周公作《皇门》之时，太公、召公等老臣尚在。清华简《皇门》下文周公说："朕遗父兄眔朕荩臣，夫明尔德，以助余一人忧。"又云："既告汝元德之行。"周公召集大门宗子的主要目的，是告诉他们元德之行，让其效法夏、商两代大门宗子迩臣，"明德恤国"，辅助自己渡过难关，而不是对他们用刑。当以传世本为是。

---

① 黄怀信等：《逸周书汇校集注》（修订本），第550页。
② 李学勤主编：《清华大学藏战国竹简（壹）》，第168页。
③ 黄怀信等：《逸周书汇校集注》（修订本），第550页。

对照传世本，简本"蔑"当作"克"，"莫"当作"其"。

《逸周书·皇门》："我闻在昔有国誓王之不绥于恤。"清华简《皇门》："我闻昔才（在）二有国之哲王则不共于卹。"对照简本，传世本"昔"字后当补"二"字，"誓"当改为"哲"。庄述祖云："誓王当作哲王。"①"哲"讹作"誓"，属于字形相近而致误。

《逸周书·皇门》："人斯是助王恭明祀，敷明刑。"清华简《皇门》作："是人斯助王共明祀，敷明刑。"对照简本，传世本"人斯是"当作"是人斯"。传世本《皇门》下文云："是人斯乃谗贼媢嫉。"亦可作为"是"字提前的证据。"是人斯"多次出现，或许是《皇门》篇的习惯用语。《逸周书·皇门》："维时及胥学于非夷。"及，王念孙、王引之认为是"乃"字之误。丁宗洛主张是"反"字。②"及""乃""反"字形接近，不易区分。清华简《皇门》说"乃维汲汲胥驱胥教（学）于非彝"，证明"及"当为"汲"，传世本"及"字下可能脱重文符号。③

《逸周书·皇门》："譬如畋犬，骄用逐禽，其犹不克有获。"陈逢衡说"畋犬用以逐禽必驯扰而后有获"。朱右曾认为虚骄之犬犹不能获禽。洪颐煊主张"骄"是畋犬之名。④清华简《皇门》作："卑女（如）戎夫，乔（骄）用从矜（禽），其由克有䞇?""犬"与"夫"形近而讹。朱右曾等学者的说法皆非。戎夫擅长稼穑，让他去追逐禽兽，怎么会有收获？传世本"其犹不克有获"表示肯定，简本"其由克有䞇"表示否定，截然相反，当以简本为是。

综上，简本《皇门》"肆朕沈人"，传世本作"建沈人"。简本《皇门》"今我譬小于大"，传世本作"命我辟王小至于大"。《逸周书·皇门》与清华简《皇门》相比，文字脱漏、抄写讹误，甚至出现了句意完全相反的句子。传世本从先秦流传到今天，中间多次辗转抄写，其中脱字、讹误、衍文、句意理解等问题，大都是在流传过程中造成的。《逸周

---

① 黄怀信等：《逸周书汇校集注》（修订本），第546页。
② 以上诸说，参见黄怀信等《逸周书汇校集注》（修订本），第551页。
③ 复旦大学出土文献与古文字研究中心研究生读书会：《清华简〈皇门〉研读札记》，复旦大学出土文献与古文字研究中心网站，http://www.gwz.fudan.edu.cn/Web/Show/1345，2011年1月5日。
④ 以上诸说，参见黄怀信等《逸周书汇校集注》（修订本），第554页。

书·皇门》和清华简《皇门》的差异,局限于字词层面,而文本整体结构相同,有着共同的文献来源。先秦文献,大致分为官方文献和私人著述两种。和诸子文献相比,以《皇门》《金縢》为代表的《书》类文献,带有官方性质,似乎具有更强的文本稳定性。

总而言之,清华简与儒家《书》类文献的对应,大致可分为两类:一是直接对应,如《程寤》《金縢》《皇门》《祭公》等。二是间接对应,如清华简《尹诰》与《礼记·缁衣》引《书》、清华简《厚父》与《孟子·梁惠王下》引《书》都是此类。《尚书》《逸周书》的区分,在清华简中并不存在。儒家《书》类文献都有篇名,多为二到五字,朗朗上口,方便称引。清华简《书》类文献接近一半没有篇名,篇名字数参差不齐,不方便称引。从文本比较看,战国时期《书》类文献已经形成了稳定的文本结构,其文字的讹误、语词的增加、句意的差异,大都是在流传过程中造成的。

(四) 思想特征比较

清华简《书》类文献和《尚书》源头相同,皆来自西周官方档案,最初的思想特征并无差异。但由于选编者主观立场差异,选取的篇目不同,加之在传流过程中后儒增补等因素,导致两者思想倾向同中有异,呈现出分化的趋势。

1. 重民是共同的思想倾向

清华简《尹诰》说:

> 惟尹既及汤咸有一德,尹念天之败西邑夏,曰:"夏自绝其有民,亦惟厥众,非民无与守邑,厥辟作怨于民,民复之用离心,我哉(捷或翦)灭夏。今后曷(胡)不监?"①

夏桀败亡之后,伊尹向商汤建言:夏桀暴虐其民众,百姓离心,导致其灭亡。现在您要以此为鉴。在对夏桀灭亡经验教训的反思中,商汤、伊尹认识到了民众的重要性。总结三代经验教训,防止重蹈覆辙,注重民心归附,敬德保民是《尚书》的突出主题。《尚书·大诰》说:"民情

---

① 李学勤主编:《清华大学藏战国竹简(壹)》,第133页。

大可见，小人难保。往尽乃心，无康好逸豫，乃其乂民。"周公谆谆教诲康叔，不要好逸恶劳，要认真处理民众事务。质言之，重民，是清华简《书》类文献与儒家《尚书》共同的思想基调。

2. 鬼神色彩浓重不一

在清华简中，鬼神崇拜气息极为浓厚。清华简《尹至》云："夏䎽（播）民入于水曰嘼（兽），帝曰：'一勿遗。'"① 夏桀的追随者逃入水中，上帝说全部杀死，不要遗漏。上帝能言，能让夏桀生病，能把傅说赏赐给武丁，让他去征伐豕仲。在清华简里，上帝无所不能，是带有人格色彩的至上神。《尚书·泰誓》："天视自我民视，天听自我民听。"在儒家《尚书》之中，上帝不能说话，不能随便让人生病。百姓所想，即是上帝所想；百姓所愿，即是上帝所愿。上帝神话、巫术色彩明显减弱，逐渐嬗变为民意的代表与化身。

上古时期，科学知识不发达，人们对很多自然现象不能解释，于是便诉诸鬼神。清华简下限虽然晚于孔子，但从鬼神崇拜盛行看，从《傅说之命》残存巫术神秘色彩来看，其延续、保存的很可能是《书》类文献的原貌。孔子不语怪力乱神，崇尚以人为本。受此影响，《尚书》中鬼神崇拜浓重的篇目或内容，由先秦至魏晋，逐渐被后儒剔除。以孔子为发轫，儒家运用仁义等价值理念，对《尚书》学重新诠释、进行价值提升，开展道德教化的意图日渐明显。儒家《尚书》不言鬼神，道德色彩浓重，是后世观念不断融入《书》类文献的结果，与《尚书》原貌存在明显的距离。

3. 圣王与道统的有无

重德是清华简与儒家《尚书》的共同基调，只是轻重程度有所不同。清华简《书》类文献中，重德的内容非常丰富。清华简《傅说之命》丙篇武丁说：

> 昔在大戊，克渊（慎）五祀，天章之用九德，弗易百姓。惟时大戊盇（盖）曰："余不克辟万民。余罔絑（坠）天休，弋（式）惟三德赐我，吾乃尃（敷）之于百姓。余惟弗迭（雍）天之叚

---

① 李学勤主编：《清华大学藏战国竹简（壹）》，第128页。

(叚）命。"①

需要说明的是，太戊的九德、武丁的三德都是统治术，并非后世的道德观念。清华简《祭公之顾命》周穆王说："朕之皇祖周文王、烈祖武王，宅下国，作陈周邦。惟时皇上帝度其心，享其明德，付畀四方，用膺受天之命，敷闻在下。"② 在穆王看来，文王、武王有明德，所以受天命。

太戊、武丁重德，德与天命尚无关联。周穆王时道德直接决定天命转移，这中间的环节是谁建立起来的呢？是周公。《尚书·蔡仲之命》："皇天无亲，惟德是辅。"天命是转移的，明德是受命的条件。商代奉行的是君权神授，天命不易，而西周流行的是天命转移说。周公将天命与敬德联系起来，是西周敬德保民思想的重要发明者。清华简中周公《诰》等内容的缺失，无法展现由商代武丁重德，到西周道德决定天命转移的思想发展历程。换言之，清华简与儒家《尚书》都重视道德，但清华简缺失了周公提出道德天命论这个重要的环节。

《尚书·康诰》说"天乃大命文王"，在孔子那里，文王是尽善尽美的典范，但清华简《书》类文献无一处提及文王之功绩。儒家《尚书》以《尧典》开篇，其中蕴含着尧、舜、禹、汤、文、武、周公这一圣王系统。儒家擅长礼乐，而周公制礼作乐，是西周礼制的重要开创者。《周书》之中周公诰命有8篇，孔子推崇周公，做梦也想梦见周公，所以《尚书》中选取有关周公的篇目尤其多。可以说，《尚书》寄托着孔子以礼治国的王道理想，儒家尊崇的圣王道统已经粲然可见。

清华简《良臣》云：

黄帝之师：女和、斃人、保侗。尧之相舜，舜有禹，禹有伯夷，有益，有史皇，有咎繇……文王有闳夭，有泰颠，有散宜生，有南宫适……武王有君奭，有君陈，有君牙，有周公旦，有召公，遂佐

---

① 李学勤主编：《清华大学藏战国竹简（叁）》，第128页。
② 李学勤主编：《清华大学藏战国竹简（壹）》，第174页。

成王。①

清华简《良臣》的作者追述历代圣王贤臣谱系，提到了黄帝、尧、舜、禹、商汤、文王、武王及成王等人。黄帝、成王、齐桓公、晋文公等人，明显不在儒家的道统之中。清华简《书》类文献中，没有儒家艳称的尧、舜、禹禅让，反映文王、周公内容的材料相对较少。也即是说，儒家尊崇的圣王及其道统一脉相传，在清华简《书》类文献中，并没有得到充分的体现。

《尚书大传·略说》子夏说："《书》之论事也，昭昭若日月之明，离离若参辰之错行，上有尧舜之道，下有三王之义，商所受于夫子者，志之弗敢忘也。"尧舜之道，三王之义，在儒家《尚书》那里，德义的阐发，居于《书》教的主导地位。子夏说自己对《尚书》的理解，来自孔子。在一定意义上说，以德为教，应是孔子《书》教的核心内容。

马王堆帛书《要》篇孔子说：

> 《易》，我后其祝卜矣！我观其德义耳也。幽赞而达乎数，明数而达乎德，又囗［仁］囗［守］者而义行之耳。赞而不达于数，则其为之巫；数而不达于德，则其为之史。史巫之筮，向之而未也，恃之而非也。②

巫者只知占筮求上帝福佑，而不明于天文历数；史官明于天文历数而不达于德义教化。对清华简《书》类文献的观察，不能就《书》谈《书》，而要置于清华简整批文献之中。在清华简中，有《筮法》，此为占筮之书。有《算表》，此为历算之书。清华简墓主人精于占筮，明于天文历数③，出巫入史，却始终没有以道德作为本位。孔子以德行求福，仁义

---

① 李学勤主编：《清华大学藏战国竹简（叁）》，第157页。
② 裘锡圭主编：《长沙马王堆汉墓简帛集成（三）》，中华书局2014年版，第118页。
③ 《汉书·艺文志》曰："《夏商周鲁历》十四卷，《天历大历》十八卷……《律历数法》三卷……《许商算术》二十六卷，《杜忠算术》十六卷。"《汉志》列历谱类十八家，天文历法与算术同为一类，其中有一种书名就是"《律历数法》"，可知清华简《算表》的功用，当与天文历数密切相关。参见（汉）班固《汉书》卷三〇《艺文志》，第1766页。

求吉，与史、巫同途而殊归。儒家以道德作为理论建构之基，以明德作为贯穿《尚书》始终的主线，而清华简墓主人或许为史官，尚未至于孔子所说的道德境界。

综上所述，我们从篇数、篇目、文本内容、思想倾向等方面，对清华简与儒家《尚书》展开比较。清华简《书》类文献二十多篇，而儒家《尚书》有百篇之多。至战国中期，清华简《书》类文献接近一半没有篇名，而儒家《书》类文献篇名在战国初期，已经普遍出现。在不同《书》类文献系统中，篇名的添加是不同步的。清华简与儒家《尚书》或有文字脱漏、句意讹误、句式颠倒，但总体结构相同，说明当时《书》类文献在流传过程中，已经形成了较为稳定的文本结构。

在先秦文献中，称引次数较多的是《康诰》《泰誓》《洪范》《吕刑》和《尧典》，而在清华简中却无一篇出现。清华简缺少"夏书"，没有尧、舜的内容，而儒家《尚书》尧、舜、禹、汤、文、武、周公的圣王系统，在清华简中并未得到体现。从篇名的拟作、篇目选择及《书》类文献收集的范围看，清华简《书》类文献的整理水平，比儒家《尚书》系统似乎略逊一筹。

《尚书》的篇名，在诸子称引中存在趋向简化的趋势。清华简《祭公之顾命》，《礼记·缁衣》引作"《叶公之顾命》"，可知"叶"为"祭"字之讹，"《祭公之顾命》"是最初拟定的篇名。今本《逸周书》称"《祭公》"，则可能是在原来篇名基础上简化的结果。其他像《傅说之命》简称"《说命》"，《盘庚之诰》简称"《盘庚》"，《分殷之器物》简称"《分器》"等，今天《尚书》的篇名，多为两至五字，如《盘庚》《说命》《祭公》，可能是在引《书》过程中二次简化的结果。《书》类文献的篇目选择，潜藏着选编者的思想意识和价值取向。清华简《书》类文献重巫鬼，得三代思想之"真"。儒家《尚书》彰显道德判断，过滤"怪力乱神"。两者的差异，暗示了墓主人与儒家存在不同的价值评判与思想体系。

二　清华简与墨家引《书》比较

《史记·孟荀列传》曰："墨子名翟，宋之大夫。"商之后裔微子封于宋国，而墨子是宋国大夫，他能收集、保存大量《书》类文献，或许与此有关。墨子非常重视《书》，在先秦诸子中，他是引用《书》类文献次数最多的学者。《墨子》引《书》，与今传本《尚书》多有不同，是独立于儒家之外的选编本。

关于《墨子》引《书》，陈梦家统计结果为 31 条①，刘起釪计算为 47 条，22 篇②，郑杰文《中国墨学通史》说是 40 则③，马士远考证为 43 次④。学者统计的数目各不相同，最多竟然相差 16 条。这说明学者对于判定墨子所引的哪些内容是《书》，尚未形成一致的意见。

墨子引《书》，有特定的方式。一是"《书》曰""某《书》曰"，二是称引篇名，三是"先王之言""先王之宪""先王之刑""先王之誓"，都可以作为划定《书》类文献直接的标准。但问题是《墨子》引《书》，有时是活学活用《书》中的内容，且不注明文献出处。如《墨子·尚贤中》：

> 傅说被褐带索，庸筑乎傅岩。武丁得之，举以为三公，与接天下之政，治天下之民。⑤

又《尚贤下》曰：

> 昔者傅说居北海之洲，圜土之上，衣褐带索，庸筑于傅岩之城。武丁得而举之，立为三公，使之接天下之政，而治天下之民。⑥

此两处，语有重复，墨子都没有明确说是出自《书》类文献。但清华简《傅说之命》甲篇云："隹（惟）弢（殹）人得说于専（傅）岩，厥卑（俾）繲（綳）弓绅弹（关）辟矢。说方筑城，縢降庸力，厥说之状，鹃（鸢）肩女（如）惟（椎）。"又说："其惟说邑，在北海之州，

---

① 陈梦家：《尚书通论》，中华书局 2005 年版，第 14—18 页。
② 刘起釪：《尚书学史》，中华书局 1989 年版，第 48、64 页。
③ 郑杰文：《中国墨学通史》，人民出版社 2006 年版，第 108 页。
④ 马士远：《周秦〈尚书〉学研究》，第 225 页。
⑤ （清）孙诒让：《墨子间诂》卷二《尚贤中》，上海书店 1986 年版，第 35 页。
⑥ （清）孙诒让：《墨子间诂》卷二《尚贤下》，第 41 页。

是惟员（圜）土。"对照清华简，我们方知此是《墨子》引《书》的内容。①

《墨子·三辩》曰：

> 汤放桀于大水，环天下自立以为王，事成功立，无大后患，因先王之乐，又自作乐，命曰《护》，又修《九招》。②

关于商汤灭夏，清华简《尹至》说："汤盟誓及尹，兹乃柔大縈。汤往征弗服。挚度，挚德不僭。自西捷西邑，戡其有夏。夏翠（播）民入于水曰嘼（兽），帝曰：'一勿遗。'"③《墨子·三辩》"汤放桀于大水"，与"夏播民入于水"，说的似乎是一回事。④ 清华简《尹至》属于《书》类文献，因此我们猜测，《墨子·三辩》此处可能是化用《书》类文献的内容。

《墨子·尚贤中》所记傅说的内容，《墨子·三辩》所记载商汤流放夏桀于大水的内容，其来源都是《书》类文献。《墨子》引《书》，有时是明引，有时是暗引。墨子熟稔《书》类文献，他已经化《书》为己说，直接运用到论述之中。《墨子》引《书》的界线本身便是模糊的，这是造成学者统计数字不同的重要原因。

质言之，墨子受《书》学影响很深，他关于商周之际的知识多来自《书》类文献。其引《书》的方式有直接引用和间接化用两种。目前我们可以肯定地说，《墨子》引《书》比上述学者所估计的都要多。清华简《书》类文献的面世，拓展了我们过去所知的《墨子》引《书》的"边界"。

---

① 《墨子·尚贤中》："古者舜，耕历山，陶河濒，渔雷泽。尧得之服泽之阳，举以为天子，与接天下之政，治天下之民。伊挚，有莘氏女之私臣，亲为庖人。汤得之，举以为己相，与接天下之政，治天下之民。"这些内容和傅说的内容上下相接，结构相同，构成并列关系。我们怀疑，舜、伊挚之事，也当出自墨家《书》类文献。

② （清）孙诒让：《墨子间诂》卷一《三辩》，第23页。

③ 李学勤主编：《清华大学藏战国竹简（壹）》，第128页。

④ 刘成群：《清华简与墨学管窥》，《清华大学学报》（哲学社会科学版）2017年第3期。

1. 篇题、篇目比较

墨子称《书》的方式多种多样：一是"《书》曰""《书》云"，或称"先王之《书》曰"；二是按照朝代顺序，称《夏书》《商书》《周书》；三是称引篇名；四是直接称引文句，而不称引篇名。墨子"关中载书甚多"，他收藏的《书》类文献很多，所引《书》只是其中的一部分。因此，我们必须清楚地知道，比较的篇名，依据的是《墨子》的引文，并非是墨家《书》类文献系统的全部。现将清华简与墨家《书》类文献篇名对比如表2-9：

表2-9　清华简《书》类文献与《墨子》引《书》篇题比较

	《墨子》	清华简	儒家《尚书》	备注
1	《吕刑》		《吕刑》	
2	《仲虺之告》		《仲虺之诰》	
3	《太誓》（《大明》）		《古文尚书·泰誓》	
4	《汤说》		《古文尚书·汤诰》①	《国语·周语上》作"泰誓"
5	《距年》			
6	《朮令》	《傅说之命》	《说命》	
7	《相年》			
8	《禹誓》		《古文尚书·大禹谟》②	
9	《驯天明不解》③			
10	《禽艾》			
11	《汤之官刑》			
12	《三代不国》④			

---

① 今文、古文《尚书》皆无《汤说》，相应文句见《古文尚书·汤誓》。
② 今文《尚书》无《禹誓》，对应文句见《古文尚书·大禹谟》。
③ 或认为《驯天明不解》并非篇名，刘起釪《尚书学史》把"驯天明不解"当作篇名，此处从刘说。笔者推测"不解"为注文误入正文。
④ 或作《三代》《不国》。

续表

	《墨子》	清华简	儒家《尚书》	备注
13	召公之《执令》			
14	《禹之总德》			
15	《子亦》			
16	《武观》			
17		《赤鹄之集汤之屋》		
18		《尹至》		
19		《尹诰》	《尹诰》	
20		《程寤》		《逸周书·程寤》
21		《耆夜》		
22		《周武王有疾周公所自以代王之志》	《金縢》	
23		《皇门》	《皇门》	
24		《祭公之顾命》	《祭公》	
25		《厚父》		
25		《封许之命》		
27		《命训》		《逸周书·命训》

《孟子》多称"书",很少称篇名。《墨子》称书,多称篇名。《墨子》一书,称引《仲虺之告》《太誓》《汤誓》《汤说》《吕刑》《术令》《汤之官刑》《巡天不明解》《竖年》《相年》《距年》《子亦》《大明》《去发》①《禹誓》《武观》《禽艾》《三代不国》《执令》《禹之总德》篇名20个。清儒孙诒让指出,"术令"与"说命"通假。②清华简"傅说之命",可简称"说命",笼统说此篇题,两者相同。除此之外,篇题无一相同。篇题相差如此悬殊,意味着两者对《书》类文献选编的范围,存在明显的差异。

---

① "去发",疑为太子发。
② (清)孙诒让:《墨子间诂》卷三《尚同中》,第51页。

从字数上看，墨家《书》类文献篇名一般较短，少则两字，多为四五字，如"禹之总德"，较为整齐，便于学者称引。而清华简《书》类文献篇题少则两字，多则十四字，参差不齐，不方便称引。《墨子》称引篇名的多，称《书》或某代之《书》的少，说明墨家《书》类文献篇名已经普遍出现。墨家《书》类文献处在战国初期，基本上有篇名。而清华简处在战国中期偏晚，没有篇名的篇目占了40%。也就是说，在不同系统中，《书》类文献的篇名添加的程度是不一样的。

《书》类文献原无篇名，很多篇名是在诸子称引中，约定俗成，最终成为正式的篇名。篇名出现的早晚、普及程度和诸子称引的频率密切相关。墨子著书立说，阐发自己的思想主张，以《书》类文献作为自己立论的重要依据。由于称引的频率比较高，为方便称引，所以墨家《书》类文献普遍添加篇名，且时代比较早。清华简部分篇目无篇名，"周武王有疾周公所自以代王之志""赤鹄之集汤之屋"等篇名又不便于称引，可知在现实生活中，它被称引的频率不会太高。墨家《书》类文献的篇名方便称引，儒家的也是，他们都属于诸子。清华简不方便称引，或许与墓主人的身份是史官有关。

《书》类文献篇名形成的原因可能有多种，但源于称引，方便使用，是其中关键的一条。正是为使用的方便，才导致《书》类文献篇名趋向简约化。清华简"周武王有疾周公所自以代王之志"篇题有14字，过于烦琐，后人称引时，必然省称或者以"金縢"替代。清华简《傅说之命》，在儒家系统中，简称《说命》，墨家简称《术令》。清华简《祭公之顾命》，儒家简称《祭公》。质言之，趋于简约，是战国时期《书》类文献篇名发展的趋势。《书》类文献篇名的形成可能不是一次性的，存在着二次再简化的可能。

《书》类文献篇名的出现，不是同步的。具体表现在：一是不同系统之间。战国初期，墨派《书》类文献大部分具有篇名。但直到战国中前期，清华简《书》类文献依然保持着部分没有篇名的状态。二是不同篇目之间。《傅说之命》，清华简、墨家、儒家皆有篇名，说明该篇篇名的出现比较早。儒家《尹诰》在战国初年已经拟定篇名，而清华简《尹诰》直到战国中晚期，仍然没有篇名，亦或与《赤鹄之集汤之屋》共用篇名。

《墨子·七患》引《夏书》曰："禹七年水。"《墨子·明鬼下》："尚者《夏书》，其次商、周之《书》，语数鬼神之有也。"墨家《书》类文献分为《夏书》《商书》《周书》三部分，《夏书》篇名，如"禹之总德"等多次出现，而清华简只有《商书》《周书》，缺少《夏书》的内容。

我们知道，先秦儒家《尚书》有百篇之多，清华简有二十几篇，墨家《书》类文献不会少于二十二篇①。包括《古文尚书》在内，墨家《书》类文献篇目与儒家重合6篇；清华简与墨家重合1篇，与儒家重合5篇。儒家、墨家及清华简，三者唯一的交集是《傅说之命》。也就是说，从选编篇目的重合度看，不同《书》类文献系统之间相同者少，而差异者多。从篇名看，墨家《书》类文献，见于儒家《尚书》的篇名，有3个：《仲虺之诰》《太誓》和《吕刑》。而清华简见于儒家《尚书》（包括《逸周书》）的篇名，有5个。因此，清华简《书》类文献与儒家学派的重合度更高一些。

《夏箴》之语没有收入《尚书》，却保存在《逸周书》之中。又《墨子·尚贤下》："于先王之书《竖年》之言然，曰：'晞夫圣武知人，以屏辅而身。'"《墨子》所引《竖年》，不见于其他传世文献，唯有《逸周书·皇门》"乃方求论择元圣武夫，羞于王所"与之语义相当。从这里可以看出，墨家《书》类文献或许是《尚书》《逸周书》中的篇目并存在一起的状态。清华简《书》类文献与之同。

综上，从篇名上看，墨家《书》类文献与清华简共同特点，一是有大量内容不见于儒家《尚书》，二是《尚书》与《逸周书》中的篇目并存。和相同之处相比，两者不同之处更多。墨家引《书》类文献篇名20个，只有《术令》（《说命》）与清华简相同。墨家《书》类文献篇名二到五字，朗朗上口，便于称引。而清华简没有篇名的篇目约占40%，有些篇名太长，不便于称引。墨家《书》类文献涵盖夏、商、周三代，清华简只有商、周两代。质言之，从篇名、篇目看，墨家《书》类文献与清华简差异远多于相同，可能是分属于不同的《书》类文献系统。

---

① 刘起釪先生统计《墨子》引《书》47次，篇数为22篇。参见刘起釪《尚书学史》，中华书局1989年版，第48、64页。

2. 文句比较

墨家《书》类文献和清华简差异比较大，相同的内容比较少，现将可供比较的内容列举如下：

（1）《傅说之命》见于清华简，《墨子》引《术令》，现将相关语句列举如下：

《墨子·尚同中》："先王之书《术令》之道曰：'唯口出好兴戎。'"①

清华简《傅说之命》乙篇："复（且）隹（惟）口记（起）戎出好，隹（惟）干戈作疾，隹（惟）袤戠（载）悥（病），隹（惟）干戈生（眚）厥身。"②

《墨子》引《书》和清华简《傅说之命》的相同之处：

第一，都是先王之书。在清华简中，命傅说的是殷高宗武丁，正与《墨子》称"先王之书"相应。

第二，篇名相同。清华简为"傅说之命"四字，《墨子》"术令"为两字。孙诒让指出，"术令"当是"说命"之叚字③，其说可从。"术令"可与"说命"通假，两者除字数不同外，在本质上并无区别。

第三，句意基本相同。兴，有"起"意。《墨子·尚同中》"出好兴戎"与清华简"起戎出好"词序虽然颠倒，但语义无别。《礼记·缁衣》引《说命》作"惟口起羞"，没有"兴戎"两字。因此，从语句上看，清华简《傅说之命》与墨家《术令》接近，而与儒家《说命》版本相对较远。

《墨子·尚同中》："是以先王之书《术令》之道曰：'唯口出好兴戎。'则此言善用口者出好，不善用口者以为谗贼寇戎。则此岂口不善哉？用口则不善也，故遂以为谗贼寇戎。"善用口者成就好事，不善用口者会招致兵戎之灾。墨子分善用口和不善用口两类，对《术令》之语进

---

① （清）孙诒让：《墨子间诂》卷三《尚同中》，第51页。
② 李学勤主编：《清华大学藏战国竹简（叁）》，第125页。
③ （清）孙诒让：《墨子间诂》卷三《尚同中》，第51页。

行解释。清华简《书》类文献仅是原文，而墨子引《书》、释《书》、用《书》，充分开掘《书》类文献资源，《书》已经成为他立论、宣传自己政治主张的重要依据。

（2）由清华简可知，《墨子》称述傅说事迹的内容，亦是出自《书》类文献。现将相关语句对比如下：

《墨子·尚贤中》："傅说被褐带索，庸筑乎傅岩。武丁得之，举以为三公，与接天下之政，治天下之民。"

《尚贤下》曰："昔者傅说居北海之洲，圜土之上，衣褐带索，庸筑于傅岩之城。武丁得而举之，立为三公。"

清华简《傅说之命》甲篇云："隹（惟）敚（射）人得说于尃（傅）岩，厥卑（俾）䋳（绷）弓紳弹（关）辟矢。说方筑城，縢降用力。"①

又说："其惟说邑，在北海之州，是惟员（圜）土。说迖（来），自从事于殷，王用命说为公。"②

清华简《傅说之命》与《墨子》引《书》的相同点：傅说的家乡是北海之洲，圜土之上。傅说在傅岩筑城，后被武丁起用，任命为三公。两者的不同点：《墨子·尚贤下》说"（傅说）庸筑于傅岩之城，武丁得而举之，立为三公"，好像是武丁直接把傅说从筑城的胥靡，提拔为三公。而清华简《傅说之命》甲篇云"自从事于殷，王用命说为公"，强调傅说从政多年，最后官至公爵。相对而言，清华简的叙述更为可信，而墨子对《书》不是直接原文引用，而是化用了《说命》的内容。

《墨子·尚贤下》曰"昔者傅说居北海之洲，圜土之上，衣褐带索，庸筑于傅岩之城"，容易给人造成傅岩与北海之洲同属于一地的假象。清华简《傅说之命》说北海之洲是傅说的家乡，而傅岩是傅说的筑城之地。又说射人发现了傅说，"鹃（鸢）肩女（如）惟（椎）"，《墨子》叙述傅说的事迹过于笼统，而清华简《傅说之命》交代了更多关于傅说的历

---

① 李学勤主编：《清华大学藏战国竹简（叁）》，第122页。
② 同上书，第122页。

史真相，更为详尽，因此清华简《傅说之命》很可能是《墨子》关于傅说的知识来源，而《墨子》则是在清华简《傅说之命》等文献基础上櫽栝、归纳而来的。

（3）《墨子·尚同中》引《书》，与清华简《厚父》语句虽不同，但思想内容有密切的关联。

　　《墨子·尚同中》："故古者之置正长也，将以治民也，譬之若丝缕之有纪，而罔罟之有纲也，将以连役天下淫暴，而一同其义也。是以先王之书《相年》之道曰：'夫建国设都，乃作后王君公，否用泰也，轻大夫师长，否用佚也，维辩使治天均。'"①

　　清华简《厚父》："古天降下民，设万邦，作之君，作之师，惟曰其助上帝乱下民。"②

《墨子·尚同中》引《相年》，说为了治理民众，上帝天神设置国君、官吏。清华简《厚父》强调设立国君、司民的目的，在于"惟曰其助上帝乱下民"。两者都强调君权神授，对国家建立的最初动机，解说是一致的。但两者也有差异之处，如《墨子》引《相年》，强调官吏不能坐享高官厚禄，而要为民谋利除害，这在清华简《厚父》中并没有体现。

（4）墨子不仅引《书》，而且经常活学活用《书》的内容。《兼爱中》记载了大禹治水的事迹：

　　古者禹治天下，西为西河、渔窦，以泄渠孙皇之水；北为防原泒，注后之邸、嘑池之窦，洒为底柱，凿为龙门，以利燕、代、胡、貉与西河之民；东方漏之陆，防孟诸之泽，洒为九浍，以楗东土之水，以利冀州之民；南为江、汉、淮、汝，东流之，注五湖之处，以利荆、楚、干、越与南夷之民。③

---

① （清）孙诒让：《墨子间诂》卷三《尚同中》，第 51—52 页。
② 李学勤主编：《清华大学藏战国竹简（伍）》，第 110 页。
③ （清）孙诒让：《墨子间诂》卷四《兼爱中》，第 67—68 页。

刘起釪认为"洒为底柱""凿为龙门""东方漏之陆""洒为九浍"诸语，与《禹贡》内容近似。① 清华简《厚父》王若曰："厚父！咸（朕或我？）闻禹［敷土，随山刊木，奠高山大］川，乃降之民，建夏邦。"② 《墨子》是细致叙述，而清华简《厚父》是概括介绍，两者从不同层面展现了大禹治水的功勋。在清华简《厚父》中，大禹治水是受天命所为，而《墨子》中大禹是"兼相爱、交相利"的典范，其治水功绩与天命无关。

（5）关于伊尹的记载，清华简与《墨子》书也颇有相同之处。我们将相关语句，摘抄如下：

《墨子·尚贤上》说："汤举伊尹于庖厨之中，授之政，其谋得。"③

《墨子·尚贤中》曰："伊挚，有莘氏女之私臣，亲为庖人，汤得之，举以为己相，与接天下之政，治天下之民。"④

《墨子·尚贤下》："昔伊尹为莘氏女师仆，使为庖人，汤得而举之，立为三公，使接天下之政，治天下之民。"⑤

《墨子·尚贤下》云："汤有小臣。"⑥

清华简《赤鹄之集汤之屋》说："曰古有赤鹄，集于汤之屋，汤射之，获之。乃命小臣曰：'旨羹之，我其享之。'"⑦

关于伊尹的记载，清华简与《墨子》相同之处：一是都称伊尹为小臣；二是伊尹曾为庖人，擅长烹饪之术；三是伊尹名挚（见于清华简《尹至》《尹诰》）；四是商汤重用伊尹，授之国家政事，举荐他为三公（见于清华简《傅说之命》）。清华简《赤鹄之集汤之屋》伊尹天鸟附体，

---

① 参见刘起釪《尚书学史》，第16页。
② 句中所缺文字，为笔者拟补。参见李学勤主编《清华大学藏战国竹简（伍）》，第110页。
③ （清）孙诒让：《墨子间诂》卷二《尚贤上》，第27页。
④ （清）孙诒让：《墨子间诂》卷二《尚贤中》，第34—35页。
⑤ （清）孙诒让：《墨子间诂》卷二《尚贤下》，第40页。
⑥ 同上书，第43页。
⑦ 句读有改动。参见李学勤主编《清华大学藏战国竹简（叁）》，第167页。

治好夏桀之病,则不见于《墨子》引《书》。质言之,《墨子》书的伊尹"正实而切事",接近历史真实,而清华简中的伊尹,情节荒诞,神话传说色彩较为浓厚。

3. 思想倾向比较

(1) 巫鬼色彩浓厚

墨子主张"明鬼",他极力强调鬼神的存在,宣扬鬼神能够赏贤罚暴,目的在于确立一个至高无上的神圣主宰,以震慑、惩罚君不惠、臣不忠、盗贼四起的社会不良现象。我们知道,鬼神是不存在的,但墨子想要证明鬼神存在,重要的证据就是三代之《书》。《墨子·明鬼下》引《商书》曰:

> 古者有夏,方未有祸之时,百兽贞虫,允及飞鸟,莫不比方。矧佳人面,胡敢异心?山川鬼神,亦莫敢不宁。若能共允,佳天下之合,下土之葆。察山川鬼神之所莫敢不宁者,以佐谋禹也。①

墨子以《商书》为例,说明在夏代政治清明的时候,山川鬼神"莫敢不宁",以尽心辅佐大禹。又《天志中》引《太誓》曰:

> 纣越厥夷居,不肯事上帝,弃厥先神祇不祀,乃曰吾有命,无廖㑊务。②

《太誓》为《周书》,《墨子》引用《太誓》,讲纣王不敬事上帝,结果遭到上帝无情抛弃。在墨子看来,上帝鬼神是真实存在的,三代圣王,皆是礼敬上帝、重视祭祀的楷模。在宣扬宗教信仰的同时,墨子特别强调"明鬼"的政治功能,即鬼神对于国家治乱兴衰的影响,是他理论展开的重要基石。

墨子"信鬼""非命",多是从《书》类文献中总结出来的。墨子以

---

① (清)孙诒让:《墨子间诂》卷八《明鬼下》,第148页。
② (清)孙诒让:《墨子间诂》卷七《天志中》,第128页。

"有本""有原""有用",作为理论是否符合社会需要的三个标准。① 在墨子理论阐发中,有没有"本",便是看与三代之《书》是否契合。《墨子·明鬼下》:"尚者《夏书》,其次商、周之《书》,语数鬼神之有也,重有重之。"三代之《书》言鬼神的特点:一是都言鬼神,不仅《周书》讲鬼神存在,《夏书》《商书》皆是如此;二是圣人一尺之帛,一篇之内,多次、反复言鬼神,"重有重之"。所以,墨子便宣扬鬼神必然存在。

清华简《傅说之命》甲篇:"王乃讯说曰:'帝殹(抑)尔以畀余,殹(抑)非?'说乃曰:'隹(惟)帝以余畀尔,尔左执朕袂,尔右稽首。'"② 武丁问傅说,是不是上帝将你赏赐给我?傅说回答说确实如此。清华简《傅说之命》又说上帝命令傅说讨伐豕仲,豕仲生了两头小猪,清华简《书》类文献鬼神色彩浓厚,与墨家所言的《书》类文献同。

重视巫鬼,崇拜上帝,是三代时期人们普遍的思想特征。《夏书》《商书》《周书》皆记载鬼神之事③,由此可知,墨子重视鬼神,相信鬼神真实存在,其重要的思想依据是《书》类文献。清华简与《墨子》引《书》鬼神色彩浓厚,一是说明两者同源,是三代时期人们真实思想世界的反映。二是儒家去鬼神化,反而不是《尚书》的原始面貌,是后世儒者不断进行思想过滤的结果。

(2)君权神授,上帝、鬼神决定天命转移

《墨子·尚同中》:"是以先王之书《相年》之道曰:'夫建国设都,乃作后王君公,否用泰也,轻大夫师长,否用佚也,维辩使治天均。'则此语古者上帝鬼神之建设国都、立正长也……将以为万民兴利除害、富贵贫寡、安危治乱也。"对于《相年》之语,墨子解释说上帝鬼神之所以建设国度,设立君长,其目的在于为民兴利除害,维护社会稳定。清华简《厚父》:"古天降下民,设万邦,作之君,作之师,惟曰其助上帝乱

---

① 《墨子·非命上》子墨子言曰:"有本之者,有原之者,有用之者。于何本之?上本之于古者圣王之事。于何原之?下原察百姓耳目之实。于何用之?废以为刑政,观其中国家百姓人民之利。此所谓言有三表也。"

② 李学勤主编:《清华大学藏战国竹简(叁)》,第122页。

③ 《墨子·明鬼下》云"且《周书》独鬼,而《商书》不鬼,则未足以为法也",又云"且《商书》独鬼,而《夏书》不鬼,则未足以为法也",在墨子看来,三代之书皆富有巫鬼色彩。

下民。"① 民为上天降生，国君、司民的设置，是辅助上帝治理万民，国君的权力是上帝赋予的。清华简与《墨子》引《书》都主张君权神授，早期国家的形成是上帝、天神意志的体现。

《墨子·明鬼下》云："《禽艾》之道之曰：'得玑无小，灭宗无大。'则此言鬼神之所赏，无小必赏之；鬼神之所罚，无大必罚之。"鬼神之赏，无论善多小，必赏之；鬼神之所罚，无论地位有多高，必罚之。在墨子看来，鬼神是赏善惩恶的决定力量，最大的"罚"，便是毁其宗庙，亡其邦国。

《墨子·明鬼下》又云：

> 昔者夏王桀贵为天子，富有天下，上诟天侮鬼，下殃傲天下之万民，祥上帝伐元山帝行，故于此乎天乃使汤至明罚焉。汤以车九两，鸟阵雁行，汤乘大赞，犯遂下众，人之蟜遂，王乎禽推哆、大戏。②

夏桀虽贵为天子，富有四海，但他诟天侮鬼，祸害百姓，所以上帝命令商汤伐夏桀。清华简《尹诰》说："惟尹既及汤咸有一德，尹念天之败西邑夏。"③ 在伊尹看来，夏桀败亡，乃是上帝所为。在清华简和《墨子》书中，商汤之伐夏桀，皆是奉上帝之命而为之。在清华简与《墨子》书中，延续的仍是商周之际神治主义的理路，即上帝、鬼神决定天命之转移，国祚之存续。

（3）重民的思想倾向

《墨子·贵义》曰："凡言凡动，利于天、鬼、百姓者为之；凡言凡动，害于天、鬼、百姓者舍之。"言论、行动，合于上天、鬼神、百姓三个方面的利益，则为之；否则，便舍弃。墨子始终把百姓的利益，作为自己理论构建的关键点。在墨子看来，夏桀、商纣、幽王、厉王是暴虐百姓的典范，而大禹、后稷、皋陶是重民、爱民的典范。《墨子·尚贤

---

① 李学勤主编：《清华大学藏战国竹简（伍）》，第110页。
② （清）孙诒让：《墨子间诂》卷八《明鬼下》，第151页。
③ 李学勤主编：《清华大学藏战国竹简（壹）》，第133页。

中》曰:

> 先王之书《吕刑》道之曰:"皇帝清问下民,有辞有苗。曰:'群后之肆在下,明明不常,鳏寡不盖,德威维威,德明维明。'乃名三后,恤功于民。伯夷降典,哲民维刑。禹平水土,主名山川。稷隆播种,农殖嘉谷。三后成功,维假于民。"①

大禹疏浚水道,后稷播种百谷,伯夷(皋陶?)制作刑典,三后因有功于民,所以备受墨子的推崇。清华简《尹诰》说:"惟尹既及汤咸有一德,尹念天之败西邑夏,曰:'夏自绝其有民,亦惟厥众,非民亡与守邑,厥辟作怨于民,民复之用离心。我哉(捷或翦)灭夏。今后曷(胡)不监?'"② 夏桀作怨于民,百姓愤怨,皆生离心,所以夏桀覆亡。伊尹劝商汤以夏为鉴,重视民众利益。又清华简《傅说之命》丙篇,武丁告诫傅说"弗易百姓",整理者注:"易,《左传》襄公四年注:'犹轻也。'"③ 意思是不要轻视百姓。可以说,重视民众,是清华简与《墨子》引《书》的共同思想倾向。

(4)楚国是墨学与清华简的学术交汇之地

《文选》注引《墨子》曰:"(墨子)献书惠王,王受而读之,曰:'良书也。'"④ 程浩、刘成群认为,这里的"书"是指所搜集选编的"《书》类文献"⑤。《墨子·贵义》篇说:

> 子墨子南游于楚,见楚献惠王,献惠王以老辞,使穆贺见子墨子。子墨子说穆贺,穆贺大说,谓子墨子曰:"子之言则成善矣,而君王天下之大王也,毋乃曰'贱人之所为'而不用乎?"子墨子曰:

---

① (清)孙诒让:《墨子间诂》卷二《尚贤中》,第36—37页。
② 李学勤主编:《清华大学藏战国竹简(壹)》,第133页。
③ 李学勤主编:《清华大学藏战国竹简(叁)》,第131页。
④ 转引自孙诒让《墨子间诂》卷一二《贵义》,第265—266页。
⑤ 程浩:《"书"类文献先秦流传考——以清华藏战国竹简为中心》,博士学位论文,清华大学,2015年;刘成群:《清华简与墨学管窥》,《清华大学学报》(哲学社会科学版)2017年第3期。

"唯其可行。譬若药然,草之本,天子食之以顺其疾,岂曰'一草之本'而不食哉?"

墨子拜见楚惠王,献书①。楚惠王以年老推辞,让大臣穆贺见墨子。穆贺说你的学说非常好,但楚王是君临天下的大王,恐怕会说你的学说是贱人所做之事。《书》类文献,是上古帝王之书,穆贺不可能说是"贱人之所为"。墨子拜见楚王,目的在于求用,推销自己,所以他所献之书,当以《墨经》(介绍自己治国策略、理念)的可能性居多。

《墨子》引《书》很多,墨子其人深受《书》学影响。《墨子·贵义》云:"墨子南游使卫,关中载书甚多。"墨子南游卫国,车上载着很多书。这里的"书",作为墨子经常翻看的文献典籍,其中很可能包括《书》类文献。墨子多次至楚国,墨家《书》类文献则可能随着墨子周游列国,而被带到楚地去。高华平把楚国墨者大致分为三代,第一代是亲承墨子说教的鲁阳文君等人,第二代是孟胜及其弟子,第三代是苦获、已齿、邓陵子之属。②墨学在楚地广为传播,墨子弟子人数众多。墨子和清华简的墓主人,皆是受《书》学影响较深的知识分子。清华简正是在楚地出现的,可以肯定地说,楚国是墨学与清华简学术交汇之地。

清华简《治邦之道》说:

> 其政使贤、用能,则民允。男女不失其时,则民众。泊(薄)关市,则货归,民有用。不厚葬,祭以礼,则民厚。不起事于农之三时,则多获。各当弋(一)官,则事靖,民不缓。爱民则民孝,知贤则民劝,长乳则[畜]蕃,民有用。谨路室,摄洰(圯)梁,修谷瀯(滏),顺舟航,则远人至,商旅通,民有利。此治邦之道,智者知之,愚者曰:"才(在)命。"③

---

① 孙诒让认为,《文选》注引《墨子》当补于此。孙诒让:《墨子间诂》卷一二《贵义》,第265—266页。
② 高华平:《"三墨"学说与楚国墨学》,《文史哲》2013年第5期。
③ 李学勤主编:《清华大学藏战国竹简(捌)》,中西书局2018年版,第138页。

刘国忠先生指出,简文作者在这里所表达的思想,与墨家的尚贤、节用、节葬、非命等主张是完全相通的。① 清华简《汤处于汤丘》曰:

> 汤反复见小臣,归必夜。方惟闻之乃箴:"君天王,是有台仆。今小臣有疾,如使召,少阆(间)于疾,朝而讯之,不犹受君赐?今君往不以时,归必夜,适逢道路之祙(祟),民人闻之其谓吾君何?"汤曰:"善哉!子之云。先人有言:能其事而得其食,是名曰昌。未能其事而得其食,是名曰丧。必使事与食相当。今小臣能廛(展)彰百义,以和利万民,以修四时之政,以设九事之人,以长奉社稷,吾此是为见之。如我弗见,夫人毋以我为怠于其事乎?我怠于其事,而不知丧,吾何君是为?"②

学者已经指出,商汤见小臣的细节,如商汤往见伊尹、彭氏之子劝谏、商汤讲述见伊尹的重要性,清华简《汤处于汤丘》与《墨子·贵义》基本相同。③ 质言之,清华简《治邦之道》《汤处于汤丘》等篇的出现,展现的是墨学与清华简思想交相融合的学术景象。

综上所述,清华简与墨家《书》类文献皆巫鬼色彩浓厚,强调上帝决定天命转移,重民的色彩凸显,《墨子·尚同中》引《术令》"唯口出好兴戎",比儒家《说命》更接近清华简,暗示墨家《书》类文献与清华简有着较为密切的学术关联。

但墨子引《汤誓》《吕刑》《武观》等篇名二十个,大部分篇名不见于清华简。墨家《书》类文献大致分为《夏书》《商书》《周书》三部分,但清华简中只有《尚书》《周书》,没有《夏书》。墨子"背周道而用夏政",墨家《书》类文献中大禹的内容非常多,而清华简涉及禹的内容很少。战国初期,墨家《书》类文献,大部分有篇名,而至战国中期,清华简仍有接近一半没有篇名。鉴于以上种种差异,笔者认为清华简和

---

① 参见刘国忠《清华简〈治邦之道〉初探》,《文物》2018年第9期。
② 李学勤主编:《清华大学藏战国竹简(伍)》,中西书局2015年版,第135页。
③ 参见沈建华《清华简〈汤处于汤丘〉与〈墨子·贵义〉文本》,《中国史研究》2016年第1期。

墨家《书》类文献在战国时期,同源异途,差异日趋明显,已经分属于不同的系统。

三 清华简与道家《书》类文献比较
(一)《老子》《庄子》引《书》考

老子姓李,名耳,字聃,是道家学派的创始人。《庄子·天运》篇说:

> 孔子谓老聃曰:"丘治《诗》《书》《礼》《乐》《易》《春秋》六经,自以为久矣,孰知其故矣;以奸者七十二君,论先王之道而明周、召之迹,一君无所钩用。甚矣夫!人之难说也,道之难明邪?"老子曰:"幸矣,子之不遇治世之君也!夫六经,先王之陈迹也,岂其所以迹哉!今子之所言,犹迹也。"①

孔子向老子请教六经之事,老子说"夫六经,先王之陈迹也",说明老子是阅读过《尚书》等六经文献的。《老子》三十六章:"将欲翕之,必故张之;将欲弱之,必故强之;将欲废之,必固兴之;将欲夺之,必固与之。"程元敏等学者指出,此句为《战国策·魏策》《韩非子·说林上》引《周书》之文,也即是说《老子》尝暗用《尚书·周书》之文。② 我们认为,老子作为周朝的守藏史,见过《书》类文献是没有问题的,但他对《尚书》并不像儒家那样重视,所以《老子》中没有"《书》曰",和《尚书》有关的内容也明显偏少。

庄子是战国中后期道家的重要代表,《史记·老子韩非列传》云:

> 庄子者,蒙人也,名周。周尝为蒙漆园吏,与梁惠王、齐宣王同时。其学无所不窥,然其要本归于老子之言。故其著书十余万言,

---

① 参见郭庆藩辑,王孝鱼点校《庄子集释》卷五,中华书局1961年版,第531—532页。
② 成玄英《疏》云:"《尚书》有殛鲧,此文不备也。四人皆包藏凶恶,不遵尧化,故投诸四裔,是尧不胜天下之事。放四凶由舜,今称尧者,其时舜摄尧位故耳。"成玄英已经指出,此句与《尚书·舜典》存在密切关系。参见(清)郭庆藩辑,王孝鱼点校《庄子集释》卷四,第374页;程元敏《尚书学史》,华东师范大学出版社2013年版,第403页。

大抵率寓言也。作《渔父》《盗跖》《胠箧》，以诋訿孔子之徒，以明老子之术。①

庄子学识渊博，"其学无所不窥"，其对《书》类文献，也有所涉猎。《庄子》分为内篇、外篇、杂篇，今存33篇。刘起釪先生考证《庄子》引用《尚书》3次，见于《天运》《天道》《盗跖》三篇。② 马士远先生统计《庄子》引《书》、论《书》、释《书》共7处。③ 程元敏认为《庄子》明引《尚书》4次，见于《天道》《天运》《盗跖》《在宥》篇。④

《庄子·天道》篇记载：

故《书》曰："有形有名。"形名者，古人有之，而非所以先也。⑤

王先谦《庄子集解》解释"书"为"古书也"⑥，不知何书。成玄英《疏》曰："书者，道家之书，既遭秦世焚烧，今检亦无的据。"⑦ 秦代焚书，《尚书》多篇亡佚，成玄英怀疑此处"书曰"，出自逸书。

"有形有名"，不见于传世文献，但见于郭店简《语丛》。《语丛一》说：

有天有命，有地有形，有物有容，有家有名。⑧

我们怀疑，《庄子·天道》篇引《书》"有形有名"，乃是对《语丛一》"有天有命，有地有形，有物有容，有家有名"的櫽栝与简化。《庄子·天道》此处所引的"《书》曰"，并不是像刘起釪等学者定性的《尚

---

① （汉）司马迁：《史记》卷六三《老子韩非列传》，第2143—2144页。
② 刘起釪：《尚书学史》，第49页。
③ 马士远：《周秦〈尚书〉学研究》，第322页。
④ 程元敏：《尚书学史》，第404页。
⑤ （清）郭庆藩辑，王孝鱼点校：《庄子集释》卷五，第473页。
⑥ （清）王先谦：《庄子集解》卷四，上海书店1986年版，第84页。
⑦ （清）郭庆藩辑，王孝鱼点校：《庄子集释》卷五，第473页。
⑧ 荆门市博物馆编：《郭店楚墓竹简》，文物出版社1998年版，第193页。

书》,而是另有渊源,属于一般性的古籍。① 因此,我们认为在《庄子》中,"书"有两种含义:一是专指《书》类文献,与《诗》《礼》等并称;② 二是泛称,指庄子以前的上古典籍。也即是说,《庄子》中的"书曰",并非是和《尚书》一一对应的关系。以此类推,《庄子·盗跖》:"《书》曰:'孰恶孰美?成者为首,不成者为尾。'"此句不见于传世本《尚书》《逸周书》,我们怀疑也应不属于《书》类文献,而是指庄子之前的文献古籍。

《庄子·天运》巫咸曰:

> 来!吾语女。天有六极五常,帝王顺之则治,逆之则凶。九洛之事,治成德备,监照下土,天下戴之,此谓上皇。③

俞樾《诸子平议》云:"常与祥,古字通。《仪礼·士虞礼》'荐此常事',郑注曰'古文常为祥',是其证也。《说文·示部》:'祥,福也。'然则五常即五福也。下文曰'九洛之事,治成德备',其即谓禹所受之《洛书》九类乎!"④ 王先谦《庄子集解》引杨慎之语曰:"九洛,九畴《洛书》。"⑤ 鉴于"六极五常"与《尚书·洪范》"五福六极",九洛与九畴《洛书》存在内容联系,我们猜测此处是庄子化用的《书》类文献的语句。

《庄子·在宥》:"尧于是放讙兜于崇山,投三苗于三峗,流共工于幽都,此不胜天下也。"⑥ 成玄英《疏》云:"《尚书》有殛鲧,此文不备也。四人皆包藏凶恶,不遵尧化,故投诸四裔,是尧不胜天下之事。放

---

① 《语丛》本是摘抄其他文献而成,其中有评论六经的内容,如"《易》,所以会天道人道也。《诗》,所以会古今之诗也者。《春秋》,所以会古今之事也。《礼》,交之行述也。《书》,□□□□者也",可知《语丛一》不是摘抄自六经。
② 《庄子·天运》:"孔子谓老聃曰:'丘治《诗》《书》《礼》《乐》《易》《春秋》六经,自以为久矣。'"这里的《书》,自然指《尚书》无疑。
③ (清)郭庆藩辑,王孝鱼整理:《庄子集释》卷五,第496页。
④ 同上书,第496页。
⑤ (清)王先谦撰,沈啸寰点校:《庄子集解》,第122页。
⑥ (清)郭庆藩辑,王孝鱼整理:《庄子集释》卷四,第373页。

四凶由舜，今称尧者，其时舜摄尧位故耳。"①《尚书·舜典》："流共工于幽州，放驩兜于崇山，窜三苗于三危，殛鲧于羽山，四罪而天下咸服。"除鲧之外，其他三人皆同，可以说此处是抄撮、概括《舜典》而来。

总之，《庄子》所引的"书曰"，并不必然是《尚书》的内容，有时泛指上古时期的文化典籍。道家对《书》类文献的态度比较复杂，他们总体上认定《书》是先王之陈迹，不重视《书》类文献。但《庄子·天下篇》作者对《书》主旨的理解，对《书》教传统的阐发，却难得的客观、公允。《尚书》作为中国早期的历史文献记载，道家想完全舍弃根本是不可能的。道家对上古社会历史的追述，对"鸡犬之声相闻"理想国的构建，都潜移默化地受到了《书》类文献的影响。在《老子》《庄子》书中，亦有櫽栝、化用《尚书》的内容不时出现。

2. 清华简与道家《书》类文献文本异同

清华简与道家《书》类文献文本内容，几乎没有交集。《庄子·在宥》："尧于是放讙兜于崇山，投三苗于三峗，流共工于幽都，此不胜天下也。"《庄子》化用的《尚书》篇目，一是《尧典》，二是《洪范》，两者皆不见于清华简。清华简中的《尹诰》《尹至》等内容，也不见于道家文献。庄子称《尚书》为"《书》"，从不称引具体的篇名。清华简中一半多篇目有篇名，另外少部分没有篇名。

清华简中《书》类文献20篇左右，是整批竹书中的大宗，可见墓主人生前对《书》类文献非常重视。老子认为六经是"先王之陈迹"，对《书》不重视，所以从道家文献引文看，《书》的篇目明显偏少。

《庄子·大宗师》云：

夫道，有情有信，无为无形；可传而不可受，可得而不可见；自本自根，未有天地，自古以固存；神鬼神帝，生天生地；在太极之先而不为高，在六极之下而不为深，先天地生而不为久，长于上古而不为老……傅说得之，以相武丁，奄有天下，乘东维，骑箕尾，

---

① （清）郭庆藩辑，王孝鱼整理：《庄子集释》卷四，第374页。

而比于列星。①

清华简中有《傅说之命》三篇，傅说是清华简中重要人物。在《庄子·大宗师》中，傅说辅助武丁，奄有天下，与清华简的记载相同。但傅说是得道之人，他骑乘东维、箕尾两星，与列星一样长生不老，则与清华简《傅说之命》迥异，属于道家自己杜撰或道听途说的神话内容。

《庄子·让王》篇曰：

> 汤将伐桀，因卞随而谋，卞随曰："非吾事也。"汤曰："孰可？"曰："吾不知也。"汤又因瞀光而谋，瞀光曰："非吾事也。"汤曰："孰可？"曰："吾不知也。"汤曰："伊尹何如？"曰："强力忍垢，吾不知其他也。"
>
> 汤遂与伊尹谋伐桀，克之，以让卞随。卞随辞曰："后之伐桀也谋乎我，必以我为贼也；胜桀而让我，必以我为贪也。吾生乎乱世，而无道之人再来漫我以其辱行，吾不忍数闻也。"乃自投椆水而死。②

在清华简中，和伊尹相关的内容有五篇：《赤鹄之集汤之屋》《尹至》《尹诰》《汤处于汤丘》《汤在啻门》。可以说，伊尹是清华简墓主人非常关注的人物。但在《让王》篇中，作者赞扬的中心人物是卞随、瞀光，他们淡泊名利，拒绝帝位，道德高尚。而伊尹已经泯然无闻，成为故事的配角。除了"汤遂与伊尹谋伐桀，克之"与清华简相同外，《庄子》中其他内容皆出自杜撰与虚构。

综上所述，《书》类文献在清华简中是大宗，有二十篇左右，墓主人对《书》类文献非常重视。《庄子·天下》篇说"《诗》以道志，《书》以道事，《礼》以道行，《乐》以道和，《易》以道阴阳，《春秋》以道名分"，其评论精准得当，可知道家对于包括《尚书》在内的六经，是非常熟悉的，对《书》学的传流也是清楚的。但由于他们总体上不重视《尚书》，导致他们引《书》内容普遍偏少，和清华简《书》类文献文本重

---

① （清）郭庆藩辑，王孝鱼整理：《庄子集释》卷三，第246—247页。
② （清）郭庆藩辑，王孝鱼整理：《庄子集释》卷九，第986—987页。

合、有交集的内容较少。清华简《书》类文献中的中心人物,像伊尹、傅说,在《庄子》书中竟然无足轻重。简言之,清华简与道家《书》类文献文本内容并无多少交集,中心人物迥异,主要是由于墓主人与道家学术立场、思想主张的不同造成的。

四 清华简与法家《书》类文献比较

《史记·老子韩非列传》曰:"(韩非)喜刑名法术之学,而其归本于黄老。"韩非将法、术、势融合为一体,是战国晚期法家的集大成者。其主要学说,保存在《韩非子》一书中。《韩非子·难势》说:

> 《周书》曰:"毋为虎傅翼,将飞入邑,择人而食之。"夫乘不肖人于势,是为虎傅翼也。①

《逸周书·寤儆》:"无虎傅翼,将飞入宫,择人而食。""宫"字,《韩非子·难势》改为"邑"。除少量文字外,文句基本相同,可知《韩非子》所说的"《周书》",即是指《逸周书》。《韩非子》所引《康诰》,属于《尚书》。韩非所见之《书》,当为《尚书》《逸周书》并存。清华简中《金縢》等篇属于《尚书》,《皇门》《祭公之顾命》等属于《逸周书》。因此可以说,清华简和法家《书》类文献都保持着《尚书》《逸周书》并存的状态。秦始皇十四年(公元前233年),韩非为李斯所陷害。秦始皇二十六年,统一中国。可知到战国晚期,在法家内部《逸周书》与《尚书》一直并未分开。

《韩非子·外储说左上》说:

> 《书》曰:"绅之束之。"宋人有治者,因重带自绅束也。人曰:"是何也?"对曰:"《书》言之,固然。"
>
> 《书》曰:"既雕既琢,还归其朴。"梁人有治者,动作言学,举事于文,曰难之,顾失其实。人曰:"是何也?"对曰:"《书》言

---

① (清)王先慎撰,钟哲点校:《韩非子集解》卷一七,中华书局2018年版,第425页。

之，固然。"①

陈奇猷先生指出："书，即书策之书，非必谓《尚书》也。"② 又《韩非子·和氏》云：

  商君教秦孝公以连什伍，设告坐之过，燔《诗》《书》而明法令。③

在《韩非子》一书中，"书"有三种含义，一是泛指古代文献典籍；二是专指《书》类文献；三是书信。像"燔《诗》《书》而明法令"中，《书》与《诗经》联言，则"《书》"指《尚书》无疑。

《韩非子·说林上》曰：

  《周书》曰："将欲败之，必姑辅之；将欲取之，必姑予之。"④
  绍绩昧醉寐而亡其裘，宋君曰："醉足以亡裘乎？"对曰："桀以醉亡天下，而《康诰》曰：'毋彝酒。'彝酒者，常酒也。常酒者，天子失天下，匹夫失其身。"⑤

《韩非子》对于《书》的称谓，一是总称"《书》"，二是按照时代称"《周书》"，三是称具体的篇名，如《康诰》。《韩非子》所引《康诰》"毋彝酒"，见于传世本《尚书·酒诰》。可能是韩非引述错误，也或许是韩非所见《康诰》《酒诰》《梓材》三篇，统称为《康诰》。⑥《韩非子》所引《酒诰》《周书》的内容，皆不见于清华简《书》类文献。

清华简与《韩非子》引《书》最明显的区别，是对《书》类文献的

---

① （清）王先慎撰，钟哲点校：《韩非子集解》卷一一，第 300—301 页。
② 陈奇猷校注：《韩非子集释》，上海古籍出版社 1974 年版，第 650 页。
③ （清）王先慎撰，钟哲点校：《韩非子集解》卷四，第 103 页。
④ （清）王先慎撰，钟哲点校：《韩非子集解》卷七，第 185 页。
⑤ 同上书，第 188 页。
⑥ 段玉裁、皮锡瑞等学者已经指出此点。《古文尚书撰异》云："《酒诰》而系之《康诰》，盖周时通《酒诰》《梓材》为《康诰》也。"

态度。《韩非子·和氏》：

> 商君教秦孝公以连什伍，设告坐之过，燔《诗》《书》而明法令，塞私门之请而遂公家之劳，禁游宦之民而显耕战之士。①

清华简墓主人对《书》类文献非常珍视，所以临终之际，以它陪伴在自己身边。韩非站在法家的立场之上，"燔《诗》《书》而明法令"，主张烧毁《尚书》《诗经》等文献，以强力推行法家的治国方案。一个是热爱、保存，一个是敌视、烧毁，墓主人与韩非对待《书》类文献的态度截然相反。

《尚书·尧典》云："女于时，观厥刑于二女。厘降二女于妫汭，嫔于虞。"据《尚书·尧典》，尧主动将二女嫁给舜，并最终授予其国政，尧、舜禅让是历代争相效法的楷模。清华简《良臣》："尧之相舜，舜有禹。"② 在《良臣》篇中，舜是尧之贤相。但《韩非子·忠孝》说："瞽瞍为舜父而舜放之，象为舜弟而杀之。放父杀弟，不可谓仁；妻帝二女而取天下，不可谓义。"③ 舜流放自己的父亲，杀死自己的弟弟，是不仁；娶了尧的女儿，又夺其天下，是不义。《韩非子》所引的内容虽然来自书，但他说舜不仁不义，完全颠覆了《尚书》中舜的圣王形象。

《韩非子·五蠹》云："然则今有美尧、舜、汤、武、禹之道于当今之世者，必为新圣笑矣。是以圣人不期修古，不法常可，论世之事，因为之备。"④ 韩非主张变革，"圣人不期修古，不法常可"，宣扬"法后王"，对于尧、舜、禹、汤、武皆持贬斥的态度。可以说，韩非主张烧毁《诗》《书》，贬抑尧舜等先王，和清华简墓主人表现出迥然不同的政治立场与学术走向。

综上，《尚书》《逸周书》并存，是清华简与法家《书》类文献的共同特点。韩非总称《书》类文献为"《书》"，或按照时代称"《周书》"，

---

① （清）王先慎撰，钟哲点校：《韩非子集解》卷四，第103—104页。
② 李学勤主编：《清华大学藏战国竹简（叁）》，第157页。
③ （清）王先慎撰，钟哲点校：《韩非子集解》卷二〇，第511页。
④ （清）王先慎撰，钟哲点校：《韩非子集解》卷一九，第483—484页。

或称篇名。从现存《韩非子》引《书》看，法家《书》类文献与清华简没有明确的内容交集。法家主张焚毁《诗》《书》，贬抑先王，倡导变法革新，与清华简墓主人作为史官，以"保存《书》类文献为己任"的学术立场判然有别。

五 战国时期《书》类文献编纂、传流的特征

陈梦家、蒋善国、刘起釪等学者，研究早期《尚书》学问题，依据的主要是传世文献的引《书》。① 但其不足之处：一是资料太少。引文琐碎、零散，由于没有看到过完整的篇目，因此难以窥知早期《书》类文献的整体面貌。二是古人没有学术规范意识，他们引《书》，并不严格地照录原文②，会增改文字、同义互换、颠倒语序、抄撮文意③。今人据引文所作的一些规律性的概括，可能不符合当时真实的情形。三是古人会暗引《书》类文献，像《墨子·尚贤下》曰"昔者傅说居北海之洲，圜土之上，衣褐带索，庸筑于傅岩之城"，由于没有出土文献作参照，学者没有把这些内容归入《书》类文献。

郭店简、上博简引《书》论《书》十余次④，马王堆帛书亦有引《书》论《书》的内容⑤，清华简《书》类文献20篇左右，目前已经公布15篇。以秦火之前"原版"《尚书》为抓手，将甲骨卜辞、金文、简

---

① 参见陈梦家《尚书通论》、蒋善国《尚书综述》、刘起釪《尚书学史》、程元敏《尚书学史》。

② 例如，《左传》僖三十三年晋臼季引《康诰》曰："父不慈，子不祗，兄不友，弟不共，不相及也。"孔颖达《正义》云："此虽言《康诰》曰，直引《康诰》之义耳，非《康诰》之全文也。"（清）阮元校刻：《春秋左传正义》，《十三经注疏》本，中华书局1980年版。

③ 将《国语·楚语上》与清华简《傅说之命》乙篇对比后就会发现，白公子张引用《说命》，并未完全依照原文的次第。参见李学勤《新整理清华简六种概述》，《文物》2012年第8期。

④ 郭店简、上博简《缁衣》引《尹诰》1次，《君陈》2次，《君牙》1次，《康诰》1次，《吕刑》3次，《君奭》1次，《祭公之顾命》1次。郭店简《成之闻之》引《大禹》1条，引《君奭》2次，《康诰》1次，《韶（兑？）命》1次。郭店简《唐虞之道》引《虞诗》，尚不能确定属于《书》类文献。

⑤ 马王堆帛书《要》篇孔子曰："《诗》《书》《礼》《乐》，不囗〔读〕百扁（遍），难以致之。不问于古法，不可顺以辞，不可求以志善。"

帛与传世文献相结合，已经成为推进早期《书》类文献研究的重要手段。① 马士远、程浩等学者注重从用语变化、词序调整、章节有无②，考察《书》类文献多本别传的复杂面貌，其着重点基于"篇"的层面。

我们知道，早期《书》类文献"以类相存，分合不定"，不同的选编者，选取的学术立场不同，加之受到政治割据及诸侯国文化影响，选取的篇目各有不同，进而形成不同的《书》类文献系统。我们主张先总体上分系，将之分为儒家、墨家、道家、法家、清华简等不同系统，后细化到传本差异，从"系"到"篇"考察，更加全面、立体地展示战国时期《书》类文献传流的规律与特征。

(一) 分化：不同《书》类文献系统的形成

战国时代，诸子皆有《书》。我们以清华简、儒家、墨家、法家及道家《书》类文献为例，从篇目、篇数、篇名及思想特征等方面，将它们的异同比较如下。

1. 篇数、篇目的差异

不同《书》类文献系统，主要的差异就是篇目、篇数的差异。我们将清华简、墨家、儒家、道家及法家《书》类文献的篇目列表如表2-10：

表 2-10 清华简、墨家、儒家、道家及法家《书》类文献篇目对照

	清华简	墨家	儒家	道家	法家
1	《赤鹄之集汤之屋》				
2	《尹至》				
3	《尹诰》		《尹诰》		
4	《傅说之命》	《术令》	《说命》		

---

① 学界以甲骨卜辞、金文研究《尚书》，也是成绩斐然，如王国维《观堂集林》、杨筠如《尚书核诂》等。限于篇幅，我们此处以简帛文献为主。

② 参见马士远《周秦〈尚书〉学研究》，中华书局 2008 年版；程浩《古书成书研究再反思——以清华简"书"类文献为中心》，《历史研究》2016 年第 4 期；禄书果《清华简〈书〉类文献整理与研究》，博士学位论文，郑州大学，2017 年；崔海鹰《孔传〈古文尚书〉渊源及成书问题探论》，博士学位论文，曲阜师范大学，2014 年。

续表

	清华简	墨家	儒家	道家	法家
5	《程寤》		《逸周书·程寤》		
6	《耆夜》				
7	《周武王有疾周公所自以代王之志》		《金縢》		
8	《皇门》		《逸周书·皇门》		
9	《厚父》				
10	《封许之命》				
11	《祭公之顾命》		《逸周书·祭公》		
12	《命训》		《逸周书·命训》		
13		《召公之执令》			
14		《禹之总德》			
15		《子亦》			
16		《武观》			
17		《仲虺之告》	《仲虺之诰》		
18		《太誓》(《大明》)	《古文尚书·泰誓》		
19		《汤说》	《古文尚书·汤诰》①		
20		《距年》			
21		《相年》			
22		《禹誓》	《古文尚书·大禹谟》②		
23		《驯天明》③	《皇门》		
24		《禽艾》			
25		《汤之官刑》			

① 今文、古文《尚书》皆无《汤说》，相应文句见《古文尚书·汤誓》。
② 《今文尚书》无《禹誓》，对应文句见《古文尚书·大禹谟》。
③ 学者或把《驯天明不解》当为篇名，但笔者推测"不解"当为注文，而误入正文，所以将篇名定为《驯天明》。

续表

	清华简	墨家	儒家	道家	法家
26		《三代不国》①			
27		《吕刑》	《吕刑》		
28			《洪范》	《洪范》	
29			《舜典》	《舜典》	
30			《酒诰》		《康诰》（《酒诰》）

先秦时期《书》类文献以类相存，不同《书》类文献系统拥有不同篇目的组合，而篇目、篇数的差异，是区别不同《书》类文献系统的主要标志。《汉书·艺文志》说：

《书》之所起远矣，至孔子纂焉，上断于尧，下讫于秦，凡百篇，而为之序，言其作意。②

相传《书》有三千篇之多，至孔子删定为百篇。从《书小序》看，儒家的《尚书》确有百篇之多。《墨子》引《尚书》多达 40 次，凡引《书》22 篇。《韩非子》引《书》论《书》5 次，凡引《书》4 篇。道家引《书》论《书》为 6 次，凡引《书》3 篇。清华简《书》类文献 20 篇左右，目前已经公布 15 篇。从篇数上看，儒家百篇，数量最多，墨家次之，清华简、法家、道家又次之。

从篇目上看，清华简《尹诰》《傅说之命》《程寤》《金縢》《皇门》《祭公》《命训》，见于儒家系统。③ 而《赤鹄之集汤之屋》《尹至》《厚父》《耆夜》《封许之命》《摄命》不见于百篇《书序》④，属于儒家《尚书》系统之外的篇目。称引次数，与诸子重视程度成正比。先秦时期，

---

① 或作《三代》《不国》。
② （汉）班固：《汉书》卷三〇《艺文志》，第 1706 页。
③ 儒家系统包括《尚书》《逸周书》的篇目。
④ 学界或主张《摄命》为《尚书·冏命》，但证据有些薄弱，故笔者不取此说。

称引《康诰》次数达 30 余次，《太誓》23 次，《洪范》19 次，《吕刑》《尧典》各 19 次①。儒家《尚书》系统中，这些被称引次数较高的篇目，皆不见于清华简。

墨家《书》类文献，见于儒家《尚书》系统的篇目，仅《汤誓》《太誓》《吕刑》《仲虺之诰》《说命（术令）》5 个。而其他 15 个篇目，如《禹之总德》《召公之执令》《子亦》《距年》《相年》《汤之官刑》《驯天明》等，则不见于儒家系统。清华简与墨家只有《说命》一篇相同，其余皆不同。质言之，先秦时期不同《书》类文献所选择的篇数、篇目，差异是非常大的。诸子对篇目、篇数选择的差异，是不同《书》系统形成的重要标志。

2. 篇名的差异

称引篇名，是引《书》最常见的方式。余嘉锡指出："古人之著书作文，亦因事物之需要，而发乎不得不然，未有先命题，而强其情与意曲折以赴之者。故《诗》《书》之篇名，皆后人所题……故编次之时，但约略字句，断而为篇，而摘首句二三字以为之目。"②《书》类文献本无篇名，篇名是后儒拟定的。诸子摘字名篇，概括意旨，按照自己的原则，为《书》类文献的篇目拟名，导致篇名差异的出现。具体表现在：

一是同篇异名。对于同一篇文献，拟定的篇名有所不同。例如，儒家《甘誓》，《墨子·明鬼下》引其名作"《禹誓》"。《泰誓》，墨家称其为"《大明（盟）》"。③ 同名异篇，如《尹诰》与《咸有一德》。儒家《金縢》，清华简称作"周武王有疾周公所自以代王之志"，两者明显不同。在《尚书》中，"金縢"是重要的线索，《金縢》的命名原则是采撷其中的关键性词语。周武王重病在身，周公愿意以己身代武王之身，代替武王去死。清华简《金縢》的篇名"周武王有疾周公所自以代王之志"，交代撰作的缘由，已经具备《书序》的功能。

二是篇名存在有无之分，早晚之别。《礼记·缁衣》曰：

---

① 刘起釪：《尚书学史》，第 62 页。
② 余嘉锡：《古书通例》，上海古籍出版社 1985 年版，第 28—29 页。
③ 墨家《汤说》，在《古文尚书》中称"《汤诰》"。墨家《禹誓》，在《古文尚书》中称"《大禹谟》"。

子曰:"为上可望而知也,为下可述而志也,则君不疑于其臣,而臣不惑于其君矣。《尹吉》曰:'惟尹躬及汤咸有壹德。'"①

《礼记·缁衣》、郭店简《成之闻之》引《书》,皆称篇名,《墨子》书中篇名出现了20个,而清华简中,《尹至》《尹诰》《程寤》《皇门》《命训》《摄命》皆没有篇名,约占40%。

"《尹吉》"即是"《尹诰》"。《缁衣》属于子思学派的著作,该篇两引《尹吉》,说明"尹诰"作为篇名,至迟在战国初期已经出现。郭店简、上博简《缁衣》也引用"《尹吉》",可知"尹吉"作为篇名,已经传播到南方楚地。但直到战国中晚期,清华简中《尹诰》依然没有篇名,说明当时不同《书》类文献系统之间,篇名的出现不是同步的。

三是篇名拟定似乎有简化现象。清华简《傅说之命》,儒家称"《说命》",郭店简《缁衣》引《祭公之顾命》(与清华简篇名相同),而在《逸周书》中称"《祭公》"。由"傅说之命"到"说命",由"祭公之顾命"到"祭公",篇名的形成不是一次性的,存在着二次简化的可能。

四是篇名字数多少,与称引频率存在直接关系。清华简《周武王有疾周公所自以代王之志》,儒家称"《金縢》"。从篇名字数上看,清华简篇名字数相对冗长,称引不方便,而儒家、墨家篇名整齐,字数少,朗朗上口。儒家、墨家称引《书》类文献的频率较高,篇名出现得比较早,而清华简篇名出现得晚一些,则暗示其被称引的频率可能较低。

综上,《书》类文献命名的方法有多种,由于命名的原则不同,儒家、墨家、道家、法家及清华简对于同一篇文献,会拟定不同的篇名,即同篇异名,同名异篇。《书》类文献篇名的形成,并非一人一时完成的,而是存在一个长期的过程。一般而言,儒家、墨家篇名出现得早一些,而清华简篇名相对晚一些。儒家、墨家篇名字数两到五字,朗朗上口,而清华简篇题字数冗长,不便于称引。儒家《泰誓》,墨家称其为"《大明(盟)》"。儒家"《金縢》"要比清华简"《周武王有疾周公所自以代武王之志》"简洁明了得多。"《尹吉》"篇名在战国初期就已经出现,可在一百年以后的战国中晚期,清华简《尹诰》仍然保持着没有篇

---

① (清)阮元校刻:《礼记正义》卷五五,《十三经注疏》本,第1648页。

名的状态。清华简墓主人似乎在固守自己的职官传统,并未接受儒家的命名方案。当时不同《书》类文献系统之间似乎存在着排他性,儒家拟定的篇名并未被其他学派普遍接受。

3. 传本的不同

战国时期,"篇"是《书》类文献系统形成最重要的单位。当时传本的不同,主要体现为:篇题差异、文字增减、用语差异、语序调整、章节省减。我们以清华简和儒家《尚书·金縢》为例,将不同传本的差异,简要比较如下:

(1) 用语差异

《尚书·金縢》:"既克商二年,王有疾,弗豫。"今本"二年",简本作"三年",时间相差一年。今本"有疾弗豫",指武王生病,内心不乐。简本作"不瘳又(有)迟",武王病重长时间未有好转,句意与今本接近。像这样的词语差异,在传世本《金縢》与简本中多处存在,如今本"丕子",简本作"备子"。今本"居东",简本作"石(宅)东"。今本"罪人",简本作"祸人"。今本"《鸱鸮》",简本作"雕鹄",等等。

(2) 文字增减

词语的增减,也是当时常见的现象。《尚书·金縢》曰:

> 公乃自以为功,为三坛同墠。为坛于南方,北面,周公立焉。植璧秉珪,乃告太王、王季、文王。①

对照简本,可知传世本"公乃自以为功""北面",皆被简本作者省略。传世本"太王、王季、文王",在简本中省写为"先王"。传世本"罪人斯得",简本增加"乃"字,作"祸人乃斯得"。

(3) 词序、句序调整

文本在流传过程中,用词的顺序或句序有时也会发生改变。传世本"植璧秉珪",简本作"秉璧植珪","植"与"秉"的先后顺序颠倒。

---

① (清)阮元校刻:《尚书正义》卷一三,《十三经注疏》本,第196页。

《尚书·金縢》云："二公命邦人，凡大木所偃，尽起而筑之，岁则大熟。"① 简本作："凡大木之所臧（拔），二公命邦人尽复筑之。"② 传世本"凡大木所偃"在"二公命邦人"之后，而简本将"凡大木之所臧（拔）"提到"二公命邦人"的前面。

（4）章节的增删

《尚书·金縢》："乃卜三龟，一习吉。启籥见书，乃并是吉。"③ 上文太公、召公要为武王穆卜，周公不同意。可能简本《金縢》作者认为，既然周公不同意二公穆卜，那他本人也不应该占卜，于是简本便省略了"乃卜三龟，一习吉。启籥见书，乃并是吉"一段。

总之，诸子百家按照竹简传抄，既容易有错简、脱简，传抄中又易有错字、脱字、增字及误写等，于是就自然造成很多分歧。④ 古书在传抄过程中，后儒也会有意、无意地把自己的理解，融入文本之中。文字增减、同义互换、句序调整、章节缺失，是《书》类文献流传过程中不可避免的事情。而这些文本改动，长时间地层累叠加，便会导致不同传本差异化的形成。原本相对一线单传的《书》类文献传流，演生为多线多样、多本别传的复杂状态。⑤

当时《书》没有统一的定本，也没有固定的名称，即便是孔子整理《尚书》，以《书》为教，其定本也仅局限于儒家内部，并没有在全国范围内推广开来。在社会上，既有不同传本组合而成的儒家、墨家、法家、道家及清华简《书》类文献系统，又有大量单篇游离于系统之外。同一《书》类文献系统内部，不同传本之间文字也有出入⑥，而不同系统之间，文本差异则更为明显。春秋战国时代，可谓是《尚书》定型过程中，文本变动、篇目组合最为剧烈的时期。

---

① （清）阮元校刻：《尚书正义》卷一三，《十三经注疏》本，第197页。
② 李学勤主编：《清华大学藏战国竹简（壹）》，第158页。
③ （清）阮元校刻：《尚书正义》卷一三，《十三经注疏》本，第196页。
④ 刘起釪：《〈尚书〉源流及传本考》，辽宁大学出版社1997年版，第21—22页。
⑤ 参见崔海鹰《孔传〈古文尚书〉渊源与成书问题探论》，博士学位论文，曲阜师范大学，2014年。
⑥ 《墨子》"十论"分为上、中、下三篇，不同篇之间，引《书》文句也有出入。

4. 《书序》的有无

《书小序》"述作者之意"，是介绍《尚书》各篇撰作背景、作者意图的说明性文字。孔颖达《尚书正义》说："编《书》以世先后为次。"① 传世本《尚书》《逸周书》的编次，便是以时代先后为顺序的。《尚书》只记"王曰""王若曰"，不云何王所言，由于年代久远，在某些篇章对撰作背景交代不清楚的情况下，《书序》便显得尤为重要。因此，《书小序》是确定《尚书》各篇顺序的重要参照。

《法言·问神》篇："昔之说《书》者序以百。"据扬雄之言，《尚书》百篇之前皆有序。《汉书·艺文志》曰："《书》之所起远矣，至孔子纂焉。上断于尧，下迄于秦，凡百篇，而为之序，言其作意。"② 班固明确说《书小序》出自孔子。

有宋之后，学者多怀疑《书小序》为后世经师所作，朱熹说："某看得《书小序》不是孔子自作，只是周秦间低手人作。"③ 又说："《书序》恐只是经师所作，然亦无证可考，但决非夫子之言耳。"④ 朱熹明确说《书小序》不是孔子所作，可能成书于周秦儒者之手。其后蔡沈、金履祥、郝敬皆服膺朱熹之说。崔述等学者或认为《书小序》是东汉卫宏所作，或主张出自刘歆⑤，则是在朱熹基础上的继续发挥。陈梦家认为是秦汉之际解经的人所作。⑥

《书小序》曰：

穆王命君牙，为周大司徒，作《君牙》。⑦

《礼记·缁衣》引《尚书》，篇名为"君雅"。《书小序》作"君

---

① （清）阮元校刻：《尚书正义》卷一七《蔡仲之命》，《十三经注疏》本，第227页。
② （汉）班固：《汉书》卷三〇《艺文志》，第1706页。
③ （宋）黎靖德编：《朱子语类》第5册，崇文书局2018年版，第1983页。
④ 朱熹类似的表述颇多："《小序》断不是孔子作。"又云："《书小序》亦非孔子作，与《诗小序》同。"参见朱杰人等主编《朱子全书》第22册，上海古籍出版社、安徽教育出版社2002版，第2360页。
⑤ 参见邓瑞全、王冠英主编《中国伪书综考》，黄山书社1998年版，第87—88页。
⑥ 陈梦家：《尚书通论》，河北教育出版社2000年版，第114页。
⑦ （清）阮元校刻：《尚书正义》卷一九《君牙》，《十三经注疏》本，第246页。

牙",与《礼记·缁衣》不同。而郭店简、上博简《缁衣》作"君牙",正与《书小序》相同。《书小序》又曰:

高宗梦得说,使百工营求诸野,得诸傅岩,作《说命》三篇。①

《书小序》说《说命》三篇,清华简《傅说之命》篇数恰为三篇。高宗命百工寻找傅说,在傅岩得之。《书小序》武丁梦求傅说的过程,也与清华简《傅说之命》契合。《尚书·说命》亡于秦火,汉代诸儒皆未见。从篇数、内容看,《书小序》作者见过真正的《说命》三篇,可知它不可能是伪作。②《说命》汉代已经不传,因此《书小序》成书当在战国中晚期,而不会晚至汉初。

清华简面世之后,李学勤先生指出,它可能没有《书序》。③ 我们知道,《书序》是在篇名的基础上连缀而成的。《尚书·咸有一德》序文曰:

伊尹作《咸有一德》。④

又《尚书·说命》序文云:

高宗梦得说,使百工营求诸野,得诸傅岩,作《说命》三篇。⑤

《书》类文献年代久远,辗转流传,它的内容不易被知晓。编写《书序》的目的,在于向读者介绍《尚书》各篇撰作的背景与动因。其基本的结构形式,是"某人作+篇名"。清华简中接近一半篇目没有篇名,如《尹至》《尹诰》《程寤》《皇门》《命训》《摄命》等。没有篇名,自然无法连缀成《书序》,因此清华简没有《书序》,似乎是可以确定的事情。

总体来说,西周时期《尚书》作为官方的档案资料,传抄较少,有

---

① (清)阮元校刻:《尚书正义》卷一〇《说命》,《十三经注疏》本,第174页。
② 腾兴建:《清华简与〈书序〉研究》,《孔子研究》2017年第4期。
③ 李学勤:《清华简与〈尚书〉〈逸周书〉的研究》,《史学史研究》2011年第2期。
④ (清)阮元校刻:《尚书正义》卷八《咸有一德》,《十三经注疏》本,第165页。
⑤ (清)阮元校刻:《尚书正义》卷一〇《说命》,《十三经注疏》本,第174页。

统一的定本。至战国时代，诸子百家为宣传自己思想的需要，对《书》类文献有目的地进行选编。由于选编者思想视角和实际需要的差异，篇目存在诸多差异，《书》类文献由"定本"过渡到"无定本"状态。孔子整理过百篇《尚书》，确定了上起尧、舜，下至秦穆公的大致时间断限及篇数。七十子及孟子等后学，引《书》学篇目较孔子略有出入。《书小序》作者则在孔子基础之上，对儒家《尚书》的篇目、篇数做了明确的界定①，《书》类文献"以类相存、分合无定"的面貌出现了局部改观。

《书》类文献由合到分，再由分至合，《书小序》虽然只是局限在儒家范围之内，但却代表了战国中晚期《尚书》学的发展方向与总体趋势。当时儒家《尚书》有《书序》，而清华简《书》类文献未见《书序》。《书序》的有无，成为区别不同《书》类文献系统的重要表征。

《尚书》的篇目，是按照时代先后（虞、夏、商、周）排列的。从时间上看，儒家《尚书》可以穿插在清华简《赤鹄之集汤之屋》《尹至》《尹诰》三篇之间的，就有《汝鸠》《汝方》《夏社》《疑至》《臣扈》《汤誓》《典宝》《汤浩》多篇。但从竹简形制、字体及叙述内容看，《赤鹄之集汤之屋》《尹至》《尹诰》三篇前后紧密衔接，构成了一个密不可分的整体②，儒家的这些篇目无法编排到其中间去。这从一个侧面说明，儒家《尚书》系统与清华简难以兼容，两者分属于不同的《书》类文献系统。

5. 思想倾向的差异

诸子争鸣带有明确的目的性，就是为重建社会秩序，所以他们择取的《书》类文献篇目各有不同。而不同的《书》类文献组合，暗含着不同的价值体系建构。孔子是一位政治思想家，他对于《尚书》篇目的选择，主要着眼于德义与王道教化。

《孔丛子·论书》曰：

> 子夏问《书》大义。子曰："吾于《帝典》，见尧、舜之圣焉；

---

① 学者或认为《书序》为孔子作，不可信。
② 参拙作《同源异途：清华简〈书〉类文献与儒家〈尚书〉系统的学术分野》，《中国高校社会科学》2017 年第 2 期。

于《大禹》《皋陶谟》《益稷》，见禹、稷、皋陶之忠勤功勋焉；于《洛诰》见周公之德焉。故《帝典》可以观美，《大禹谟》《禹贡》可以观事，《皋陶谟》《益稷》可以观政，《洪范》可以观度，《泰誓》可以观义，五《诰》可以观仁，《甫刑》可以观诚。通斯七者，则《书》之大义举矣。"①

子夏请教《尚书》的"大义"，孔子给出了自己对《书》的解读，即著名的"七观"说，具体是指观美、观事、观政、观度、观义、观仁、观诚。尧、舜睿智，禹、稷、皋陶、周公忠勉勤政，都属于儒家效法、弘扬的对象。孔子敬鬼神而远之，从儒家编选的篇目看，《尚书》突出的特征是"明德"，鬼神与人事渐趋分流，更多地由天道转向人道，展现的是从"神本主义"向"人本主义"过渡的理念升腾。

《墨子·贵义》说："凡言凡动，利于天鬼百姓者为之；凡言凡动，害于天鬼百姓者舍之。凡言凡动，合于三代圣王尧、舜、禹、汤、文、武者为之；凡言凡动，合于三代暴王桀、纣、幽、厉者舍之。"② 墨家重视鬼神，对待《书》类文献体现出强烈的为社会现实服务的致用观，即以合于百姓、合于鬼神、合于圣王，作为治国理政的出发点。《墨子·天志上》："顺天意者，兼相爱，交相利，必得赏；反天意者，别相恶，交相贼，必得罚。"③ 兼爱者，鬼神必赏之；不兼爱者，鬼神必罚之。墨子强调鬼神的存在，他把鬼神作为维护"兼相爱，交相利"的重要手段与工具。《墨子·明鬼下》："先王之书，圣人一尺之帛，一篇之书，语数鬼神之有，重有重之。"④ 墨子说先王之书，一篇之内，多次言及鬼神。墨家以鬼神存在作为自己理论的支撑，自然会选择鬼神色彩浓厚的篇目。

清华简《傅说之命》甲篇："佳（惟）殷王赐说于天，庸为失仲使人。"又云："天乃命说伐失仲。"⑤ 在《傅说之命》中，傅说为上帝所

---

① 《孔丛子》多记孔子论《书》，又见于《尚书大传·略说》，则当属可信。参见《孔丛子》卷上，中华书局1985年版，第7页。
② （清）孙诒让：《墨子间诂》卷一二，第267页。
③ （清）孙诒让：《墨子间诂》卷七，第120页。
④ （清）孙诒让：《墨子间诂》卷八，第147页。
⑤ 李学勤主编：《清华大学藏战国竹简（叁）》，第122页。

降,专门为辅佐武丁而来。傅说征伐矢仲,也是奉上天之命。《尹至》上帝能言,《赤鹄之集汤之屋》小臣天乌附体,清华简《书》类文献多言巫鬼之事,与墨家同,而与儒家《尚书》迥然有别。

《礼记·中庸》说:"仲尼祖述尧舜,宪章文武。"《论语·泰伯》篇曰:"子曰:大哉尧之为君也!巍巍乎!唯天为大,唯尧则之。荡荡乎!民无能名焉。巍巍乎其有成功也,焕乎其有文章。"儒家以《尧典》《舜典》置于《尚书》起始——最重要的位置,孔子以梦不见周公为憾事,尧、舜、禹、汤、文、武、周公一脉相承的圣王系统,是儒家《尚书》展开的主线。

《尚书·尧典》云:

> 曰若稽古,帝尧曰放勋,钦明文思安安,允恭克让,光被四表,格于上下。克明俊德,以亲九族。九族既睦,平章百姓。百姓昭明,协和万邦,黎民于变时雍。①

帝尧"允恭克让",亲睦九族,善待百姓,万邦归附,他的善德普照四方。以尧、舜为代表的三代圣王,被儒家赋予完美的理想人格,成为千秋万代治国理政的楷模。

《墨子·非命上》:

> 古者汤封于亳,绝长继短,方地百里,与其百姓兼相爱、交相利,移则分,率其百姓,以上尊天事鬼。是以天鬼富之,诸侯与之,百姓亲之,贤士归之,未殁其世而王天下,政诸侯。昔者文王封于岐周,绝长继短,方地百里,与其百姓兼相爱、交相利,则是以近者安其政,远者归其德。闻文王者皆起而趋之,罢不肖、股肱不利者,处而愿之,曰:"奈何乎使文王之地及我吾,则吾利岂不亦犹文王之民也哉!"②

---

① (清)阮元校刻:《尚书正义》卷二,《十三经注疏》本,第118—119页。
② (清)孙诒让:《墨子间诂》卷九,第165—166页。

孔子非常推崇周公，所以周公是儒家道统至为关键的人物。墨子表彰三代圣王，但周公是臣，所以在墨子推崇的圣王系统中，没有周公。① 商汤、文王地方百里，但能够"兼相爱，交相利"，所以百姓归附。在儒家《尚书》中，三代圣王是仁义的代表，而在墨子《书》类文献中，尧、舜等圣王则被塑造为"兼相爱，交相利"的化身。

《韩非子·显学》篇："孔子、墨子俱道尧、舜，而取舍不同。"上古时期，《书》类文献中记录尧、舜的材料很多，但由于儒家、墨家选择的价值标准不同，导致尧、舜等圣王呈现出迥异的思想面貌。

清华简《厚父》篇时王曰：

厚父！咸（朕或我？）闻禹［敷土，随山刊木，奠高山大］川，乃降之民，建夏邦。②

在清华简《书》类文献中，对禹的记载明显偏少，且它们不像《尚书》对禹的言行直接记录，而是出于后儒的追述。儒家推崇贤贤禅让，夏启"家天下"，他们对夏启并不看好，但在《厚父》中，夏启成为"三后"之一，属于厚父表彰的重要人物。清华简侧重的是历史事实的记载。在清华简《书》类文献中，有禹、启、商汤、殷高宗、周武王、成王等，但没有尧、舜。儒家尊崇的尧、舜、禹、汤、文、武、周公的圣王典范谱系，在清华简中并未得到体现。③

鬼神崇拜的内容，在《书》类文献中原本存在，而儒家通过对篇目的损益，使鬼神色彩被人为过滤，王道理想、德治观念得以更加鲜明地呈现在世人面前。清华简、墨家《书》类文献鬼神色彩浓厚，是三代之际人们思想世界的真实再现，此与儒家《尚书》絜然有别。清华简只有《商书》《周书》，儒家推崇的尧、舜、禹、汤、文、武、周公圣王系统，在清华简中没有得到认可。在《尚书》之中，尧、舜等圣王是仁义的代

---

① 《墨子·贵义》曰："凡言凡动，合于三代圣王尧、舜、禹、汤、文、武者为之；凡言凡动，合于三代暴王桀、纣、幽、厉者舍之。"

② 句中所缺文字，为笔者拟补。参见李学勤主编《清华大学藏战国竹简（伍）》，第110页。

③ 清华简《保训》构建的圣王系统，是舜、上甲微、文王及武王，与儒家也有所不同。

表,但墨家却将他们定义为"兼相爱,交相利"的化身。儒家尊崇周公,墨家却将周公排斥在圣王系统之外。由于诸子百家主观性的择取,《书》类文献不仅是一种知识体系或历史记载,而在更深层面成为不同价值观念的载体。由于儒家、墨家及清华简墓主人思想立场的差异,导致他们选编的《书》类文献呈现出不同的思想特征。

综上所述,战国时期不同《书》类文献重要特征,可归纳为"形变而意不变"。所谓"形变",主要表现在:一是篇数不同。儒家《尚书》百篇,最多;墨家引《书》22篇,清华简《书》类文献20篇左右,次之;法家、道家引《书》最少。二是篇目不同。清华简目前公布15篇,6篇不见于儒家《尚书》系统,约占40%。墨家《书》类文献22篇,其中17篇不见于儒家《尚书》系统,占77%。三是篇题差异。战国初期,儒家、墨家《书》类文献的篇题已普遍出现,但至战国中期,清华简近50%的篇目没有篇题。儒家拟定的《尹诰》《程寤》《金縢》《命训》等篇题,清华简墓主人固守自己的师法传统,并未接受。四是传本不同。不同系统的不同传本之间,存在诸多差异:文字增减、同义换读、语序调整、章节缺省,极少数甚至会句意相反。五是《书序》有无。儒家《尚书》有《书序》,而清华简、墨家及其他《书》类文献系统未见《书序》。所谓"意不变",是指从西周至战国流传过程中,故事情节及文章主旨保持总体稳定。

不同《书》类文献系统之间,存在着一定的排斥性。孔子、墨子前后相继,时代接近。但《尚书·泰誓》,墨家所拟篇名作"《大明(盟)》"。儒家作"《甘誓》",《墨子》引其名作"《禹誓》"。《尹诰》战国初期篇名已经出现,可一百多年后,清华简墓主人依然拒绝采用儒家拟定的篇名。清华简《赤鹄之集汤之屋》《尹至》《尹诰》构成了一个紧密衔接的整体,《尚书》商汤时期的篇目,如《汝鸠》《汝方》《夏社》《疑至》《臣扈》《汤誓》《典宝》《汤诰》等,在时间上无法与清华简兼容。孔子整理的《尚书》版本,只不过流行于一时一地,并未在全国范围内推广开来,没有形成诸子百家皆接受的统一的定本。

儒家对《尚书》鬼神思想、荒诞内容进行人为过滤,而墨家、清华简《书》类文献多言巫鬼,更多地保存了《书》类文献的原貌。儒家推崇尧、舜、禹、汤、文、武、周公的圣王系统,清华简墓主人对此并不认可。在儒家看来，尧、舜彰显的是德治、仁义，而墨家却认为尧、舜是"兼相爱、交相利"的化身。《书》类文献系统原本一源，在流传过程中渐趋分化，呈现出不同的思想特征。道家、法家资料相对较少，但儒家、墨家及清华简《书》类文献，皆可看作自成体系、各具特色的系统。质言之，《书》类文献在篇章结构及主旨基本稳定的前提下，篇目、篇数、章节、语序等方面差异化明显。由西周的一源，走向诸子百家的不同系统；由统一的中央官方档案，走向诸侯国地域文化的差异，分化可谓是战国时期《书》类文献的主要特征。

（二）《书》类文献系统之间发展的不均衡性

战国时期，《书》代表着先王治理天下的政治纲领与经验总结，居于崇高的地位。诸子百家参政、议政，皆从《书》类文献中汲取思想营养，但他们对《书》类文献的态度并不相同。百家之中，儒家"尊经"，对于《尚书》最为推崇。《史记·儒林列传》云：

> 秦时焚书，伏生壁藏之。其后兵大起，流亡。汉定，伏生求其书，亡数十篇，独得二十九篇，即以教于齐鲁之间。①

秦始皇命令焚书，伏生冒着生命危险，保存《尚书》。可见，在儒者那里，《书》的地位与生命同等重要。这是其他学派很难比拟的。"掌官书以赞治"，清华简墓主人应是史官，执掌《书》类文献是其职责所在，所以墓主人对《书》非常重视。清华简墓主人将《书》类文献陪葬在自己的棺椁之中，证明他是爱《书》之人。

并非所有的学派对《书》皆持友好的态度。《史记·秦始皇本纪》：

> （李斯曰：）"臣请史官非秦记皆烧之。非博士官所职，天下敢有藏《诗》《书》百家语者，悉诣守、尉杂烧之。有敢偶语《诗》《书》者弃市。以古非今者族。吏见知不举者与同罪。令下三十日不烧，黥为城旦。所不去者，医药、卜筮、种树之书。若欲有学法令，

---

① （汉）司马迁：《史记》卷一二一《儒林列传》，第 3124—3125 页。

以吏为师。"制曰:"可。"①

法家对《书》持敌视态度,自商鞅开始,便主张禁书。劝谏秦始皇焚书的建议,便是出自法家李斯之手。不仅烧《书》,而且谈论、引用《尚书》,也不被允许。秦代焚书坑儒,对于《书》类文献的传流来说,是几近毁灭性的灾难。

《庄子·天运》曰:

> 孔子谓老聃曰:"丘治《诗》《书》《礼》《乐》《易》《春秋》六经,自以为久矣……"老子曰:"幸矣,子之不遇治世之君也!夫六经,先王之陈迹也,岂其所以迹哉!今子之所言,犹迹也。"②

《天运》属于《庄子》外篇,老子所言虽然未必真为他本人所言,但却大致代表了道家对六经的基本立场。儒家尊崇的《尚书》,在道家那里,不过是"先王之陈迹"。凭借这些"陈迹",是难以体悟到先王之道的。道家对《书》不够重视,引《书》的次数明显偏低。

总起来说,百家引《书》的次数,虽然存在巧合与偶然性,但大致可以看作是他们对《书》重视程度的标尺。《论语》引《书》9次,《孟子》38次7篇,《荀子》22次3篇,《墨子》47次22篇,《韩非子》7次1篇,《庄子》3次。③ 儒家将《尚书》置于"经"的位置,墨家、清华简墓主人对《书》非常重视,道家轻视《书》,而法家则站在敌视、否定《书》的立场之上。诸子百家对《书》所持态度的不同,是导致战国时期《书》类文献系统发展不平衡的重要根源。

1. 篇名的拟定不同步

《礼记·缁衣》两次引用《尹诰》,说明"尹诰"作为篇名在战国初期已经出现。上博简、郭店简《缁衣》引用《尹诰》,"尹诰"作为篇名,已经传播到楚地,而清华简《尹诰》依然保持着没有篇名的原始状

---

① (汉)司马迁:《史记》卷六《秦始皇本纪》,第255页。
② 参见(清)郭庆藩辑,王孝鱼点校《庄子集释》卷五,第531—532页。
③ 刘起釪:《尚书学史》,第49—50页。

态。因为儒家、墨家经常称引的需要，篇名在战国初期已经普遍出现，而清华简在战国中晚期，接近40%的篇目依然没有篇名，发展明显滞后一些。

篇名的拟定，主要是为学者称引方便。清华简篇名冗长，如《周武王有疾周公所自以代王之志》十四个字，比一般的《书序》都长，《赤鸠之集汤之屋》七个字。这些篇名不便于学者的称引。清华简《傅说之命》，儒家作"《说命》"，墨家作"《术令》"。清华简《祭公之顾命》，儒家作"《祭公》"。儒家、墨家《书》类文献的篇名，二到五字，朗朗上口，他们对篇名的拟定，着眼于实际称引方便，比清华简更适宜传播。

2. 文本有校勘、不校勘之别

《韩非子·显学》篇："自墨子之死也，有相里氏之墨，有相夫氏之墨，有邓陵氏之墨……儒分为八，墨离为三，取舍相反不同，而皆自谓真孔、墨。"墨家分为相里氏、相夫氏、邓陵氏三家。他们各自征引，导致《墨子》引《书》多有异文。《墨子》"十论"引《书》，皆分为上、中、下三篇，语意相同，但是文字有出入。① 《墨子》引同一篇《泰誓》之文，文字多有不同。现举例如下：

《天志中》："《大誓》之道之，曰：'纣越厥夷居，不肯事上帝，弃厥先神祇不祀。乃曰：吾有命，无廖僇务。天亦纵弃纣而不葆。'"②

《非命上》："于《太誓》曰：'纣夷处，不肯事上帝鬼神，祸厥先神禔不祀。乃曰：吾民有命，无廖排漏。天亦纵弃之而弗葆。'"③

《非命中》："先王之书《太誓》之言然，曰：'纣夷之居，而不肯事上帝，弃阙其先神而不祀也，曰：我民有命，毋僇其务。天不亦弃纵而不葆。'"④

---

① 此乃俞樾之说，参见（清）孙诒让《墨子间诂·序》，第1页。
② "天"字下原有"天下"二字，应为衍文。（清）孙诒让：《墨子间诂》卷七，第128页。
③ （清）孙诒让：《墨子间诂》卷九，第168页。
④ 同上书，第171页。

《天志中》"纣越厥夷居",《非命上》作"纣夷处",《非命中》作"纣夷之居"。《天志中》"吾有命",《非命上》作"吾民有命",《非命中》作"我民有命"。类似的文字差异很多,不烦举例。从这些文字歧异看,墨子虽然长于《书》,但其弟子却疏于对《书》类文献的文本校勘。质言之,墨家没有对《书》类文献进行系统性的整理、校勘,乃至形成统一的定本。

《论语·宪问》曰:

> 子张曰:"《书》云:'高宗谅阴,三年不言。'何谓也?"子曰:"何必高宗,古之人皆然。君薨,百官总己以听于冢宰三年。"①

子张向孔子请教,《尚书·无逸》中的"高宗谅阴,三年不言",如何理解?孔子回答说国君去世,世子政事交由冢宰处理三年。在孔子之时,儒家对于《书》的疏解已经发轫。

从文献记载看,孔门弟子子夏、漆雕开、子张皆曾传《书》。东汉徐防说:"《诗》《书》《礼》《乐》,定自孔子;发明章句,始于子夏。"② 在孔子弟子子夏之时,《尚书》章句之学已现端倪。徐防为东汉时期人,学者或不信其说。郭店简《成之闻之》曰:"《君奭》曰:'襄我二人,毋又(有)合在音'害(曷)?道不悦之辞也。"③《君奭》"襄我二人,毋又(有)合在音",是什么意思呢?《成之闻之》作者解释说是"不悦之辞"。孔子以《尚书》作为教授弟子的教材,至孔门第一二代弟子时期,儒家内部《尚书》章句之学已经兴起。

3. 定本的有无

《书》类文献的源头,是三代王官执掌的历史档案资料。当时传本不多,其源为"一"。三代时期的档案材料非常多,内容丰富,不可能、也没必要全部选取。诸子选取哪些篇目,不选取哪些篇目,为自己的学说

---

① (清)阮元校刻:《论语注疏》卷一四,《十三经注疏》本,中华书局1980年版,第1513页。
② (南朝宋)范晔:《后汉书》卷四四《徐防传》,中华书局1959年版,第1500页。
③ 荆门市博物馆编:《郭店楚墓竹简》,第168页。

服务，才是引《书》的根本出发点。孔子虽然编订《尚书》，但诸子并未采用孔子的选编本。同类的材料会补入《书》类文献之中，也会在流传中遗失。以类相存，《书》无定本，变动不居，是战国时期《书》类文献的重要特征。

从墨家、清华简看，当时《书》类文献处于"《书》无定本"的状态。但是在儒家内部，情况或许有所不同。河北定县八角廊汉简《儒家者言》："《诗》《书》不习，礼乐不修，则是丘之罪也。"① 孔子晚年，开始整理古代文献典籍。《史记·孔子世家》记载孔子"上纪唐虞之际，下至秦缪，编次其事"，《尚书》虞、夏、商、周四代的百篇选编规模及时间断限，便是在孔子时代确定的。② 孔子教授弟子，以《尚书》作为教材，自然要有所取舍，《尚书》的定本在春秋末期可能已经出现。

《孟子·万章下》曰：

> （孟子）曰："不可。《康诰》曰：'杀越人于货，闵不畏死，凡民罔不譈。'是不待教而诛者也。"③

又《尚书·康诰》曰：

> 凡民自得罪：寇攘奸宄，杀越人于货，暋不畏死，罔弗憝。④

《孟子》引《康诰》的文辞、句意，已经和今传本基本无别。罗根泽先生指出："《孟》《荀》两书，皆喜引《诗》《书》，固亦时有与今本异者，然同者多，异者极鲜。"⑤《滕文公下》引《书》曰："洚水警余。"赵岐注："《尚书》逸篇也。"⑥《孟子》《荀子》引《书》，篇名基本不出

---

① 定县汉墓整理组：《〈儒家者言〉释文》，《文物》1981年第8期。
② 《汉书·艺文志》也说："《书》之所起远矣，至孔子纂焉。上断于尧，下迄于秦，凡百篇，而为之序，言其作意。"
③ （清）阮元校刻：《孟子注疏》卷一〇，《十三经注疏》本，中华书局1980年版，第2743页。
④ （清）阮元校刻：《尚书正义》卷一四，《十三经注疏》本，第204页。
⑤ 顾颉刚编著：《民国丛书》第4编《古史辨》第4册，朴社1933年版，第280页。
⑥ （清）阮元校刻：《孟子注疏》卷六，《十三经注疏》本，第2714页。

《书小序》之外，语句多与今传本《尚书》相同，但从《孟子》《荀子》偶引"逸书"看，孔子之后，儒家《尚书》定本的界限也非泾渭分明。

郭店简、上博简《缁衣》引《书》的篇目《尹诰》《君牙》《吕刑》《君陈》《祭公之顾命》《康诰》《君奭》，全部见于今传本《尚书》。郭店简《成之闻之》引《书》的篇目《君奭》《康诰》《大禹（谟）》，见于今传本，但《诏命》不见于今传儒家《尚书》系统。从《孟子》《荀子》及出土文献引《书》的情况看，儒家对于《尚书》系统之外的篇目，也有称引与采纳。

不同《书》类文献系统之间最主要的区别是篇目与篇数。战国时期，各家保存的《书》类文献篇数、篇目皆不相同。且《书》类文献在流传过程中，由于主观、客观原因，篇目时有亡佚，呈现出《书》"分合无定"的面貌。孔子整理《尚书》，教授弟子，当有定本。其后，儒家《尚书》的界限又变得模糊。大约在战国中晚期，《书小序》出现，锁定了儒家《尚书》百篇的规模及基本篇目。至汉代，儒者遵循《书小序》的规定，《尚书》篇目几乎不出百篇之外。《书小序》虽非孔子所作，但它却将《尚书》的篇目真正固定下来，成为"《书》无定本"到"《书》有定本"的重要转捩点。

美国学者凡祚恩提出"强本"（strong text）理论，即在经典初创时期，会出现众多不同的版本，其中一个版本凸显出来，占据优势地位，并逐渐代替其他版本，成为代表这一经典的最终版本。[①] 战国时期，《书》类文献以类相存，分合无定，形成儒家、墨家、道家、法家及清华简等不同的《书》类文献系统。孔子开其端，孔门弟子续其流，儒家收集《尚书》的篇目最多，校勘、整理的水平也最高，成为众多《书》类文献系统中的"强本"。《庄子·天下》是对先秦学术史梳理的名篇，其文曰："其在于《诗》《书》《礼》《乐》者，邹鲁之士、搢绅先生多能明之。""邹鲁之士、搢绅先生"指的是儒家。当时儒家长于《尚书》文本的保存、校勘、文意的训诂，已经得到其他学派的公认。

由于儒家重视《尚书》，篇目收集广泛，版本整理与保存较好，篇

---

① 转引自姜广辉主编《经学今诠四编：中国哲学第二十五辑》，辽宁教育出版社2004年版，第141页。

名、《书序》、训诂齐备。其他学派的《书》类文献逐渐亡佚，而儒家《尚书》侥幸部分免于秦火，残存的 29 篇最终成为通行全国的规范性版本。

总而言之，单纯从春秋战国时期来看，篇目以类相存，分合不定，分国、分地域流传，是《书》类文献常见的面貌与样态。但从殷周至汉代更长的时间段观察，从早期整个《书》类文献系统的流布看，由合到分，再由分到合，则是《尚书》学发展的总体趋势与必然归宿。清华简、墨家《书》类文献无定本，儒家内部定本的界限也时有模糊，但在战国中晚期以后，情况发生了明显的变化。《书小序》的出现，明确了儒家《尚书》的篇数与篇目，是《书》类文献由分化走向合流至为关键的一步。

4. 对《书》学主旨阐释的差异

《书》类文献一直处于不断被诠释之中，不同学派对于《书》类文献的产生原因、主旨意义及价值功能的解说颇为不同。当时，《书》类文献的篇目虽多，但诸子往往根据自己的理解，用一句话或简短的几个字，概括其核心理念。郭店简《性自命出》："《诗》《书》《礼》《乐》，其始出皆生于人。《诗》，有为为之也；《书》，有为言之也。"① 《诗》《书》《礼》《乐》，其最初制作，皆缘于人类实际的需要。《尚书》的撰作，是因为做事情时需要言说。譬如夏启伐有扈氏前，作《甘誓》。武丁任命傅说时，作《说命》。郭店儒简《六德》曰：

> 夫夫、妇妇、父父、子子、君君、臣臣，六者各行其职，而馋谄无由作也。观诸《诗》《书》则亦在矣，观诸《礼》《乐》则亦在矣，观诸《易》《春秋》则亦在矣。②

《六德》作者认为，以《尚书》为代表的儒家经典，主旨重在阐发君

---

① 荆门市博物馆编：《郭店楚墓竹简》，第 179 页。
② 文字释读较整理者有改动。参见荆门市博物馆编《郭店楚墓竹简》，第 188 页。

臣、父子、夫妇之道。儒家内部，对《书》的阐发也不尽相同①，但六艺是先王之道的载体，此说最能代表儒家对六艺经典的解说。道家对《书》的态度与儒家不同。老子认为，六经不过是"先王之陈迹"，而不是先王大道的本身。② 据六经所记的书本知识，是无法体悟到先王之道的。

5. 以《书》赞治方式的不同

《尚书》为三代之政典，属于先王"政事之纪"，是国家政治生活的指南与坐标。以《书》赞治，在春秋时期已成为重要的传统。战国为乱世，宗法制、分封制、井田制渐趋瓦解，新的统治秩序正在酝酿之中。"百家殊业，而皆务于治"，充分挖掘《尚书》的政治资源，提出自己的社会秩序重建方案，是战国时期诸子"以《书》赞治"的目的与初衷。但诸子对《书》的态度、用《书》方式却各有不同。

（1）儒家的《书》教观

首先，儒家汲取《尚书》中的政治智慧，构建自己的理论体系。《论语·为政》曰：

> 或谓孔子曰："子奚不为政？"子曰："《书》云：'孝乎惟孝，友于兄弟，施于有政。'是亦为政，奚其为为政？"③

有人问孔子曰："您为何不从政呢？"孔子回答说："《尚书》云'孝乎惟孝，友于兄弟，施于有政'，把孝悌的道理施于政事，就是从政，要怎样才算是为政呢？"面对他人的质疑，孔子引用《尚书》，强调家庭伦理乃社会治理的根本，从政当自孝养父母、友善兄弟开始。《尚书》是三代文明的渊薮，儒家很多治国的政治主张，像德主刑辅、明德慎罚、尊贤爱民等，皆从《尚书》中提炼、升华而来。简言之，《尚书》中孕育的德治观念，奠定了儒家政治学说的主体框架和基本走向。

其次，儒家借引《书》、论《书》，宣传自己的王道理想。郭店简

---

① 例如，孟子说"尽信《书》不如无《书》"，荀子认为"《书》者政事之纪"，便不相同。
② 《庄子·天运》篇："老子曰：'……夫六经，先王之陈迹也，岂其所以迹哉！'"
③ （清）阮元校刻：《论语注疏》卷二，《十三经注疏》本，第2463页。

《六德》云：

> 夫夫、妇妇、父父、子子、君君、臣臣，六者各行其职，而馋谄无由作也。观诸《诗》《书》则亦在矣，观诸《礼》《乐》则亦在矣，观诸《易》《春秋》则亦在矣。①

君有君的职分，臣有臣的职分，君臣、父子、夫妇明于上下之宜，各守其职，社会秩序便能和谐、安定。以《尚书》为代表的六艺经典，是儒家宣扬王道理想的重要载体。尧、舜、禹、汤、文、武、周公，是为政者要效法、学习的楷模，而桀、纣、幽、厉，则是需要避免的反面的、失败的教训。在《尚书》之中，儒家通过尧、舜、禹、汤、文、武、周公与桀、纣、幽、厉的截然对立，为国君树立了治国的政治坐标与指南。

郭店简《缁衣》孔子曰：

> 政之不行，教之不成也，则刑罚不足耻，而爵不足劝也。故上不可以亵刑而轻爵。《康诰》云："敬明乃罚。"《吕刑》云："播刑之迪。"②

政令之所以不能推行，教化之所以不成功，在于刑罚不能让人产生羞耻之心，爵禄不足以劝善。因此，在上位者不可轻视爵禄，而滥用刑罚。郭店简《缁衣》每一章结束后，皆引用《诗经》《尚书》，《书》类文献已经成为宣扬儒家学说有力的证据和支撑。

再次，孔门师徒之间传授《尚书》，以为《书》教。尧、舜、禹等圣王恭俭克让，勤于政事，孔子注重利用《尚书》中富有德性色彩的内容教授弟子，涵养他们的君子人格。《史记·孔子世家》云："孔子以《诗》《书》《礼》《乐》教，弟子盖三千焉，身通六艺者七十有二人。"孔门兴办私学，广收门徒。相传他弟子有三千人，身通六艺者七十二人。

---

① 参见荆门市博物馆编《郭店楚墓竹简》，第188页。
② 同上书，第130页。

孔子以《尚书》教授弟子，成为历代儒者效法的典范。

关于《尚书》资政垂教的效果，《礼记·经解》孔子曰：

> 入其国，其教可知也。其为人也，温柔敦厚，《诗》教也；疏通知远，《书》教也；广博易良，《乐》教也；絜静精微，《易》教也；恭俭庄敬，《礼》教也；属辞比事，《春秋》教也。①

顺《诗》《书》以造士，是西周以来就形成的文化传统。《诗》《书》之教，居于孔子经典教育的首位。② 温柔敦厚，是《诗》教的结果。疏通知远，是《书》教的结果。儒家希冀以《诗》《书》起始，继之以《乐》《易》《礼》《春秋》等经典教育，实现自己构建伦理道德社会的政治理想。援《书》以赞治，引《书》以证其说，传《书》以垂教化，儒家选择了《尚书》，《尚书》也成就了儒家。

（2）墨家的援《书》致用观

对于如何用《书》，墨子有自己的思想立场，他特别强调《书》以致用。③《墨子·非命上》曰：

> 于《仲虺之告》曰："我闻于夏人，矫天命，布命于下。帝伐之恶，龚丧厥师。"此言汤之所以非桀之执有命也。于《太誓》曰："纣夷处，不肯事上帝鬼神，祸厥先神禔不祀，乃曰：吾民有命。无廖排漏。天亦纵弃之而弗葆。"此言武王所以非纣执有命也。④

夏桀强调自己身为国君，是天命，结果上帝降罪，商汤伐之。商纣认为自己践天子之位，是天命，结果武王伐之。墨子主张"非命"，所以

---

① （清）阮元校刻：《礼记正义》卷五〇，《十三经注疏》本，第1609页。
② 《孔子家语·弟子行》曰："卫将军文子问于子贡曰：'吾闻孔子之施教也，先之以《诗》《书》。'"《大戴礼记·卫将军文子》《孔丛子·杂训》也有类似的记载。
③ 冯友兰先生说："'国家百姓人民之利'，乃墨子估定一切价值之标准。凡事物必有所用，言论必可以行，然后为有价值。"参见冯友兰《三松堂全集》第2卷，河南人民出版社2000年版，第329页。
④ （清）孙诒让：《墨子间诂》卷九，第167—168页。

他引用《仲虺之告》《太誓》，以夏桀、商纣败亡的事迹，证明自己学说的正确性。墨子主张"明鬼"，其《书》类文献中鬼神色彩特别浓重①。墨子所谓的"以《书》赞治"，就是援《书》立论，用《书》作为自己阐发政治学说的基石与支撑。

（3）道家、法家对《书》的轻视与排斥

诸子对《书》的态度，大致可分为两类。儒家、墨家及清华简墓主人尊崇《书》类文献，而法家、道家则是站在贬抑、排斥《书》的立场之上。《韩非子·难势》云：

> 《周书》曰："毋为虎傅翼，将飞入邑，择人而食之。"夫乘不肖人于势，是为虎傅翼也。②

战国之时，《书》是公共文化资源，引《周书》以证其说，在法家那里也存在。但法家更多的是打压《诗》《书》。《韩非子·五蠹》曰："上古竞于道德，中世逐于智谋，当今争于气力。"上古时期是道德的竞争，中古时期智谋的较量，而今比拼的却是国家的经济、军事实力。生活在战国之时，却想用三代先王之道治理当今之民，无异于守株待兔。③

《韩非子·显学》篇："善毛嫱、西施之美，无益吾面；用脂泽粉黛，则倍其初。言先王之仁义，无益于治；明吾法度，必吾赏罚者，亦国之脂泽粉黛也。故明主急其助而缓其颂，故不道仁义。"韩非认为，言说先王之仁义，于治国无益。只有彰明法度，严刑峻法，才是治理好国家的良药。"世异则事异""事异则备变"，韩非主张不法先王，倡导奖励耕战，变法革新。《韩非子·和氏》曰：

> 商君教秦孝公以连什伍，设告坐之过，燔《诗》《书》而明法令，塞私门之请而遂公家之劳，禁游宦之民而显耕战之士。④

---

① 《墨子·明鬼下》："故尚者《夏书》，其次商、周之《书》，语数鬼神之有也，重有重之。"
② （清）王先慎撰，钟哲点校：《韩非子集解》卷一七，第425页。
③ 《韩非子·五蠹》："今欲以先王之政，治当世之民，皆守株之类也。"
④ （清）王先慎撰，钟哲点校：《韩非子集解》卷四，第103—104页。

法家强调以法治国，"燔《诗》《书》而明法令"，韩非是将《诗》《书》放在法的对立面讲的。他借助打压《诗》《书》，表达"法后王"、变革求新、推行法治的政治主张。此后李斯付诸实施，建议秦始皇焚书坑儒，酿成了中国文化史上空前的浩劫。

综上，春秋战国时期，《书》处于权威的地位，诸子百家不管赞成也好，反对也好，皆潜移默化地受其影响。为实现社会秩序重建的目标，诸子引《书》立说，以《书》为训，借《书》为教，援《书》赞治，《书》类文献与诸子思想紧密结合，成为百家建构理论体系不可或缺的思想来源与理论依据。《书》最初由史官编纂，春秋以后，诸子亦参与其中，明显加速了《书》类文献整理与选编的历程：篇名、《书序》次第出现，不同传本、不同系统形成，章句之学兴起，《尚书》由原始的档案资料，上升为神圣的六艺经典。春秋战国时期，可谓是《尚书》学的奠基时代。

依托《书》类文献，阐发自己的政治主张，建构社会秩序重建的施政纲领，是诸子赞治的重要方式。由于百家对《书》所持的态度并不相同，导致《书》类文献系统发展存在不均衡性，具体表现在：篇名拟定不同步；文本有校勘、不校勘之别；《书序》有无之分；对《书》内容的吸纳、以《书》赞治的方式不尽相同。和其他学派相比，儒家整理《书》经文本，拟定篇名，撰作《书序》，以《书》为教，弘扬王道教化，在《尚书》经典化的过程中，发挥了尤为突出的作用。面对秦始皇焚书之浩劫，儒者舍生忘死，挽救《书》经于绝境。① 汉代《尚书》学最终"皈依"于儒家，有其内在的合理性与必然性。

六　先秦时期不同《书》类文献系统形成的原因

对于不同《书》类文献系统的成因，程浩先生从不同地域、不同家

---

① 《史记·儒林列传》云："秦时焚书，伏生壁藏之。其后兵大起，流亡，汉定，伏生求其书，亡数十篇，独得二十九篇，即以教于齐鲁之间。"

派、地域文化等方面,进行了精彩的论述①,但我们认为政治因素是《书》类文献分化的首因。

(一) 王纲解纽,诸侯争霸,政治威权的缺失

西周时期,中央王权强大,文化典籍掌握在朝廷官员手中,只有贵族才有接受教育的权利,学界多称之为"王官之学"。章学诚指出:

> 有官斯有法,故法具于官;有法斯有书,故官守其书;有书斯有学,故师传其学;有学斯有业,故弟子习其业。官守学业皆出于一,而天下以同文为治,故私门无著述文字。②

直至春秋时期,学在官府,官师、史臣世袭其职,政教不分,官师合一,《书》类文献收藏在官府之中。当时并未有私学、私人著述之事,《书》类文献的版本较为统一,抄本较少。

周平王东迁之后,表面上被尊为"共主",但实际上国力大不如前,和中小诸侯国相当。诸侯争霸,严重破坏了周天子的权威,他们打着"尊王攘夷"的旗号,却实际操控周王认可其通过扩张战争得到的土地。③东迁成周之后,东周经济拮据,经常要靠诸侯国的接济,根本无力供养庞大的王官阶层。晋、郑、齐、楚等诸侯国政治、经济实力强盛,能够为王官阶层提供财政支持,其文化水平相对落后,迫切需要周王室的人才。《左传》昭公十七年:"天子失官,学在四夷。"杜预注曰:"失官,官不修其职也。"④掌管王官之学的官员,从成周四散各地,流落到政治、经济实力相对雄厚的诸侯国之中。⑤《书》类文献原本掌握在王官手里,随着王官奔走四方,它也散佚到各个诸侯国。于是,民间私学兴起。

诸侯争霸,政治上分裂,当时中央政府无法对《书》类文献的保存、

---

① 参见程浩《"书"类文献先秦流传考——以清华藏战国竹简为中心》,博士学位论文,清华大学,2015年。
② (清)章学诚:《文史通义校注》下册,中华书局2014年版,第1108页。
③ 张岂之主编:《中国思想史》,西北大学出版社1993年版,第15页。
④ 阮元校刻:《春秋左传正义》卷四八,《十三经注疏》本,第2084页。
⑤ 《论语·微子》篇记载:"大师挚适齐,亚饭干适楚,三饭缭适蔡,四饭缺适秦,鼓方叔入于河,播鼗武入于汉,少师阳、击磬襄入于海。"

传抄做统一的要求，也没有财力、人力对众多的传本，做统一的整理、校对工作。由于没有强大的统一的王权作后盾，《书》类文献在战国时期，抄本众多，很难再汇聚、形成统一的定本。或者说，定本只是局限于一时一地，局限在某一学派的内部，不可能在全国范围内大面积地推广开来。

总之，春秋战国时期，王纲解纽，周天子实力衰微，诸侯国割据称雄，在国家层面缺少统一的政治威权、经济后盾，是导致《书》学由一元走向多元的社会背景。东周中央政府，无法对各个诸侯国的《书》类文献版本做统一的要求，也无力对不同的传本进行统一的整理、修订。由于缺少政治威权的支持，孔子虽然曾编订过《尚书》，但他是以私人的身份进行的，定本只局限在儒门内部，并没有在全国范围内被其他学派普遍接受。质言之，《书》类文献的分化，不同《书》类文献系统的生成，正是当时王权衰微，多元化的政治格局在学术上的投映。

（二）私学兴起，诸子对《书》类文献的主观择取

西周时期，朝廷有专门的官员，负责整理、收藏官方的档案文献。当时的知识文化，掌握在王官贵族手里。王室档案资料有统一的定本，贵族子弟如果想学习文化知识，就需要到王官那里学习，即"学在官府"。当时的知识传授，纯粹是官方行为，没有私人讲学，更无私人著述之事。

章太炎《诸子学略说》说：

> 古之学者，多出王官世卿用事之时，百姓当家，则务农商畜牧，无所谓学问也。其欲学者，不得不给事官府为之胥徒，或乃供洒扫为仆役焉。故《曲礼》云：宦学事师。"学"字本或作"御"。所谓宦者，谓为其宦寺也；所谓御者，谓为其仆御也……《说文》云："仕，学也。"仕何以得训为学？所谓宦于大夫，犹今之学习行走尔。是故非仕无学，非学无仕。①

---

① 章太炎著，姜玢编选：《革故鼎新的哲理——章太炎文选》，上海远东出版社1996年版，第160页。

章先生考虑到"以吏为师",却忽视了阶层限制。西周时期的教育,存在贵族与庶民之别。当时贵族垄断了受教育的权利,庶民只能从事农、商、畜牧业,没有接受教育的权利。庶民没有机会跟随官吏,供其驱使,接受教育,自然也无缘见到《书》类文献。

西周末年,王室衰微,晋、郑、齐、楚等诸侯国崛起,官学开始下移。当时知识的传播,大致分为两个向度:一是地域流动,由中央朝廷向各个诸侯国辐射。《书》类文献随着王官四散,向各个诸侯国传播。二是阶层流动,由贵族向庶民传播。从《书》类文献的传播者看,春秋时期是执政卿大夫,战国时期是士,呈现出一种阶层下移的趋势。官学下移而私学兴起,这种文化知识的传播,即是当时精英阶层所艳称的"天子失官,学在四夷"。

《汉书·艺文志》说:

> 诸子十家,其可观者九家而已。皆起于王道既微,诸侯力政,时君世主,好恶殊方,是以九家之术蜂出并作,各引一端,崇其所善,以此驰说,取合诸侯。其言虽殊,辟犹水火,相灭亦相生也。仁之与义,敬之与和,相反而皆相成也。《易》曰:"天下同归而殊途,一致而百虑。"今异家者各推所长,穷知究虑,以明其指,虽有蔽短,合其要归,亦六经之支与流裔。①

战国时期,私学兴起,百家争鸣,形成了不同的学派。为了宣传自己的思想主张,诸子"各引一端,崇其所善",从《尚书》等经典文献中汲取政治营养,所以班固称百家为"六经之支与流裔"。周王室保存的档案文献非常之多,涵盖三代时期国家政治、经济、历史、地理、天文历法的方方面面,因此不可能、也没必要全部整理出来。所以,当时的学者采取的办法是选编,即按照自己的需要,从中择取一部分篇目。春秋时期,人们已经对鬼神产生了怀疑,儒家"敬鬼神而远之",延续的是春秋以来人文理念升腾的进路。儒家强调仁义,重视教育,所选篇目便是凸显道德教化的内容。墨家"明鬼",所选的《书》类文献鬼神色彩特别

---

① (汉)班固:《汉书》卷三〇《艺文志》,第1746页。

浓厚。

儒家推崇尧、舜、禹、汤、文、武、周公的圣王系统，认为道统一脉相承，所以把《尧典》《舜典》作为《尚书》开篇，大量采录商汤、周公等人的诰命。清华简墓主人并不赞成儒家的圣王谱系①，所以他收藏的《书》类文献中，尧、舜的内容偏少。孔子极为推崇周公，周公"八诰"是《周书》的核心与主旨所在。但清华简中，一篇也没有收录。先秦时期，《书》类文献是三代圣王嘉言善行的文献集合。诸子百家在征引之时各取所需，以致形成了不同的文献系统。从本质上而言，战国时期多个《书》类文献系统的形成，是官学衰微，私学兴起，诸子百家思想歧异的必然产物。

综上所述，由西周到战国，官学走向私学，在两种不同的学术环境中交替，是《书》类文献多元系统形成的时代背景。《尚书》本是"先王之政典"，为史官所保存，是公共的文化知识资源。在由王官之学向诸子之学的转进过程中，诸子百家基于不同的学术立场、兴趣爱好，各取所需，对《书》类文献选编的篇目各有不同，以致形成各具特色的文献系统。战国时代《书》类文献由一源走向多流，由合一走向分化，呈现出多个文献系统并存的面貌。在一定意义上说，这是私学兴起，诸子主动选择的结果。

不同的《书》类文献篇目组合，背后建构的是不同的价值体系。墨子倡导"明鬼"，表面上是对三代神治主义的重新回归，实质上却是利用《书》类文献中鬼神记载，为其"兼相爱、交相利"的学说张本。孔子不语怪力乱神，孔门后学进一步诠释、发挥，《尚书》文本遂开启了思想祛魅的历程。鬼神色彩日益淡薄，而德性、义理内容不断注入、凝聚，今传本《尚书》所展现的仁治理念、王道理想及道统传承，正是儒家价值观对古典文本不断渗透的结果。诸子解经，阐释的是自己的价值观念、思想体系，弟子后学收集资料，研习附会，差异层层叠加，日积月累，致使不同《书》类文献系统之间呈现出迥异的思想面貌。

---

① 清华简《良臣》虽不是《书》类文献，但该篇以黄帝起首，也可大致看出墓主人之态度。

(三) 自然亡佚、社会环境对《书》类文献的影响

东周时期,《书》类文献的重要载体是竹简。竹简易于腐烂,加之当时保存条件不是太好,在传流过程中亡佚、散失现象,时时发生。《史记·儒林列传》曰:

> 秦时焚书,伏生壁藏之。其后兵大起,流亡,汉定,伏生求其书,亡数十篇,独得二十九篇,即以教于齐鲁之间。①

根据《书小序》,儒家《尚书》有百篇之多。最理想的结果,是将这百篇都传流、保存下来。秦始皇焚书坑儒,下令焚烧诸子典籍,伏生冒着生命危险,私藏《书》经。到西汉初年,天下大定,伏生复求其书,结果发现亡佚数十篇,残存仅29篇(一说28篇)。哪些篇目亡佚,哪些保存下来,不是由伏生的主观意愿决定的,而是取决于客观保存条件。

《汉书·楚元王传》记载:

> 及鲁恭王坏孔子宅,欲以为宫,而得古文于坏壁之中,《逸礼》有三十九篇,《书》十六篇。天汉之后,孔安国献之,遭巫蛊仓卒之难,未及施行。②

鲁恭王欲扩建其宫殿,毁坏孔子之宅,在孔壁中发现了《尚书》等文献。和《今文尚书》对读后,发现多出《古文尚书》16篇,孔安国加以整理,以今文读之。《尚书》历经秦火浩劫,古文侥幸残存16篇,与今文29篇一样,带有很大的随机性与偶然性。

我们所说的虽是汉初的情形,实际上,战国时期也是如此。许是小国,卫是大国,《尚书·康诰》比清华简《封许之命》要重要得多,是先秦时期被引用次数最多的篇章。流传区域自然广泛。如果在两者之间选择的话,学者多会选择《康诰》。但在清华简中竟然没有《康诰》,《封许之命》却保存下来。《傅说之命》在战国时期广泛流传,儒家、墨家及

---

① (汉)司马迁:《史记》卷一二一,第3124页。
② (汉)班固:《汉书》卷三六,第1969页。

清华简墓主人皆收录该篇。但汉代以后，该篇亡佚。先秦时期，哪些文献流传下来，哪些没有流传下来，其中重要的因素，是载体、保存环境等自然条件。

除了自然原因之外，社会环境也对《书》类文献产生重要影响。战国之时，社会动荡，战争频仍，在颠沛流离之际，人们何暇顾及《书》类文献的保存、整理？《孟子·万章下》："诸侯恶其害己也，而皆去其籍。"诸侯国君对于不利于自己统治的书籍，会加以剔除、焚毁。法家自商鞅时，便将打压《诗》《书》作为自己的施政方略。李斯劝谏秦始皇焚书，焚书行动在全国范围内展开，从秦火对《书》类文献近乎毁灭性的打击看，"人祸"有时会更甚于自然亡佚。

总的来说，诸子各取所需，随意选择篇目，是不同《书》类文献系统形成的直接原因。在传播过程中，由于自然保存条件和社会动荡的双重影响，也会造成《书》类文献篇目的亡佚、缺失。《尚书·康诰》在先秦文献中称引最多，内容非常重要，但在清华简中却没有《康诰》。重要的文献未必得以保存，不重要的文献未必亡佚。《书》类文献中哪些篇目得以保留，哪些亡佚，带有一定的偶然性与随机性。竹简易腐，保存条件差，加之社会动荡，人为破坏，秦火烈烈，是造成早期《书》类文献亡佚的重要原因。

（四）地域文化的影响

《左传》昭公二十六年："十一月辛酉，晋师克巩。召伯盈逐王子朝，王子朝及召氏之族、毛伯得、尹氏固、南宫嚚奉周之典籍以奔楚。"[①] 在天子之位的争夺战中，王子朝失利，于是他率领世家大族，携带众多典籍，亡命楚地。此为春秋时期《书》类文献跨地域传播的著名事例。

《墨子·贵义》说："墨子南游使卫，关中载书甚多。"墨子精于《书》学，他周游列国，《书》类文献必然随之传播到诸侯各国。安大简有《诗》，清华简存有《书》，湖北荆州刘家台《书》《诗》并出，龙会河北岸墓地简文多有"王若曰"等语句，类似《尚书·周书》《逸周书》

---

① （清）阮元校刻：《春秋左传正义》卷五二，《十三经注疏》本，2114页。

文体。① 这只是残存的文献，当时传流的文献要远多于残存的文献。因此，《诗》《书》类文献的大量出现，正是中原文化向楚地传播的真实见证。王子朝是公卿贵族，墨子属于诸子（士），清华简墓主人可能是史官，当时不同社会角色的人都在担任着《书》学传播的使者。

春秋、战国时代，诸侯国林立，周王室对地方的控制能力减弱。各地文化发展的统一性减弱，而差异性增强。在长期政治割据的状态下，不同地区，以实力强大的诸侯国为中心，形成了富有地域特色的文化圈。主要有以东周洛阳为中心的中央王室文化圈，以诸侯国为核心的三晋文化圈、鲁文化圈、齐文化圈、楚文化圈以及秦文化圈等。《书》类文献在不同地域中传播，与当地文化水乳交融，自然烙上不同地域文化的印迹。具体表现在以下3个方面：

1. 书写风格

清华简虽然是用楚文字写成，却带有其他系的文字特征。《厚父》保留了明显的非楚文字特征，有明确的晋系文字元素。那些非楚系，既见于晋系，又见于其他系的文字，也应当视为晋系文字，或者是受晋系文字的影响所致。② 例如，《厚父》简3 " "字，与中山王方壶" "（《铭文选》2881）、《古玺汇编》1723 " "，形体很相似。抄手在抄写过程中，很容易受到底本字体的影响。我们怀疑，清华简带有的晋系文字特征③，可能与其从晋国传入楚地，这种跨地域的文化传播有联系。

2. 传本内容

《尚书·金縢》，清华简篇题作"周武王有疾周公所自以代王之志"。学者已经指出，为和楚武王相区别，清华简在"武王"前，增加"周"字，改为"周武王"。类似的例证，《逸周书·祭公》周穆王说："朕皇祖文王，烈祖武王，度下国，作陈周，维皇皇上帝度其心。"④ 在清华简

---

① 海冰、张君：《荆州龙会河北岸墓地出土战国楚简324枚》，《湖北日报》2019年5月7日第8版。

② 赵平安：《谈谈战国文字中值得注意的一些现象——以清华简〈厚父〉为例》，《出土文献与古文字研究》第6辑，上海古籍出版社2015年版，第303—305页。

③ 李守奎：《楚文献中的教育与清华简〈系年〉性质初探》，《出土文献与古文字研究》第6辑，第298页。

④ 黄怀信等：《逸周书汇校集注》卷八，第927页。

《祭公之顾命》中，穆王称文王为"周文王"①，这是不可能的。两相比较，当以《逸周书》为原貌。楚文化的因素，已经影响到简本对人物的称谓了。

3. 篇目选择

《书》类文献目的在于服务社会，必然要和当地的社会风俗接轨。楚人重巫鬼，好淫祀，楚文化中鬼神色彩较为浓厚。清华简《赤鹄之集汤之屋》《尹至》《傅说之命》等，这些富有巫鬼气息篇章的出现，或许与楚人的文化习俗、精神风貌有关。

清华简《祭公》《金縢》《傅说之命》等诸多篇目，与儒家《尚书》相同，说明清华简与儒家《尚书》有着共同的源头，即楚地《书》类文献的源头在中原。《书》类文献作为当时学术的一部分，在不同的诸侯国中流传，必然会受到当地地域文化的影响。王子朝之乱后，携典籍奔楚，墨子携带书籍入楚。《金縢》《祭公》这样的《书》篇进入楚地后，为楚人所改造，成为带有地域特色的传本。

清华简《书》类文献是中原文化与楚文化双向交流、融合的产物：一是楚人汲取《书》类文献的政治营养，接受《书》的知识体系及价值观念；二是《书》在楚地传播时，文本发生一系列的改变，并与楚人的社会风俗相融合。

周成王封吕公于河南许昌，男爵。清华简《封许之命》是许国建国的纲领性文件，对于许国自然极为重要。但许国是当时的小国、弱国，在国际关系中影响极为有限。《封许之命》的重要性，自然不能与《康诰》等篇同日而语。另外，许国与鲁国相距悬远，儒家《尚书》未收录《封许之命》，可能与此有关。相反，许国与楚国临近，《封许之命》很容易在楚地流传，墓主人收集起来较为容易、方便。清华简《书》类文献收入《封许之命》，或许与地域毗邻有关。②

综上所述，学术与政治密不可分，战国时期儒家、墨家、道家、法家及清华简等不同《书》类文献系统的形成，是王纲解纽、诸侯国割据等政治因素在学术上的反映。当时官学衰微，私学兴起，诸子百家大都

---

① 清华简《祭公》周穆王说："朕之皇祖周文王、烈祖武王。"
② 清华简中郑国文献较多，也很可能是受地域文化因素影响。

以《书》类文献作为公共文化资源，为宣传自己的思想主张寻找理论依据。战国时期，不同《书》类文献系统的形成，实际是先秦诸子根据自己的兴趣、爱好和学术主张，对《书》类文献重新择取、主动选编的结果。战国《书》类文献由一源到多流的诸多改变，都可以在由官学向私学转进的学术背景下，获得合理的解释。

竹简易腐、自然保存条件差、社会动荡、人为破坏，都会影响到《书》类文献系统的形成。楚国有楚国的特色，鲁国有鲁国的特色，《书》类文献作为中原文化的代表，在不同地域中传播，与当地文化融合、交汇，必然受到地域文化的影响，呈现出各具特色的样态与面貌。简言之，《书》类文献不同系统的生成，是主观选择与客观保存、中原文化与诸侯国地域文化交互融合、激烈碰撞的产物。

第 三 章

两汉时期的《古文尚书》传流

孔氏家学，是指孔子及其后裔世代传习之学。其核心特征是父子相继，而非师徒相授。自先秦开始，历经孔子、孔鲤、孔伋、孔白、孔穿、孔鲋、孔安国等人，在孔氏家族内部已经形成了良好的家学传统，直至魏晋时期一直绵延不绝。河北定县八角廊西汉墓竹简《儒家者言》，与《孔子家语》有着密切的关联。李学勤先生据此指出，今本《古文尚书》《孔丛子》《孔子家语》很可能陆续成于孔安国、孔僖、孔季彦、孔猛等孔氏学者之手，有很长的编纂、改动、增补过程，它们是汉魏孔氏家学的产物。[1] 其后，黄怀信[2]、李存山[3]、马士远[4]等学者延续李先生的思路，大都以汉魏孔氏家学，作为破解《古文尚书》公案的密钥。

《孔丛子·连丛子下》孔季彦曰："先圣遗训，壁出古文，临淮传义，可谓妙矣。而不在科策之例，世人固莫识其奇矣，斯业之所以不泯，赖吾家世世独修之也。"[5]《古文尚书》不在官学进阶之内，所以世人涉猎者较少。孔季彦自豪地认为，古文之所以没有泯灭，赖孔氏家族学者世不废业。

《后汉书·孔僖传》也记载孔安国以后，孔氏家族世传《古文尚书》。孔氏家族的学者，像孔印、孔子建、孔僖、孔季彦等，以古文之学显于当世。东晋孔衍避难江东，在元帝时任安东参军等职。他精通《尚书》

---

[1] 李学勤：《竹简〈家语〉与汉魏孔氏家学》，《孔子研究》1987年第2期。
[2] 黄怀信：《汉晋孔氏家学与"伪书"公案》，厦门大学出版社2011年版。
[3] 李存山：《〈孔丛子〉中的"孔子诗论"》，《孔子研究》2003年第3期。
[4] 马士远：《两汉〈尚书〉学研究》，中国社会科学出版社2014年版，第366页。
[5] （秦）孔鲋：《孔丛子》卷下，中华书局1985年版，第176页。

之学，与梅赜同朝为官。笔者疑惑的是：既然孔氏家族世传《古文尚书》，为何东晋献书的是梅赜，而不是孔氏家族的孔衍？戴圣编纂《礼记》，杂取《孔子家语》，遭到西汉孔衍的激烈谴责。① 孔氏家族所藏为真《古文尚书》，为何梅赜献伪书，宣称来自孔安国。面对"冒牌顶替"，东晋的孔衍却沉默不语？林林总总的疑问困惑着我们，孔氏家学与《古文尚书》的关系，值得做进一步深入考察。

一 汉魏孔氏家学与"晚书"25篇没有直接的关联

《汉书·儒林传》："孔氏有《古文尚书》，孔安国以今文字读之，因以起其家逸《书》，得十余篇，盖《尚书》兹多于是矣。"② 《古文尚书》出于孔壁，孔安国得之，见于《汉书·儒林传》《论衡》《汉纪》等多种文献，应当确有其事。

《后汉书·儒林列传》曰：

> 孔僖，字仲和，鲁国鲁人也。自安国以下，世传《古文尚书》《毛诗》。曾祖父子建，少游长安，与崔篆友善。及篆仕王莽为建新大尹，尝劝子建仕，对曰："吾有布衣之心，子有衮冕之志，各从所好，不亦善乎！道既乖矣，请从此辞。"遂归，终于家。③

孔子后裔孔安国、孔僖、孔季彦、孔衍，皆是当时著名的学者。据《后汉书·儒林传》等记载，自孔安国至孔僖，孔子后裔世代传习《古文尚书》，此《古文尚书》当为真《古文尚书》。《连丛子》卷七："杨太尉问季彦曰：'吾闻临晋君（孔僖）异才博闻，周洽群籍，而世不归大儒，何也？'答曰：'不为禄学，故也。'"禄学，指今文经学。孔僖之所以受到儒者冷落，是因为他讲授古文之学，不讲授"禄学"。孔氏家族学者的特点，是潜心学术，不贪慕仕途名利。

孔衍，字舒元，孔子二十二世孙，两晋时期经学家，生卒年代为

---

① 西汉孔衍与东晋孔衍重名，实为两人。
② （汉）班固：《汉书》卷八八《儒林传》，中华书局2011年版，第3607页。
③ （南朝宋）范晔：《后汉书》卷七九上《儒林列传》，中华书局2011年版，第2560页。

267—320年，和梅赜几乎同时。《晋书·孔衍传》："衍少好学，年十二，能通《诗》《书》。"① 受家学影响，孔衍年仅十二岁，便能熟读《诗》《书》，可知以孔衍为代表的孔氏家族学者，对《尚书》造诣很深。学者或许会说，《古文尚书》在孔氏家族内部传流，出于汉魏孔氏家学，所以郑玄未必能见。

《尹诰》出于孔壁，是孔安国所得《古文尚书》16篇之一。清华简《尹诰》说"惟尹躬天见于西邑夏"，与夏代先哲王无关，作伪者却说是夏代先哲王因为忠信而得以善终。《礼记·缁衣》引《兑（说）命》"惟口起羞，惟甲胄起兵，惟衣裳在笥，惟干戈省厥躬"，本为殷高宗武丁所言，但作伪者却改作傅说之语。② 东汉末年，《古文尚书》传流的可能性有二：一是至郑玄之时，孔氏家族内部《古文尚书》已经失传，所以不能判别郑注之疏漏。③ 二是至郑玄之时，孔氏家族内部真《古文尚书》尚存。作伪者的错误来自郑玄，从他不能识别郑玄臆断之误看，可知作伪者不是孔氏家族后裔。

要么孔氏家族《古文尚书》已经失传，要么作伪者不是孔氏家族学者，不管是哪种可能性，以汉魏孔氏家学来证明《古文尚书》不伪，这条路走不通。质言之，清华简《尹诰》等篇的面世，切断了汉魏孔氏家学与"晚书"25篇之间的学术关联。

孔臧《与侍中从弟安国书》说：

> 其余错乱文字，摩灭不可分了，欲垂待后贤，诚合先君阙疑之义。④

"阙疑"见于《论语·为政》篇，笔者怀疑此处"先君"，当指孔子。对于不能隶定、释读的文字，孔臧认为当效法其先君孔子的处理方式，暂且搁置、存疑。可知，"阙疑"自孔子开始，已经成为孔氏家族注

---

① （唐）房玄龄等：《晋书》卷九一《儒林传》，中华书局2011年版，第2359页。
② 参拙作《由章句到义理：魏晋之际的经学转向》，《浙江社会科学》2019年第12期。
③ 孔衍撰《汉尚书》《魏尚书》等著作，精于《尚书》之学。晋元帝时，他任安东参军。梅赜献伪书而孔衍不能识别，说明当时孔氏家族内部《古文尚书》16篇失传的可能性居多。
④ （秦）孔鲋：《孔丛子》卷下，第156页。

经的一贯方式与风格，而"晚书"作者不管文字疑难与否，字字训解，句句皆有注释，其解经方式亦与孔氏家族学者的风格颇为不类。此或可为"晚书"不出于孔氏学者的旁证。①

二 孔氏家学《古文尚书》的内容

《孔丛子》叙事上起孔子，下至孔季彦，前后长达五六百年，可谓是孔氏家族的学案体文献。关于《孔丛子》的作者，李学勤先生认为是孔季彦的下一代。他以《孔丛子》作为探索汉代孔氏家学的重要突破口。

《孔丛子·论书》曰：

> 子夏问《书》大义，子曰："吾于《帝典》，见尧、舜之圣焉；于《大禹》《皋陶谟》《益稷》，见禹、稷、皋陶之忠勤功勋焉；于《洛诰》，见周公之德焉。故《帝典》可以观美，《大禹谟》《禹贡》可以观事，《皋陶谟》《益稷》可以观政，《洪范》可以观度，《秦誓》可以观义，五《诰》可以观仁，《甫刑》可以观诚。通斯七者，则《书》之大义举矣。"②

李学勤先生认为，《孔丛子·论书》所记《尚书》篇目和孔传本《古文尚书》相合。《孔丛子》所说孔氏世传的《古文尚书》，就是孔传本《尚书》。③ 李先生的意见，非常富有启发性。《孔丛子》载孔子说"吾于《帝典》，见尧、舜之圣焉"，呈现出的是《尧典》《舜典》合在一起并称"帝典"的状态，与梅赜本中《尧典》《舜典》两分的面貌明显不同。又《孔丛子》所记，见于《尚书大传·略说》，乃孔壁古文发现之前，孔子与其弟子子夏研习《尚书》时文本的面貌，并不能作为汉魏孔氏家学保存《古文尚书》的情况来考察。

据《后汉书》《孔丛子》《阙里文献考》等文献记载，我们只知道孔

---

① 《孔丛子》一书晚出，学界质疑声音不断。此证姑且存此，以俟后之君子。
② 参见（秦）孔鲋《孔丛子》卷上，第7页。
③ 以上李学勤先生的观点，参见氏著《竹简〈家语〉与汉魏孔氏家学》，《孔子研究》1987年第2期。

氏家族世传古文之学。但对于孔氏家族所传《古文尚书》经文内容，及是否存在解经之传，却没有一鳞半爪的文献记载。对于孔氏古文的情况，学者大多是间接性的推测，如《经义考》卷二八四朱彝尊云：

> 韦昭、杜预以前，安国五十八篇之书莫有见者，故诸儒笺释遇引增多，篇内文辄云"逸书"。其为《古文尚书》者，或出于盖豫，或本于杜林，要非安国之书也。惟范史《孔僖传》谓自安国以下，世传《古文尚书》，《连丛子》亦载孔大夫与僖子季彦问答。大夫曰："今朝廷以下，四海之内，皆为章句内学，而君独治古义，盍固已乎？"季彦答曰："先圣遗训，壁出古文，临淮传义，可谓妙矣。而不在科策之例，世人固莫识其奇矣，赖吾家世世独修之。"若是，则壁中之书，僖家具存矣。独怪肃宗幸鲁，遇孔氏子孙，备具恩礼。僖家既有临淮传义，其时上无挟书之律，下无偶语之禁，何不于讲论之顷，一进之至尊，或上之东观，乃祕不以示人乎？窃意僖家古义亦止伏生所授诸篇，而五十八篇则至晋而后增多阔缺也。①

据《后汉书·孔僖传》及《孔丛子》，在今文经学兴盛之时，孔僖、孔季彦独习《古文尚书》。古文之学，赖孔氏家族传流下来。朱彝尊认为，如果孔僖、孔季彦手中有古文 16 篇，为何不在"肃宗幸鲁"时，进献于朝廷呢？他怀疑孔氏家族至孔僖、孔季彦之时，古文 16 篇已经亡佚，手中只有伏生所传的 29 篇。由清华简《尹诰》看，梅赜本《尹诰》乃伪作。梅赜献古文，其中有《尹诰》篇，而与梅赜同朝为官的孔衍，精通《尚书》之学，却不能识别该篇之伪，说明至东晋孔衍之时，孔氏家学中《尹诰》篇确已经亡佚。朱氏之说可从。

《山东省志》存孔僖撰《古文尚书传》的条目。②《后汉书·儒林列传》："长彦好章句学，季彦守其家业，门徒数百人。"③ 所谓章句学，是指今文经。所谓"家业"，是指古文经。孔氏家族内部今文、古文并存。

---

① （清）朱彝尊：《经义考》第 4 册，中国书店 2009 年版，第 1909—1910 页。
② 山东省地方史志编纂委员会编：《山东省志》，中华书局 1994 年版，第 249 页。
③ （南朝宋）范晔：《后汉书》卷六九，第 2563 页。

孔季彦为孔僖之次子，正是因为孔僖撰作《古文尚书传》，孔季彦才能"守其家业"，秉持孔僖所传的古文之学。

孔壁之中发现的《尚书》，可分为两部分：一是与伏生篇目相同的33篇；二是不见于伏生书的古文16篇。古文16篇确实曾经面世，孔安国也确得其书，但在《孔丛子》中，找不到任何关于古文16篇的篇目或文句的解说。我们怀疑到东汉孔僖、孔季彦时，只剩与伏生书相同的33篇，而古文16篇或已经亡佚。古文经与今文经的主要差异，不在于经文①，而在于传文，即解经的方式。孔僖、孔季彦所传的"古文"，可能是指33篇《尚书》的古文家讲法。

《隋书·经籍志》说："然其所传，唯二十九篇，又杂以今文，非孔旧本。自余绝无师说。"② 东汉时期，古文只有和今文相同的33篇有训解，其他多出的篇目，并无师说。曹魏三体石经，依据的是马融、郑玄的底本，也只有33篇。笔者猜测，三国时期，孔氏古文与魏石经所据底本已经基本相同，都是今文33篇的经文，只是解经的传文不同而已。

三 杜林漆书与孔壁古文之间的关联

东汉古文的兴起，很大程度得益于杜林漆书的出现。《后汉书·杜林传》记载："林前于西州得漆书《古文尚书》一卷，常宝爱之。虽遭难困，握持不离身。"③ 杜林在西州得漆书古文，贾逵作训，马融作传，郑玄注解，并传之卫宏、徐巡，古文遂显于当世。杜林如此珍视漆书，它具体包含哪些篇目？杜林于西州得漆书，漆书与孔壁中经是何关系？为何一卷杜林漆书，能带来整个东汉古文的兴盛？为何孔氏家族世传之古文反而不能？杜林漆书出现之后，旋即消失。由于相关文献记载的缺乏，这些问题遂成为学界难以理清的谜团。

关于杜林漆书与孔壁中经的关系，学界主要有以下看法：

---

① 当然，经文文字、分篇可能也略有区别。孔颖达《尧典正义》曾简要列举今文与郑注本古文之间的差异："夏侯等书'宅嵎夷'为'宅嵎铁'，'昧谷'曰'柳谷'，'心腹肾肠'曰'忧肾阳'，'劓刵劅剠'云'膑宫劓割头庶剠'，是郑注不同也。"参见（清）阮元校刻《尚书正义》卷二，《十三经注疏》本，第118页。

② （唐）魏征等：《隋书》卷三二，中华书局2019年版，第915页。

③ （南朝宋）范晔：《后汉书》卷二七，第936—937页。

(一) 杜林漆书即是孔壁中经

《礼记·缁衣》孔颖达疏云："卫、贾、马所注者，原从壁中所出之古文，及郑注《尚书》是也。"孔颖达认为，卫宏、贾逵、马融及郑玄所注训者就是孔壁中经。王鸣盛《尚书后案》云：

> 逵之书本于涂恽，自恽溯而上之，以至安国，一脉相承，历历可指也。逵之书既（即）安国之书。《儒林传》又言逵与马、郑所注乃杜林本，林之书即安国之书又明矣。①

孔安国……涂恽—贾徽—贾逵，贾逵《古文尚书》与孔安国一脉相承。王鸣盛据古文的传授谱系，来判定杜林漆书与安国本一脉相承。

王鸣盛《尚书后案》又说：

> 林尝客陇西隗嚣所，故云西州，漆书即科斗，古无纸笔，以漆书竹简，故头粗尾细，状腹团圆，似水虫之科斗。《束晳传》汲郡人不准发魏襄王墓所得漆书，皆科斗字是也。《尚书》惟安国壁中本用科斗，则林之所得即壁中本，明矣。②

杜林漆书用漆写成，头粗尾细，与蝌蚪形状相似。不准盗掘魏襄王墓，所得汲冢竹书也是蝌蚪文字。《尚书》版本中唯有孔安国所得壁中书，用蝌蚪文字写成，所以杜林漆书用古文写成，即是壁中本。王鸣盛主要是据字体，说明杜林漆书即是孔壁中经。王国维等学者，也持类似意见。

(二) 杜林漆书乃中秘散佚本

清儒皮锡瑞说："杜林古文，马、郑本以之作传注，所谓古文遂行也。此漆书或是中秘古文，遭乱佚出者。"③ 皮氏猜测杜林漆书，或许是

---

① （清）阮元编：《清经解》（第 3 册）卷四三四，上海书店出版社 1988 年版，第 223 页中栏。
② 同上书，第 223 页上栏。
③ 《皮锡瑞集》，岳麓书社 2012 年版，第 1273 页。

中秘流散出的版本。可惜没有文献证据，只是一种猜测而已。陈梦家则从说漆书称卷，则非竹简本。称一卷，则非古文数十篇。其所传者只是东汉的《古文尚书》，近于中秘本。①

3. 与孔壁中经不同

《隋书·经籍志》说："其所传唯二十九篇，又杂以今文，非孔旧本。"②《隋志》作者认为，杜林漆书仅29篇，其中夹杂今文，与孔壁中经所存逸《书》16篇，有所不同。

汉代《尚书》篇卷分合不定，《汉书·艺文志》著录46卷，57篇，桓谭《新论》记载45卷，58篇，班固所说57篇，大体上都是今文29篇、逸《书》16篇及《书小序》的不同组合。孔颖达《尚书正义》记载郑玄所存古文篇目16篇，依次是：

《舜典》一，《汨作》二，《九共》篇十一，《大禹谟》十二，《益稷》十三，《五子之歌》十四，《胤征》十五，《汤诰》十六，《咸有一德》十七，《典宝》十八，《伊训》十九，《肆命》二十，《原命》二十一，《武成》二十二，《旅獒》二十三，《冏命》二十四。③

如果《九共》按照9篇计算，则其数目为24篇。所谓古文16篇与24篇，内容并无实质性区别。郑玄兼采今古文，其所收《今文尚书》为33篇，今文、古文合计57篇。此为两汉时期所存《尚书》的基本篇目。

东汉古文兴起，杜林漆书的出现是重要的契机。《隋书·经籍志》："后汉扶风杜林，传《古文尚书》，同郡贾逵为之作训，马融作传，郑玄亦为之注。然其所传，唯二十九篇，又杂以今文，非孔旧本。自余绝无师说。"④ 据《隋志》，马、郑所注古文惟29篇。汉代所谓古文、今文，只是文字略有差异，基本篇目大致以29篇为主。⑤ 由于29篇立于官学，

---

① 陈梦家：《尚书通论》，商务印书馆1957年版，第45—46页。
② （唐）魏征等：《隋书》卷三二，第915页。
③ （清）阮元校刻：《尚书正义》卷二，《十三经注疏》本，第118页。
④ （唐）魏征等：《隋书》卷三二，第915页。
⑤ 《尧典》孔颖达疏："以庸生、贾、马之等惟传孔学经文三十三篇，故郑与三家同。"

所以保存得相对完整，而逸《书》16 篇因为不立于官学，传习者寡，日渐亡佚。

《尚书·武成》孔颖达疏引郑玄云："《武成》逸书，建武之际亡。"①《武成》篇在东汉光武帝建武年间已经亡佚。《尹诰》又称《咸有一德》，是郑玄所存 16 篇的篇目之一。《礼记·缁衣》郑玄注："《书序》以为《咸有一德》，今亡。"在郑玄之时，《咸有一德》已经亡佚。郑玄将《尹诰》"天"读为"先"，把"惟尹躬天见于西邑夏，自周有终，相亦惟终"理解为夏代先王以忠信得以善终。从郑玄的这些错误理解看，他未见《咸有一德》。目前可以确定，在逸《书》16 篇之中，至少《武成》《咸有一德》两篇，乃郑玄所未见。

清儒惠栋认为，郑玄既然引用过某篇，则某篇当时尚存。②刘起釪甚至主张郑玄见过逸《书》十六篇，注过《典宝》。③《尚书·尧典》孔颖达《正义》云：

> 郑玄亦不见之，故注《书序·舜典》云"入麓伐木"，注《五子之歌》云"避乱于洛、汭"，注《胤征》云"胤征，臣名"。又注《禹贡》引《胤征》云"厥匪玄黄，昭我周王"，又注《咸有一德》云"伊陟臣扈曰"。又注《典宝》引《伊训》云"载孚在亳"，又曰"征是三朡"，又注《旅獒》云"獒读曰豪，谓是道豪之长"，又古文有《仲虺之诰》《太甲》《说命》等见在而云亡，其《汩典》《典宝》之等一十三篇见亡而云已逸，是不见古文也。④

从孔颖达疏看，郑玄注释的是《书小序》"典宝"篇名，而非《典宝》篇原文。又《尧典》孔颖达疏云："（郑玄）注《咸有一德》云'伊陟臣扈曰'。"伊陟，伊尹之子。从清华简《尹诰》看，《咸有一德》乃伊尹所作，与伊陟无关。郑玄注《书序·咸有一德》云"伊陟臣扈曰"，

---

① （清）阮元校刻：《尚书正义》卷一一，《十三经注疏》本，第184页。
② 《古文尚书考》惠栋云："至东汉之末，《胤征》《伊训》犹有存者，故郑康成注书间一引之。"
③ 刘起釪：《尚书学史》，第147页。
④ （清）阮元校刻《尚书正义》卷二，《十三经注疏》本，第118页。

可见他确未见真《咸有一德》。郑玄注《书》时,有时会借鉴传世文献的引《书》,或者引用他人的说法,与其所见古文篇目未必是一一对应的关系。① 马融云:"逸十六篇,绝无师说。"马融知道逸《书》16 篇没有注训,并不意味着 16 篇他篇篇都见过。

从清华简看,《尹诰》出自伊尹,与伊陟无关。郑玄注《咸有一德》云"伊陟臣扈曰",说明他未见《尹诰》。郑玄见过杜林漆书,他所注古文即以漆书为底本,可知杜林漆书中无《尹诰》。而《尹诰》是孔壁 16 篇之一,所以我们可以说,不能把杜林漆书完全等同于孔壁中经。

孔氏家学有《古文尚书》,从孔安国至孔季彦长期流传,代代相袭。为何东汉时期,占据主流地位,走向兴盛的是杜林漆书,而不是孔氏家族的古文之学?和孔氏家学相比,杜林漆书的突出特点,是贾逵为之作训,马融作传,郑玄为之注解。贾逵、马融、郑玄名重一时,是当时一流的古文学家。著名的经学家贾逵、郑玄等人作训传,集众家之所长,是杜林漆书兴起的重要原因。简言之,当时古文传授者所用的底本大致相同,兴盛、不兴盛的关键在于传文训释的质量。东汉时期,为何兴盛的是杜林漆书,而不是孔氏古文?我们猜测,其中缘由可能是杜林漆书的训注质量,要优于孔氏古文训解。

南北朝时期南朝流行《孔传》,北朝盛行郑玄注,双方长期对垒。同是注解《古文尚书》,为何梅赜所献"孔安国传",最终能取代郑玄注?《孔传》多与王肃注同,戴震、惠栋等据此认为"晚书"乃王肃伪造。我们将清华简《尹诰》《傅说之命》与郑玄《礼记注》对照,发现"晚书"作者有四处抄袭郑玄注。② 王肃好与郑玄立异,绝不可能抄袭郑玄,因此王肃不可能是"晚书"的作者。汉儒解经,经文能训解的就解释,不会训解的便阙疑,而《孔传》作者解经,不管经文难易,句句皆能训解。

---

① 《尧典·正义》记载郑玄注《禹贡》引《胤征》云:"篚厥玄黄,昭我周王。"对此,屈万里先生指出郑氏引《书》,《孟子·滕文公下》亦引之,乃佚书,非伪古文《胤征》。《孟子》引《书》原文是:"《书》曰:'肆予东征,绥厥士女,惟其士女,篚厥玄黄,昭我周王。'"《孟子》只是说"《书》曰",未称其具体篇目,郑玄如何知道是《胤征》篇的呢?或许郑玄见过逸《书》16 篇的残卷,存疑待考。参见屈万里《读易三种》,上海辞书出版社 2017 年版,第 271—272 页。

② 参拙作《由章句到义理:魏晋之际的经学转向》,《浙江社会科学》2019 年第 12 期。

笔者怀疑"晚书"不是一家之注,很可能是辑补者广采马融、郑玄、王肃等多家训注,补充以《尔雅》《小尔雅》等训诂,所以才能做到句句皆有训注的程度。

郑冲一派于民间得《古文尚书》,增补 25 篇,传文则汇集郑玄、王肃等诸家之长(详见下章),其经文多采传世文献引文,较郑注本更为全面,传文解经简明、精当,彻底剔除谶纬之风,很多地方优于郑玄注①,所以梅赜本最终能占据正统地位,立于官学。

我们知道汉代有今古文之争,实际上,由东汉至隋唐古文经内部竞争也很激烈,而传文质量则是优胜劣汰的关键。杜林漆书优于孔氏古文,所以杜林漆书胜出;同属杜林漆书古文的支流,郑玄注优于王肃注,结果郑玄注流布于北方;梅赜本古文优于郑玄注,所以经过南北对峙,最终梅赜本古文定于一尊。经文篇目搜集全面,传文则汇聚众家之所长,注解准确、简洁,彰显圣人教化之道,譬如积薪,后来居上,是梅赜本最终胜出的重要原因。

综上所述,郑玄是杜林漆书的重要见证者,从出土材料看,他没有见过《尹诰》。杜林在建武年间任大司空,而郑玄却说《武成》在建武年间亡佚。因此,我们似可断定杜林漆书中没有《尹诰》《武成》两篇。《尹诰》《武成》是孔壁古文 16 篇中的 2 篇,所以杜林漆书与孔壁中经不可能完全等同。杜林漆书是东汉古文兴起的主要载体,如果只有几篇,恐怕不能推动一代古文的复兴。至于杜林漆书的篇目,我们认为当以《隋志》近是,大体为 29 篇。杜林漆书用古文写成,与伏生书篇目同,而文字、分篇或许略有差异。贾逵、郑玄、马融等为杜林漆书作训注时,又广泛搜集传世文献,补充了他们那个时代所能见的引文、残卷,最终促成了东汉古文走向兴盛。

---

① 焦廷琥从名物制度、义理等多方面,论证《孔传》优于郑玄注。参见(清)焦廷琥《尚书伸孔篇》,广雅书局 1888 年版。

第 四 章

《古文尚书》与魏晋之际的经学转型[*]

东晋梅赜本《古文尚书》的出现，在很大程度上改变了《尚书》学研究的走向。自明代以后，对于"晚书"真伪及作者时代的考辨，就已成为《尚书》学研究中最重要、最核心的问题。关于《古文尚书》的成书时间，有战国说[①]、汉代说[②]、魏晋说[③]、东晋说[④]、刘宋元嘉年间说[⑤]等不同意见。而《古文尚书》的作者，有孟子[⑥]、西汉孔安国[⑦]、刘歆[⑧]、宋忠[⑨]、郑冲[⑩]、皇甫谧[⑪]、王肃[⑫]、

---

[*] 本章部分内容发表于《浙江社会科学》2019年第12期，此处收录时有改动。
[①] 王世舜：《略论〈尚书〉的整理与研究》，《聊城师范学院学报》2000年第1期。
[②] 杨善群：《古文〈尚书〉流传过程探讨》，《学习与探索》2003年第4期。
[③] 李学勤：《古文献丛论》，上海远东出版社1996年版，第285—295页。
[④] 刘起釪：《尚书研究要论》，齐鲁书社2007年版，第7—30页。
[⑤] 马雍：《〈尚书〉史话》，中华书局1982年版，第71页。
[⑥] 王蒨：《论梅本古文〈尚书〉的渊源》，《文献》1997年第2期。
[⑦] 《隋书·经籍志》云："《古文尚书》十三卷，汉临淮太守孔安国传。"
[⑧] （清）程廷祚：《晚书定疑》，《续修四库全书》第44册，上海古籍出版社2002年版，第15页；（清）邵懿辰：《尚书传授同异考》，《续修四库全书》第50册，第13页。
[⑨] 李耀仙：《〈伪古文尚书〉与宋明理学》，《中华文化论坛》1997年第3期。
[⑩] 章炳麟、吴承仕、朱渊清等主张此说，参见程元敏《尚书学史》，华东师范大学出版社2013年版，第944页；朱渊清《再现的文明：中国出土文献与传统学术》，华东师范大学出版社2001年版，第25—26页。
[⑪] （明）梅鷟：《尚书考异》卷一，中华书局1985年版，第12页。
[⑫] 学界持此说者人数最多，如惠栋、戴震、王鸣盛、丁晏等。参见《戴震全书》第2册，黄山书社1994年版，第466页；（清）丁晏《尚书余论》，《续修四库全书》第48册，上海古籍出版社2002年版，第824页。

王肃之徒①、孔晁②、梅赜③、东晋孔安国④等不同说法。由于《古文尚书》由何人撰作的意见难以坐实，于是一些集体撰作的说法遂流行起来，如汉魏孔氏家学⑤、荆州学⑥、六朝南学集体杰构⑦等。时至今日，对于《古文尚书》的作伪者，学界推定的怀疑对象已经多达十余种，但大都方枘圆凿，难成定谳。

清华简《书》类文献的面世，证明《古文尚书》确系晚出⑧，但学界对于《古文尚书》产生的具体过程，尚未进行深入的挖掘：魏晋之际《古文尚书》的传授既然不能与汉儒相衔接，那么它是怎么来的？是何时、何人剿袭他书所为？作伪的动机究竟何在？梅赜本今文部分为真，古文部分是伪，这种真伪结合的二元结构是如何形成的？郑玄遍注群经，是东汉末年《古文尚书》学的集大成者。笔者试以清华简《尹诰》《傅说之命》为参照，把郑玄《礼记》注作为突破口，对魏晋之际《古文尚书》成书源流进行新的探索。不当之处，敬请方家批评指正。

一 郑玄《礼记注》与《古文尚书》作伪的时间节点

郑玄是《尚书》学大家，他融汇今文、古文，是东汉时期《古文尚书》面貌的重要见证者。清华简《尹诰》《傅说之命》是先秦"原版"的《古文尚书》，《礼记》曾引《尹诰》《说命》，我们以郑玄所作的注，

---

① （清）崔述撰，顾颉刚编订：《崔东壁遗书》（下），上海古籍出版社2013年版，第592页；程元敏：《尚书学史》，第1039页。
② 蒋善国：《尚书综述》，上海古籍出版社1988年版，第352页。
③ （清）阎若璩撰，黄怀信等校点：《尚书古文疏证（附古文尚书冤词）》卷八，第601页；（清）惠栋：《古文尚书考》，《续修四库全书》第44册，第57页。
④ 冯登府首倡其说，相关研究参见陈梦家《尚书通论》，中华书局2005年版，第119—129页。
⑤ 李学勤：《竹简〈家语〉与汉魏孔氏家学》，《孔子研究》1987年第2期。
⑥ 苏德荣：《武王伐纣研究》，中州古籍出版社1999年版，第285页。
⑦ 郭仁成：《六朝南学的集体杰构——论东晋晚出尚书古文不可废》，《求索》1994年第3期。
⑧ 廖名春等学者以清华简证明《古文尚书》晚出，杨善群、张岩等持否定意见，但笔者认为此说成立。相关研究，参见李学勤主编《清华大学藏战国竹简（壹）》，第132页；廖名春《清华简与〈尚书〉研究》，《文史哲》2010年第6期；杜勇《从清华简〈说命〉看古书的反思》，《天津师范大学学报》（社会科学版）2013年第4期；杨善群《清华简〈尹诰〉引发古文〈尚书〉真伪之争——〈咸有一德〉篇名、时代与体例辨析》，《学术与探索》2012年第9期。

作为考察的重要基点。

《礼记·缁衣》引《尹吉》曰："惟尹躬天见于西邑夏，自周有终，相亦惟终。"郑玄注：

> 尹吉，亦"尹诰"也。天，当为"先"字之误。忠信为"周"。相，助也，谓臣也。伊尹言：尹之先祖见夏之先君臣，皆忠信以自终。今天绝桀者，以其"自作孽"。伊尹始仕于夏，此时就汤矣。夏之邑在亳西。见，或为"败"。邑，或为"予"。①

《尹诰》又称《咸有一德》，出自孔壁，在郑玄之时，该篇已经亡佚②，所以他不免有些臆测之辞：一是"天"字，或当为"先"字之误；二是"见"字，或当为"败"；三是此句主旨是夏代先哲王以忠信得以善终，夏桀"自作孽"而败亡。清华简《尹诰》云："尹念天之败西邑夏，曰：'夏自绝其有民，亦惟厥众。'"③ 在郑玄的猜测之中，"天"为"先"字，错误。"见"字当为"败"，正确。此句只是关乎夏桀败亡，和夏代先哲王无关。

《古文尚书·太甲上》："惟尹躬先见于西邑夏，自周有终，相亦惟终；其后嗣王罔克有终，相亦罔终。"④ 作伪者将"天"当作"先"，"见"仍作"见"，与"败"字无关，夏代先哲王讲究忠信而善终，夏桀不讲究忠信而不得善终。《太甲上》这些理解全是错误的。伊尹见到夏桀败德，是可信的，但《古文尚书·太甲上》说伊尹亲身看到夏先哲王以忠信得善终，更是绝无可能之事。质言之，作伪者没有见到真正的《古文尚书》，但《太甲上》的错误理解并不是空穴来风，是有根据的，都来自郑玄。

《礼记·学记》引《兑命》曰"念终始典于学"，郑玄注："'兑'当为'说'，字之误也。高宗梦傅说，求而得之，作《说命》三篇，在

---

① （清）阮元校刻：《礼记正义》卷五五，《十三经注疏》本，中华书局1980年版，第1649页。
② 《尹诰》郑玄注："《书序》以为《咸有一德》，今亡。"
③ 李学勤主编：《清华大学藏战国竹简（壹）》，第133页。
④ （清）阮元校刻：《尚书正义》卷八，《十三经注疏》本，中华书局1980年版，第164页。

《尚书》,今亡。"①《尚书·说命》不见于孔壁古文,在汉代已经亡佚。②郑玄称《说命》"今亡",说明他没有见过《尚书·说命》。在《说命》亡佚的情况下,郑玄对于《说命》的作者,有彼此矛盾的说法:一是武丁。《学记》郑玄注"高宗梦傅说,求而得之,作《说命》三篇",便是明证。二是傅说。《礼记·文王世子》郑玄注:"《说命》,《书》篇名,殷高宗之臣傅说之所作。"③ 在郑玄之时,已经分不清《说命》的作者究竟是谁了。

墨子把《尚书·说命》称为"先王之书",《国语·楚语》也说"武丁作《书》",对照清华简《傅说之命》,可知《尚书·说命》确为殷高宗命傅说之辞,武丁才是《尚书·说命》的真正作者。《古文尚书·说命中》云:

> 惟说命总百官,乃进于王曰:"呜呼!明王奉若天道,建邦设都,树后王君公,承以大夫师长,不惟逸豫,惟以乱民。惟天聪明,惟圣时宪,惟臣钦若,惟民从乂。惟口起羞,惟甲胄起戎,惟衣裳在笥,惟干戈省厥躬。"④

武丁是《说命》的作者,他的训诫之辞应占据《说命》的主体。但在《古文尚书·说命》中,傅说的进谏占据了主体。《古文尚书》作伪者相信郑玄注,将《说命》的作者误当作是傅说。"惟口起羞,惟甲胄起戎,惟衣裳在笥,惟干戈省厥躬"本为武丁之语,作伪者认同郑玄之说,将之篡改为傅说所言。我们认为,作伪者虽然没有见过《尹诰》《说命》,但他以上对两篇的理解错误不是无根之木、无源之水,都与郑玄注有着极为密切的关联。简言之,在作伪者抄撮、补缉过程中,郑玄《礼记注》

---

① (清)阮元校刻:《礼记正义》卷三六,《十三经注疏》本,第1521页。
② 《说文》引《商书》曰:"高宗梦得说,使百工夐求,得之傅岩。"许慎未见《古文尚书》,他引的只是《书序》。王符《潜夫论·五德志》引《商书·说命上》:"若金,用汝作砺;若济巨川,用汝作舟楫;若时大旱,用汝作霖雨。启乃心,沃朕心。若药不瞑眩,厥疾不瘳;若跣不视地,厥足用伤。"其语序与清华简《傅说之命》不同,而与《国语·楚语上》同。可知《潜夫论·五德志》引文,当出自《楚语上》。
③ (清)阮元校刻:《礼记正义》卷二〇,《十三经注疏》本,第1411页。
④ (清)阮元校刻:《尚书正义》卷一〇,《十三经注疏》本,第175页。

是不可或缺的参照。因此，可以推定《古文尚书》最终完成时间，很可能在郑玄之后。①

西汉时期，今文经、古文经争立。至东汉郑玄，兼采今古文，今文经与古文经趋于合流。郑玄治《尚书》，间用谶纬。《尚书·泰誓》"上篇观兵时事，中下二篇亦伐纣时事"，其中多记"白鱼入于王舟""有火入于王屋，流为乌"之语。②此等阴阳灾异之事，为今文学家所喜闻乐道。但孔子不语怪力乱神，作伪者在辑补之时，参照孔子之说，彻底摒弃灾异、谶纬。梅赜本《尚书》包含《今文尚书》与《古文尚书》，这种兼容今、古文的书体特征，力排谶纬之风，平实求真的治学风格，也应该在郑玄之后。

《孔传》的出现时间，可为《古文尚书》经文的成书提供重要参照。

《尔雅·释鸟》说"鸟鼠同穴，其鸟为鵌，其鼠为鼵"，郭璞注："《孔氏尚书传》云：'共为雄雌。'"③

《尔雅·释畜》云"狗四尺为獒"，郭璞注："《尚书孔氏传》曰：'犬高四尺曰獒。'"④

郭璞注成书于永嘉四年（310年），它两次引用《孔传》⑤，则《孔传》成书必在公元310年之前。郑玄，字康成，东汉末年经学家，北海高密人，生卒年代是公元127年—200年。一般而言，《古文尚书》经文成书要早于《孔传》。从公元200年至公元310年，很可能是《古文尚书》经文缉补最后完成的时间断限。

总之，《尚书·尹诰》《说命》在郑玄之时皆已经亡佚，所以他为两篇引文作注时，难免有臆说之辞。郑玄指出《尹诰》"惟尹躬天见于西邑

---

① 《古文尚书》经传的缉补，工作量巨大，并非出自一人一手，而是一个长期的过程。我们这里说的是最终成书年代，很可能在郑玄之后。

② （清）阮元校刻：《尚书正义》卷一一，《十三经注疏》本，第180页。

③ （清）阮元校刻：《尔雅注疏》卷一〇，《十三经注疏》本，中华书局1980年版，第2650页。

④ 同上书，第2653页。

⑤ 段玉裁怀疑此两句为后人附益，程元敏等学者已辨其非。参见程元敏《尚书学史》，第1055—1057页。

夏"中的"见"字当为"败",是正确的。而其他说法,像《尹诰》"天"当读为"先",将"惟尹躬天见于西邑夏,自周有终,相亦惟终"理解为夏代先哲王以忠信得以善终,《说命》的作者是傅说,"惟口起羞,惟甲胄起戎,惟衣裳在笥,惟干戈省厥躬"为傅说所言,都是错误的。对于郑玄之正误,作伪者皆不能识别,说明其手头没有真《古文尚书》。《古文尚书》经文缀辑之时,作伪者照抄、照搬郑玄错误的说法有四处之多,因此我们怀疑《古文尚书》的最终完成时间,当在郑玄之后。以《孔传》为参照,《古文尚书》经文最后补缀完成的时间,可能在公元200年至310年之间。

二 辑补《古文尚书》属于"经学家"层面的作伪

从西汉开始,《古文尚书》的作伪已经发轫。《汉书·儒林传》曰:

> 世所传百两篇者,出东莱张霸,分析合二十九篇以为数十,又采《左氏传》《书叙》为作首尾,凡百二篇。篇或数简,文意浅陋,成帝时求其古文者,霸以能为百两征,以中书校之,非是。师古曰:"以霸私增加分析,故与中书之文不同也,中书,天子所藏之书也。"①

汉成帝时,征集研究《古文尚书》的学者。东莱张霸按照《书序》,搜集《左传》等文献中的材料,胡乱拼凑成《古文尚书》102篇。结果,成帝出中秘本对照,伪迹立显。孔颖达《正义》引马融《书序》曰:

> 《泰誓》后得,案其文似若浅露。又云"八百诸侯,不召自来,不期同时,不谋同辞"及"火复于上,至于王屋,流为雕,至五,以谷俱来",举火神怪,得无在子所不语中乎?又《春秋》引《泰誓》曰:"民之所欲,天必从之。"《国语》引《泰誓》曰:"朕梦协朕卜,袭于休祥,戎商必克。"《孟子》引《泰誓》曰:"我武惟扬,侵于之疆,取彼凶残,我伐用张,于汤有光。"孙卿引《泰誓》曰:

---

① (汉)班固:《汉书》卷八八《儒林传》,中华书局1962年版,第3607页。

"独夫受。"《礼记》引《泰誓》曰:"予克受,非予武,惟朕文考无罪;受克予,非朕文考有罪,惟予小子无良。"今文《泰誓》皆无此语。吾见书传多矣,所引《泰誓》而不在《泰誓》者甚多,弗复悉记,略举五事以明之,亦可知矣。①

马融手中没有真的《古文尚书·泰誓》,他之所以能断定河内女子所献之《泰誓》为伪书,主要用的是引文检索法②。传世文献如《春秋》《国语》《孟子》等,皆引用过《泰誓》,这些引文无疑是真的。将后出《泰誓》,与传世文献引《泰誓》之文对照,发现传世文献引文皆不见于"晚书"《泰誓》,由此即可判定后出《泰誓》乃伪作。

马融之前,古文造假水平是比较低的。在古文篇目亡佚的情况下,马融辨伪《泰誓》,暗示了寻找真《泰誓》的方向——先秦、两汉古籍的引文。刘起釪先生指出:"《泰誓》一题袭原有今文中《太誓》篇题,但由马融的揭发知汉《太誓》为伪篇,便重新搜集先秦资料第二次伪造《泰誓》三篇……再从当时所传先秦历史文献中搜集一些文句,以剽袭方式拼凑成二十二篇。"③ 道高一尺,魔高一丈,马融的辨伪,客观上启迪了造假者的思路。于是后儒便开始辑佚先秦、两汉之古书所引真《泰誓》。单凭辑佚的寻章摘句,难以成篇,作伪者便开始据己意填充,前后文连缀,此为由辑佚演变为作伪的滥觞。今《尚书·泰誓》三篇,将马融所搜集到的5处引文,全部纳入其中④,便是明证。

《礼记》引《尚书》34条,其中18条郑玄指为逸《书》,这18条全部见于《古文尚书》25篇。作伪者将《说命》作者定为傅说,将《尹诰》"惟尹躬天见于西邑夏,自周有终,相亦惟终",理解为夏代先哲王因忠信得以善终,都是袭取郑玄的思路来的。《古文尚书》的作伪者,熟

---

① (清)阮元校刻:《尚书正义》卷一一《泰誓上》,《十三经注疏》本,第180页。
② 此外,马融认为《泰誓》浅陋,与孔子"不语怪力乱神"的价值标准不合。
③ 刘起釪:《尚书学史》(订补修订本),第189页。
④ 马融只是粗略举例,不是传世文献《泰誓》引文的全部。《墨子·尚同下》"小人见奸巧,乃闻不言也,发罪钧",也是《泰誓》之文。作伪者"止据马融之所及,而不据马融之所未及",是其借鉴马融辨伪方法的铁证。参见(清)阎若璩撰,黄怀信、吕翊欣校点《尚书古文疏证(附古文尚书冤词)》,第28页。

稽郑玄之学，对郑玄《礼记》引《书》之注几乎全部袭用，连郑玄注错误之处都照搬照抄。因此，古文之辑补和郑玄之学有着千丝万缕的联系。

《古文尚书》的缀辑者读过马融的书，熟悉郑玄的注，知道从哪些传世文献中能搜集到《尚书》的引文，并缀辑得语言风格浑然一体，义理畅达。像《大禹谟》"人心惟危，道心惟微，惟精惟一，允执厥中"，《五子之歌》"民为邦本，本固邦宁"，《咸有一德》"德无常师，主善为师"，不管作伪者如何杂采、缀集先秦古籍，能够像这样的点石成金，妙笔生花，绝非水平一般的学者所能为之。《书大序》典、谟、誓、命、训、诰六体的划分，至今仍为不易之论。明儒郑晓云："古文中论学论政，精密广大之处甚多，要非圣贤不能作。"① 一言以蔽之，《古文尚书》的第二次作伪，和第一次相比水平明显提升，属于"经学家"层面的作伪。

对于《古文尚书》经文的缀辑，我们以《尚书·说命》之文，加以说明：

《古文尚书·说命中》："惟口起羞，惟甲胄起戎，惟衣裳在笥，惟干戈省厥躬。"《孔传》："言不可轻教令、易用兵。"②

《礼记·缁衣》引《兑命》曰："惟口起羞，惟甲胄起兵，惟衣裳在笥，惟干戈省厥躬。"③

《墨子·尚同中》："是以先王之书《术令》之道曰：'惟口出好兴戎。'则此言善用口者出好，不善用口者以为谗贼寇戎。则此岂口不善哉？用口则不善也，故遂以为谗贼寇戎。"④

清华简《傅说之命》乙篇武丁说："隹（惟）口记（起）戎出好，隹（惟）干戈作疾，隹（惟）袞戴（载）悥（病），隹（惟）干戈生（眚）厥身。"⑤

---

① （明）郑晓：《古言类编》（上），中华书局1985年版，第8页。
② （清）阮元校刻：《尚书正义》卷一〇《说命中》，《十三经注疏》本，第175页。
③ （清）阮元校刻：《礼记正义》卷五五《缁衣》，《十三经注疏》本，第1649页。
④ （清）孙诒让：《墨子间诂》卷三《尚同中》，中华书局2001年版，第84页。
⑤ 李学勤主编：《清华大学藏战国竹简（叁）》，第125页。

和清华简《傅说之命》对照，《缁衣》所引《尚书》为真。《古文尚书》缀辑者之所以将其归入《说命》中，是因为《缁衣》引用《说命》篇题，可以明确看出其是《说命》之文。但《墨子》所引《尚书》之文题为《术命》，《古文尚书》的作伪者看不出它属于哪一篇，仅知道它是《尚书》之文，所以将其归入《大禹谟》。《礼记·缁衣》引《书》为"起兵"，辑补者据《墨子》引文改为"起戎"，以与"省厥躬"之"躬"叶韵。

和孔壁中书相比，梅赜本缺《汩作》《九共》《典宝》《肆命》《原命》，而多出《仲虺之诰》《太甲》《说命》《微子之命》《周官》《君陈》《毕命》《君牙》。其主要原因，可能是传世文献引《汩作》等五篇较少，难以补缀；而《仲虺之诰》等篇引文多见，容易掇拾复原。作伪者所做的主要工作：一是搜集传世文献中的《尚书》引文，分篇汇总；二是依据《书序》，排列篇目顺序；三是语词或有修饰、润色；四是根据自己的理解，采撷"惟木从绳则正，后从谏则圣"等名言警句，熔铸其中，缀辑成篇。

那么，《古文尚书》的传文是如何辑补而成的呢？《小尔雅》出自《孔丛子》，《宋史·艺文志》记载孔鲋撰《小尔雅》，其中又难免夹杂后儒增益的内容。作为训诂学专论，该篇乃作者广泛搜集《尚书》《诗经》《左传》等文献而成。陈以凤女士广泛搜集《孔传》与《小尔雅》释词相同者70多条，比较后得出最终结论：从《小尔雅》一书性质、与《孔传》文本对比上看，当是《小尔雅》引自《孔传》。此时《孔传》虽未必成书，确切而言当是孔安国的训解。①

我们将陈以凤女士表格所列的内容，选择《古文尚书》部分摘抄如表4-1②：

---

① 参见陈以凤《〈尚书孔传〉成书问题新探》，《史学史研究》2010年第1期。
② 我们在陈以凤女士统计结果的基础上，有所增补。《尚书·吕刑》："狱货非宝，惟府辜功，报以庶尤。"《孔传》："受狱货非家宝也，惟聚罪之事，其报则以众人见罪。"《孔传》将"府"训为"聚"，见于《小尔雅·广诂》。"广诂""诂，治也"，见于《尚书·立政》《周官》《吕刑》三篇，而不只是《周官》一篇。

表 4–1　　《古文尚书》《孔传》《小尔雅》内容对照

	《古文尚书》原文	《孔传》训解	《小尔雅》训诂	最早见于《小尔雅》者，以★标识
1	《说命》"旨哉"	旨，美也	《广诂》：旨，美也	
2	《咸有一德》"克享天心"	享，当也	《广言》：享，当也	★
3	《仲虺之诰》"用爽厥师"	爽，明也	《广诂》：爽，明也	★
4	《君牙》"冬祁寒"	祁，大也	《广诂》：祁，大也	
5	《周官》"诘奸慝"	治奸恶	《广诂》：诘，治也	
6	《大禹谟》"曰文命敷于四海"	言其外布文德教名	《广诂》：敷，布也	★
7	《大禹谟》"兹用不犯于有司"	司，主也	《广言》：司，主也	
8	《大禹谟》"惟先蔽志"	蔽，断也	《广言》：蔽，断也	★
9	《微子之命》"德垂后裔"	裔，末也	《广言》：裔，末也	★
10	《微子之命》"永世无穷"	长世无竟	《广诂》：穷，竟也	
11	《泰誓》"予曷敢有越厥志"	越，远也	《广言》：越，远也	★
12	《泰誓》"我武惟扬"	扬，举也	《广言》：扬，举也	★
13	《五子之歌》"御其母以从"	御，侍也	《广言》：御，侍也	★

　　对照清华简《傅说之命》，《古文尚书·说命》"旨哉"不见于清华简，其经文恐系后儒伪造。我们知道，《说命》不见于孔壁古文，在汉初已经亡佚，孔安国无缘见到该篇。由此可知，《古文尚书·说命》篇《孔传》之辑补与西汉孔安国无关。《咸有一德》又称《尹诰》，出自孔壁。对照清华简《尹诰》，《古文尚书·咸有一德》"克享天心"乃出自后儒杜撰，《咸有一德》经文既然是伪作的，那么与经文紧密联系的传文——《孔传》，恐怕也与孔安国毫无关联。

　　《墨子·非命下》引《仲虺之诰》曰："我闻有夏人矫天命于下，帝式是增，用爽厥师。"清儒孙诒让等学者据《墨子·非命上》，已经正确地指出"用爽厥师"的"爽"字，当为"丧"。[①] 夏桀自恃天命，暴虐败

---

① （清）孙诒让：《墨子间诂》卷九，第 280 页。

政,残贼百姓,结果招致"用丧厥师",夏代军队覆亡。

《古文尚书·仲虺之诰》篇云:"夏王有罪,矫诬上天,以布命于下。帝用不臧,式商受命,用爽厥师。"古文《仲虺之诰》"用爽厥师",即是袭自《墨子·非命下》。《孔传》对此的解释是:"爽,明也。用商受王命,用明其众,言为主也。"①《孔传》的误读表现在:将"爽"解释为"明",把夏桀"丧厥师"理解为商汤受命,"用明其众"。商汤是正义之师,胜利之师,夏桀是败亡之师,一字之差,造成了商汤与夏桀之间人物事迹的张冠李戴。

据表4-1不完全统计,《小尔雅》和《古文尚书·孔传》相同训诂多达13处,其中有些训诂较早见于《小尔雅》,我们认为这种现象绝非偶然。关于《小尔雅》与《孔传》之间的承袭关系,存在两种可能性:一是《小尔雅》袭自《孔传》;二是《孔传》抄袭《小尔雅》。按照上引陈以凤女士的意见,"爽,明也"最早见于《小尔雅》。《尚书·牧誓》"甲子昧爽",《小尔雅·广诂》说"爽,明也",它将"爽"训释为"明",毫无疑问是正确的。但《孔传》作者不明白《仲虺之诰》"爽"本当为"丧"字,指军队丧亡,他将"爽"错误地解释为"明",这种训诂很可能是《孔传》作者误袭《小尔雅》,而不是相反。

《说文》出自许慎,在东汉广泛流行,其影响远大于《小尔雅》。《说文·穴部》云:"穷,极也。"《小尔雅·广诂》:"穷,竟也。"《古文尚书·微子之命》:"作宾于王家,与国咸休,永世无穷。"《孔传》:"为时王宾客,与时皆美,长世无竟。"②《孔传》作者将"穷"训释"竟",用字与《说文》不同,而与《小尔雅》相同。

类似的例证不止一个,《说文》:"享,献也。"许慎将"享"解释为向鬼神敬献祭品。《古文尚书·咸有一德》"惟尹躬暨汤,咸有一德,克享天心,受天明命",《孔传》:"享,当也。"《小尔雅·广言》:"享,当也。"《孔传》的训解,不与《说文》同,而与《小尔雅》相同。宋儒朱熹云:"尝疑今《孔传》并《序》皆不类西京文字气象,未必真安国所作,只与《孔丛子》同是一手伪书。盖其言多相表里,而训诂亦多出

---

① (清)阮元校刻:《尚书正义》卷八,《十三经注疏》本,第161页。
② (清)阮元校刻:《尚书正义》卷一三,《十三经注疏》本,第200页。

《小尔雅》也。"① 朱熹指出《孔传》训诂多借鉴《小尔雅》，其说当属可信。由此我们知道，《古文尚书》经文的辑补，多抄袭自传世文献的引文，而传文的解释，其中有些内容，乃借助《小尔雅》等训诂学著作而成。

梅鷟《尚书考异·序》说："至东晋时，善为模仿窥窃之士，见其以讹见疑于世，遂搜括群书，掇拾嘉言，装缀编排，日锻月炼，会稡成书。必求无一字之不本于古语，无一言之不当于人心，无一篇之不可垂训诫。"②《古文尚书》致思纯正，无一字没有出处，无一言不着眼于教化，而不再像张霸那样粗制滥造，文辞浅陋。那它的材料来源何在？作伪者将《说命》作者定为傅说，出自郑玄《礼记注》。把"用爽厥师"的"爽"误解为"明"，出自《小尔雅》。现在可以确定的是，"晚书"经传的辑补，借助了马融、郑玄等古文学家的训解，并杂糅《小尔雅》等训诂学文献。

辑补者熟悉《小尔雅》，知道语词的时代差异，商代用"祀"，周代用"年"等。其对文本缀辑、拼凑的错误，亦有文献依据。他不仅精于古代文献的检索，而且熟悉马融、郑玄之注，有音韵学基础，善于语词缀辑，对儒家《书》教主旨体悟深刻，必须是专业精深、长期从事《尚书》研究的学者才能胜任。③

综上，以马融为分界点，《古文尚书》的作伪前后大致可分为两个阶段。马融之前，像张霸等人，依照《书小序》，东拼西凑，粗制滥造，作伪水平较低，容易被识别。马融识别《泰誓》的方法，是辨伪的"利器"，同时也启发了后来的作伪者，为他们指明了搜集《古文尚书》材料的方向。作伪者读过马融之书，知道从哪些传世文献中能辑佚出《尚书》引文，且熟悉《小尔雅》等训诂工具书，缀辑成篇，前后文语意连贯，深谙儒家教化之宗旨，全力涤除灾异、谶纬的内容，因此第二阶段《古文尚书》的辑补，属于"经学家"层面的作伪。

---

① （宋）朱熹撰，朱杰人等主编：《朱子全书》第24册，上海古籍出版社、安徽教育出版社2002年版，第3425页。

② （明）梅鷟撰，姜广辉点校：《尚书考异》，上海古籍出版社2014年版，第80页。

③ 按照姚际恒的研究，《古文尚书》的编著者对语词的修改，说明他是有学术涵养的学者，并非素质低劣的人恶意作伪。

郑玄为《尚书》作注，杂见于《礼记》，其中涉及古文18条。作伪者能全部搜集出来，照搬照抄，说明他熟稔郑玄之学。一言以蔽之，郑玄等古文学家的训注，《小尔雅》等训诂学著作，是《古文尚书》二次重构的重要基点。

三 《古文尚书》作伪可能出自郑冲一派

孔颖达《尚书正义》引《晋书》云：

> 晋太保公郑冲以古文授扶风苏愉，愉字休预。预授天水梁柳，字洪季，即谧之外弟也。季授城阳臧曹，字彦始。始授郡守子汝南梅赜，字仲真，又为豫章内史，遂于前晋奏上其书而施行焉。①

孔颖达之时，臧荣绪等诸家《晋书》尚存，其所记当有所本。②《晋书》所存《古文尚书》的传授谱系是：郑冲—苏愉—梁柳—臧曹—梅赜。梅赜东晋汝南人，生卒年代虽不详，但晋元帝在位时间是318—323年，此时梅赜正任豫章内史，献书时间约在公元318年前后。③

清儒崔述说："(《晋书·儒林传》)并无苏愉等三人之名，然则三人亦皆子虚乌有者也。"④ 他以《儒林传》没有苏愉、梁柳等人之名，否认他们之间曾传授《古文尚书》。郑冲，卒于泰始十年（274年），事迹见于《晋书·郑冲传》。苏愉，咸熙中（264—265年）为尚书，见于《魏志·苏则传》⑤。梁柳，城阳太守，见于《晋书·皇甫谧传》⑥。臧曹，城阳人。梅赜之父为城阳太守。地近城阳，为梁柳、臧曹、梅赜三人之间的古文传授，提供了便利条件。正如陈梦家先生所云，自郑冲到梅赜的

---

① （清）阮元校刻：《尚书正义》卷二，《十三经注疏》本，第118页。
② 《四库总目提要》指出孔颖达引文，可能出自臧荣绪《晋书》，李学勤等学者赞成其说。参见李学勤《〈尚书孔传〉的出现时间》，《古籍整理研究学刊》2002年第1期。
③ 晋元帝太兴二年（319年）立古文博士，献书当在此之前。
④ （清）崔述撰，顾颉刚编订：《崔东壁遗书》，上海古籍出版社2013年版，第590页。
⑤ 《魏志》裴松之注曰："愉字休豫，历位太常光禄大夫，见《晋百官名》，山涛《启事》称愉忠笃有智意。"苏愉为凉州刺史，见于《晋书·载记》《十六国春秋》等。
⑥ 梁柳事迹四见，参见《晋书·武帝纪》《阎缵传》《皇甫谧传》及《水经注·河水》，任阳平太守、城门校尉、城阳太守、弘农太守等职。

传授，皆有史籍可考，其时、地、人三者都相符合①，很难凭空杜撰出来。由梅赜上推，则郑冲、苏愉、梁柳、臧曹四人的生卒年代，都在200—310年时间范围之内。

《世说新语》刘孝标注引王隐《晋书》曰："冲字文和，荥阳开封人。有核练才，清虚寡欲，喜论经史。"②郑冲喜欢讨论经史，则可能对马融辨伪方法有所了解。又《晋书·郑冲传》曰："初，冲与孙邕、曹羲、荀顗、何晏共集《论语》诸家训注之善者，记其姓名，因从其义；有不安者辄改易之，名曰《论语集解》。成，奏之魏朝，于今传焉。"③对于诸家训释之善者，则采其说；不善者，则据己意更改。郑冲位高权重，有聚合众力，汇集古籍古注，编纂一书的学术实践。梅赜古文经和郑玄联系密切（见上文），而传文多近王肃，有采用王注而误会王意者④，与郑冲从曹魏入西晋的治学经历类似。上文我们已经指出，"晚书"之辑补，非经学家莫能为。因此，郑玄至梅赜献书之间的《古文尚书》传流，郑冲等人应作为考察其缉补成书的重点关注对象。

对于郑冲传《古文尚书》，清儒朱彝尊持反对意见。《经义考》云：

《正义》又云："《古文尚书》郑冲所授。"冲在高贵乡公时业拜司空，高贵乡公讲《尚书》，冲执经亲授，与郑小同俱被赐。使得孔氏增多之书，何难径进？其后官至太傅，禄比郡公，几杖安车，备极荣遇。其与孔邕、曹羲、荀顗、何晏共集《论语训注》，则奏之于朝，何独孔书止以授苏愉，秘而不进？又《论语解》虽列何晏之名，冲实主之。若孔《书》既得，则"或谓孔子"章引《书》，即应证以《君陈》之句，不当复用包咸之说，谓"孝乎惟孝，美大孝之辞矣"。窃疑冲亦未必真见孔氏古文也。⑤

---

① 严格地讲，五人之中，除臧曹外，郑冲、苏愉、梁柳、梅赜四人皆有文献可考。参见陈梦家《尚书通论》，第132页。
② （南朝）刘义庆：《世说新语》，浙江古籍出版社2011年版，第44页。
③ （唐）房玄龄等：《晋书》卷三三《郑冲传》，第993页。
④ 吴承仕：《尚书传王孔异同考》，《华国月刊》1925年第10期。
⑤ （清）朱彝尊：《经义考》第2册，中国书店2009年版，第557页。

按照朱氏的理解，郑冲官拜司空、太傅，禄比郡公，官职显赫，以他的权势和资历，向皇帝献《古文尚书》，并不是什么困难的事。朱彝尊的疑问是：郑冲位高权重，他献书并非难事，为何他在王学、郑学争胜之时有书不献，只是私授苏愉？郑冲宗郑玄之学，为何《孔传》与郑玄之说多有出入？如果郑冲有《古文尚书》，为何编纂《论语集解》时用包咸之说，而不采用古文《君陈》篇？简朝亮①、刘起釪②等学者亦持类似的意见。

《三国志·魏书·少帝纪》记载："九月庚子，讲《尚书》业终，赐执经亲授者司空郑冲、侍中郑小同等各有差。"③《晋书·郑冲传》："及高贵乡公讲《尚书》，冲执经亲授，与侍中郑小同俱被赏赐。"④ 郑冲（？—公元274年），与郑小同为高贵乡公（皇帝曹髦）教授《尚书》，共为侍讲，同受赏赐，各有等差。能为皇帝侍讲，必须是名重一时的儒臣，可知郑冲是《尚书》学名家。

《魏书·少帝纪》记载庾峻奉遵师说，高贵乡公难之以《尚书》郑义⑤，其学为郑冲所传授，陈梦家等学者由此推论郑冲尊崇郑学，以此否定其与《古文尚书》之间的关联。⑥ 曹魏之时，郑玄之学兴盛，立于官学，郑冲熟悉郑玄《尚书》学是无疑的。但仅据高贵乡公问太学一事，推定郑冲必专宗郑玄一家之学，恐未必如此。

高贵乡公问博士淳于俊曰："若圣人以不合为谦，则郑玄何独不谦

---

① 简朝亮：《尚书集注述疏》卷首，《续修四库全书》第52册，第24页。

② 刘起釪先生说魏帝到太学和博士们论辩《尚书》，争论郑玄、王肃两家异同。如果郑冲手中有"孔氏古文"，必然会拿出来折服两家。参见刘起釪《尚书学史》，第182页。

③ （晋）陈寿：《三国志》，中华书局1971年版，第133页。

④ （唐）房玄龄：《晋书》卷三三《郑冲传》，第992页。

⑤ 《三国志》卷四《魏书·三少帝纪》："帝问曰：'郑玄曰稽古同天，言尧同于天也，王肃云尧顺考古道而行之，二义不同，何者为是？'博士庾峻对曰：'先儒所执，各有乖异，臣不足以定之。然《洪范》称三人占，从二人之言，贾、马及肃皆以为顺考古道。以《洪范》言之，肃义为长。'帝曰：'仲尼言唯天为大，唯尧则之，尧之大美，在乎则天，顺考古道，非其主也。今发篇开义，以明圣德，而舍其大，更称其细，岂作者之意邪？'峻对曰：'臣奉遵师说，未喻大义，至于折中，裁之圣思。'"又《尚书·尧典》孔颖达疏："高贵乡公皆以郑为长，非笃论也。"

⑥ 参见陈梦家《尚书通论》，河北教育出版社2000年版，第132页；程元敏《尚书学史》，第943页。

邪?"① 孔子以不合为谦，郑玄为何不与孔子同？实际上，高贵乡公对《周易》郑玄注亦有所质疑，他未必完全宗主郑学。② 又《晋书·郑冲传》记载郑冲"博究儒术及百家之言"，于儒学之外，他对诸子百家典籍亦广泛涉猎，当为博学之士。

《古文尚书》的编纂细节，我们虽不清楚，但《舜典》的成篇过程，文献记载却较为详细。唐陆德明《经典释文·叙（序）录》云：

> 江左中兴，元帝时豫章内史枚（梅）赜奏上孔传《古文尚书》。亡《舜典》一篇，购不能得，乃取王肃注《尧典》从"慎徽五典"以下，分为《舜典》篇以续之，学徒遂盛。后范宁变为《今文集注》，俗间或取《舜典》篇以续孔氏。齐明帝建武中，吴兴姚方兴采马、王之注，造孔传《舜典》一篇，云于大桁头买得，上之。③

东晋梅赜献《古文尚书》，缺《舜典》一篇。时人从《尧典》中强行分出《舜典》一篇，但《舜典》起首便说"慎徽五典"，没有对帝舜身世、德行的介绍，内容明显不完整。南齐明帝时，姚方兴在《舜典》"慎徽五典"之前，补"曰若稽古帝舜，曰重华，协于帝"12字，传则用王肃注，奏上。姚本遭当时学者反对，未被采用。直到隋代，刘炫在姚本基础之上，增补"濬哲文明，温恭允塞，玄德升闻，乃命以位"16字，重献《舜典》，才被采入孔传《古文尚书》。④《舜典》篇目分割、文句搜集、传文补缀，由东晋至隋代，经过近两三百年，才最终补齐。

《舜典》只是1篇，而古文有25篇。从《舜典》篇的成书过程看，《古文尚书》作伪不是一蹴而就的。从传世文献中辑佚出引文，需要工夫，再将这些琐碎的断章残句，布局成篇，搜集《小尔雅》等训诂书籍，

---

① （晋）陈寿：《三国志》，上海古籍出版社2002年版，第116页。
② 华喆：《高贵乡公太学问〈尚书〉事探微——兼论"天命"理想在魏晋的终结》，《中国史研究》2018年第2期。
③ 吴承仕著，秦青点校：《经典释文序录疏证》，中华书局1984年版，第68—69页。
④ 关于姚本28字的来源，《隋书·经籍志》记载皆是姚方兴伪造，此取臧琳《经义杂记》、王鸣盛《尚书后案》、刘起釪《尚书学史》的意见。参见（清）王鸣盛《尚书后案》，《嘉定王鸣盛全集》第3册，中华书局2010年版，第1252—1253页；刘起釪《尚书学史》，第185—186页。

补写传文,更需很长时间的锤炼与打磨。朱彝尊等学者错误地把伪造《古文尚书》理解为一人一时,认为郑冲凭一己之力便完成了古文的全部辑补工作。笔者认为,《古文尚书》成书真实的情形,可能是郑冲、苏愉、梁柳等几代人,经过近百年的辑佚、修补才最终完成。① 郑冲手中并没有完整的《古文尚书》经传,有的恐怕只是《古文尚书》的雏形。我们理解的《古文尚书》始于郑冲,是说古文经传的初创,是在郑冲时代奠定的。郑冲传授给苏愉的,更多的是他如何编纂《古文尚书》的谋划与思路。

总之,《古文尚书》成书在郑玄之后,梅赜献书之前,其辑补者在经学方面有深厚的造诣。郑冲是魏晋时期《尚书》学名家,学问淹博,郑冲、苏愉、梁柳、臧曹等人、官职及生活时代大致有据可查。孔颖达之时,臧荣绪等诸家《晋书》尚存。他引《晋书》说古文始于郑冲一派,应是众多说法之中较为可信的一种。《古文尚书》经传体大思精,句句皆有所本,它绝非成书于一人一时,可能是郑冲、苏愉等人经近百年的采集补缀,层累而成,为多位学者前后相续、集体缀辑的结果。我们说古文发轫于郑冲,不是说该书完全是由郑冲一人伪造的,而是说辑佚古文经传的谋划、格局,是在郑冲时代奠定的。

四 郑冲《古文尚书》来源考

宋代实行的经筵制度,其源头可上溯至汉魏时期的"侍讲"。当时担任侍讲的,皆是满腹经纶、深谙内圣外王之道的端雅儒臣。《后汉书·杨赐传》:"建宁初,灵帝当受学,诏太傅、三公选通《尚书》桓君章句宿有重名者,三公举(杨)赐,乃侍讲于华光殿中。"② 灵帝11岁时继位,杨赐以侍讲的方式,为其讲《尚书》。又《后汉书·刘宽传》云:"灵帝初,征拜太中大夫,侍讲华光殿……熹平五年,代许训为太尉。灵帝颇好学艺,每引见宽,常令讲经。"③ 为灵帝讲经者并非一人,刘宽也曾为

---

① 钱熙祚《帝王世纪·序》云:"魏、晋之际,真古文未尽亡,好事者搜集遗文,重为补缀。盖不出于一人,亦不成于一时。"参见(晋)皇甫谧《帝王世纪》,《丛书集成初编》本,中华书局1985年版,第2页。

② (南朝宋)范晔:《后汉书》卷五四《杨震列传》,第1776页。

③ (南朝宋)范晔:《后汉书》卷二五《卓鲁魏刘列传》,第887页。

皇帝侍讲。所谓"侍讲",相当于帝王的师保①,承担着对天子或王位继承人进行经典讲授、德性培育的责任。

《古文尚书》自东晋立为官学,其对儒家义理的阐发,纲常名教的彰显,明显优于《今文尚书》。如此重要的一部著作,其成书绝非某人一时兴起,偶然为之。曹魏之际,三体石经采用古文作为底本,标志着《古文尚书》已经得到官方的认可。郑冲为曹髦侍讲《尚书》,讲郑玄之学,必然会涉及到《古文尚书》,但古文篇目多有亡佚,怎么办?郑冲或许便借鉴马融的办法,开始从传世文献中寻觅"真古文",即辑佚《古文尚书》的引文。

《孔传》作者选用最简洁的语词,训释《古文尚书》经文的奥义。《小尔雅·广服》说"缯之精白者曰缟",《孔传》训解为"白缯";又《广服》云"葛之精者曰绤",《孔传》则解说为"细葛"。和《小尔雅》相比,《孔传》的训诂更为简洁明了。汉儒解经,遇到疑难处,往往存疑而不训释,乃是出于学术层面的严谨。但《孔传》的不同之处,是字字解经②,逐句逐字训释,近似白话翻译,其目的很可能是为满足初学者的需要。从曹髦与博士的对话看,他对《书》学造诣颇深。潦草应付是不行的,所以《孔传》又特别强调训注的准确、精炼。

天子治理国家,必须德才兼备。经筵侍讲,着眼于懋修君德。《三国志》卷四《魏书·三少帝纪》曹髦诏曰:"盖闻人君之道,德厚侔天地,润泽施四海。先之以慈爱,示之以好恶。然后教化行于上,兆民听于下。朕虽不德,昧于大道,思与宇内共臻兹路。《书》不云乎:'安民则惠,黎民怀之。'"高贵乡公引用《皋陶谟》,宣扬王道教化,可知《书》教是经筵侍讲的重要内容。

郑冲讲经时,为培养曹髦这位年幼的皇位继承者,"示人主以轨范",自然要重视纲常伦理,凸显道德教化的内容。曹氏篡汉,司马氏篡魏,学者或结合社会政治形势,认为古文的撰作,乃是为权臣篡位服务的。实际上,和《今文尚书》相比,古文经传特别强调君臣上下之谊的阐发,

---

① 《后汉书·桓荣传》论曰:"中兴而桓氏尤盛,自荣至典,世宗其道,父子兄弟代作帝师,受其业者皆至卿相,显乎当世。"

② (清)皮锡瑞:《经学通论》,中华书局2018年版,第128页。

全力弘扬王道教化，与"假禅让、真篡位"的政治野心格格不入。所以我们怀疑"晚书"之所以被重新辑佚，可能是郑冲为满足给皇帝侍讲《尚书》的需要。

学者否定郑冲传古文，重要的证据是他以前的传授情况都没有记载。① 《太平御览》卷六〇九《学部三·书》引《正义》云："荥（荥）阳郑冲私于人（民）间得而传之，独未施行。"② 郑冲于民间得《古文尚书》，不仅见于《太平御览》，又见称引于《初学记》《山堂肆考》等文献，正可与孔颖达《正义》所引古文传授相衔接。东晋梅赜所献之书，真伪参半，今文33篇及《书小序》是真实可靠的。③ 笔者认为，郑冲完全凭空伪造《古文尚书》经文，而且兼附传文解释句意，以《书大序》介绍古文来源，是很难的。笔者猜测郑冲可能于民间得今文33篇的经传，然后仿照它的体例、解经方式，辑补了古文25篇的经传。

东汉《古文尚书》源头主要有二：一是杜林漆书；二是孔氏家学。④ 郑冲得自民间的《古文尚书》属于哪一家呢？《后汉书·儒林传》："扶风杜林传《古文尚书》，林同郡贾逵为之作训，马融作传，郑玄注解，由是《古文尚书》遂显于世。"杜林得漆书古文，贾逵为之作训，马融为之作传，郑玄为之注解，郑玄等人的古文皆来源于杜林漆书。东汉至魏，贾逵、马融、郑玄古文之学皆立为官学。郑冲于民间得《古文尚书》，则当非郑玄等人之学，来源也就不是杜林漆书。

东晋孔衍，孔子二十二世孙，是一个非常特殊的人物。《晋书·孔衍传》："衍少好学，年十二，能通《诗》《书》。"⑤ 孔衍精通《尚书》之学，撰《汉尚书》十卷，《后汉尚书》六卷，《魏尚书》八卷。他生活的年代是268—320年，恰逢梅赜献书之时。孔衍在晋元帝时，任职安东参军、中书郎等，与梅赜同朝为官。

---

① 参见蒋善国《尚书综述》，上海古籍出版社1988年版，第302页。
② （宋）李昉等：《太平御览》卷六〇九《学部三》，中华书局1960年版，第2741页。
③ 伏生今文29篇，在《古文尚书》中被离析为33篇：《尧典》被拆分为《尧典》《舜典》两篇，《皋陶谟》被拆分为《皋陶谟》《益稷》两篇，《盘庚》一分为上、中、下三篇，《顾命》被拆分为《顾命》《康王之诰》两篇。
④ 东汉古文学家，如盖豫、周磐、刘佑、孙期、董春等，传授系统不明，我们猜测大都是两家直接或间接的变型。
⑤ （唐）房玄龄等：《晋书》卷九一《儒林传》，第2359页。

《尚书序》（又称《书大序》）说："承诏为五十九篇作传，于是遂研精覃思，博考经籍，采撫群言，以立训传，约文申义，敷畅厥旨，庶几有补于将来。"《尚书序》开篇称"汉孔安国曰"，完全是以孔安国本人的语气，讲述自己奉诏为《古文尚书》作传。梅赜所献之书，如果不是来自孔安国，孔衍面对着梅赜假冒自己先祖之作，为何不进行检举、揭发？《尚书序》对于孔安国整理《古文尚书》的过程，如数家珍，且"隶古定"即用隶书的写法摹写古文字形的记载，只见于《尚书序》。

《孔丛子·连丛子上》孔臧云：

> 臣世以经学为［业］，家转（传）相承，作［为］训法。然今俗儒繁说远本，杂以妖妄，难可以教。侍中安国受诏缀集古义，臣乞为太常，典臣家业，与安国纪纲古训，使永垂来嗣。①

"俗儒繁说远本，杂以妖妄"，指今文经学训诂烦琐，杂以谶纬，为孔臧所不耻。孔臧自愿守其家业，使孔安国之学永垂后世，则孔臧所说的"以经学为业，家传相承"，是指孔氏家族以古文为业，世代相传。《孔子家语》《孔丛子》中《与从弟书》《与子琳书》《小尔雅》，也多与"晚书"暗合。我们猜测，郑冲于民间所得《古文尚书》，包括今文33篇及《书小序》②。而所谓的"民间"，其源头可能是指孔氏家学。

梅赜本古文篇目比孔氏古文多出25篇③，作伪者广采马融、郑玄、王肃等人之注，择善而从，且"参以己见"，其对经文的解说，比孔氏训注更为优良。两汉言古文之学者众多，但追根溯源，皆本于孔安国。如同木匠师傅皆尊崇鲁班为祖师一样，"晚书"称出自孔安国，并非说孔安国真是《孔传》的作者，更多的是表达后学对先师的礼赞与敬意。梅赜本《尚书序》明确称古文出自孔氏，全力赞扬孔安国整理古籍之功，没有丝毫贪功邀誉之举，所以孔衍面对梅赜献书的行为，予以肯定和接受。

---

① （秦）孔鲋：《孔丛子》卷下，中华书局1985年版，第149—150页。
② 《书大序》言古文58篇，从篇数看，可能出自郑冲一派。
③ 西汉孔安国所传《尚书》共计45篇，至东汉末年，其中16篇可能已经亡佚，仅存29篇。

王肃反对郑玄，他依据的是贾逵、马融及孔氏家学。在郑冲生活的时代，王学与郑学争胜，郑冲为何没有献书？可能是由"晚书"的特点决定的。它兼采众家之长而成，其中很多内容取自郑学、王学。郑、王两家都是真书，郑冲知道己书是伪作，况且当时他采集、补缀得也未必完备，所以不敢拿出来定郑学、王学之是非。

总的来说，孔氏家族世传《古文尚书》，至孔僖、孔季彦之时，其篇目或许仅存今文33篇。孔氏古文与魏石经篇目基本相同，只是解经的传文有所不同。《书大序》叙述孔安国奉诏整理孔壁古文，如数家珍。"隶古定"一语首见于《书大序》。梅赜献《古文尚书》，称其来自孔安国，内容与《孔子家语》《孔丛子》多有呼应，同朝为官的孔衍精通《尚书》学，对此予以默认。笔者猜测，梅赜本《尚书》当一分为二，其中今文33篇经传及《书小序》出自孔氏家学，是汉魏孔氏家学的产物；而古文经传25篇，则可能是郑冲一派模仿孔氏古文的体例、解经方式，搜集引文辑补而成的。① "晚书"的最初产生，或许与魏晋之际郑冲等人的经筵讲习及储君教育有关。

五 《古文尚书》作伪者与献书者可能并非一人

梅赜，字仲真，汝南人，东晋豫章内史，生卒之年不详。梅赜又作"梅颐"《世说新语·方正》篇云：

> 梅颐尝有惠于陶公（陶侃），后为豫章太守，有事，王丞相遣收之。侃曰："天子富于春秋，万机自诸侯出，王公既得录，陶公何为不可放！"乃遣人于江口夺之。颐见陶公，拜，陶公止之。颐曰："梅仲真膝，明日岂可复屈邪？"

刘孝标注云：

> 《晋诸公赞》曰：颐字仲真，汝南西平人，少好学隐退，而求实

---

① 这样说，并不意味着郑冲等人对孔氏古文全盘接受，而可能在很多方面，对33篇也予以优化。

进止。①

梅颐有惠于陶侃,后来他遭难,陶侃无惧王敦的压力,救梅颐于危难之中。或认为有惠于陶侃、担任豫章太守的,是梅赜的弟弟梅陶。关于梅赜,学界争论很多:如梅赜当作"枚颐"或"梅颐"②;东晋职官有豫章太守,而无豫章内史;担任豫章内史的是梅赜的弟弟梅陶,而不是梅赜③。这些对"晚书"真伪的考辨影响都不大。

从《世说新语》及刘孝标的注释看,梅赜曾任职豫章太守(内史),"少好学隐退,而求实进止",不失为品行端正之人,所以入选《方正》篇。梅赜献书,又见于孔颖达《尚书正义》、陆德明《经典释文》等,如果连此事也一概否定,恐是不足取的。

《隋书·经籍志》云:"晋世秘府所存,有《古文尚书》经文,今无有传者。及永嘉之乱,欧阳、大小夏侯《尚书》并亡。"④永嘉之乱,今文经、古文经一并亡佚,为纾解朝廷《尚书》缺失的困厄,梅赜才向晋元帝献书。陆德明《经典释文·叙(序)录》曰:

> 江左中兴,元帝时豫章内史枚(梅)赜奏上孔传《古文尚书》。亡《舜典》一篇,购不能得,乃取王肃注《尧典》从"慎徽五典"以下分为《舜典》篇以续之,学徒遂盛。⑤

面对《尚书》之缺,梅赜献《古文尚书》,但缺《舜典》一篇。当时人解决问题的办法,先是购买,购买不成,便割裂篇目,取王肃注《尧典》,分为《尧典》《舜典》两篇,用"慎徽五典"以下部分冒充《舜典》。我们这里要说的是,时人能想到的办法:一是购买,二是割裂篇目,都非梅赜所为。《古文尚书》增多25篇,最常见的做法是从传世

---

① (南朝)刘义庆:《世说新语》卷三,诸子集成本,中华书局1978年版,第85页。
② 如虞万里先生认为当作梅颐,参见氏著《献〈古文尚书〉者梅颐名氏地望辨证》,《文史》2004年第4辑,第253—256页。
③ 参见马雍《尚书学史》,第51—52页。
④ (唐)魏征等:《隋书》卷三二《经籍志》,中华书局1973年版,第915页。
⑤ 吴承仕著,秦青点校:《经典释文序录疏证》,中华书局1984年版,第68页。

文献中辑佚出来的，"古训旧典往往而在"，而梅赜献书给皇帝，列于学官，在当时就缺一篇的关键时刻，他仍未想到从传世文献中采集、补缀的办法。

梅赜所献《尚书》，包括经文58篇、《孔传》及大小《书序》。杂采古书，将《古文尚书》25篇从传世文献的引文中缉补出来，连缀成篇，文意畅达，前后无碍，且彰显君臣上下之义，合乎圣人之教，符合儒家的教化标准，是需要很长时间的。在经文之外，还要广采古籍旧注，参看《小尔雅》等训诂学著作，附上《孔传》《书大序》①，绝非仓促间所能为之。梅赜献书在318年左右，而《孔传》310年以前成书（经文则更早），其间间隔至少8年，《古文尚书》不可能是临时起意的仓促之作。东晋元帝时，《尚书》阙，梅赜在很短的时间内，就将《古文尚书》经传献出来，说明造伪者可能并非梅赜本人。

自西晋永嘉之乱，或者更早的时候，《古文尚书》出现亡佚或部分缺失，而辑补的文献活动自那时便已经起始。至东晋梅赜献书之前，辑补活动整体完成。也就是说，《古文尚书》的"辑补"与"献书"可能分属于不同的学者，不同的时间段。郑冲等人最初撮拾三代遗文，连缀成篇，只是作为自己平时讲习使用的教材，而非故意作伪，去欺骗世人，以谋求功名利禄。因此，在很长的时间内，它并不为世人所知。"晚书"由郑冲、苏愉、梁柳、臧曹而下，辗转传流几代，将近百年之后，相关信息缺失。梅赜不知此事，错把它当作三代时期的"真书"献给晋元帝，以补《尚书》之缺，缓解燃眉之急。结果古文立于学官，诸家传注渐趋衰亡而《孔传》独兴，造成了后人的严重误读，此为梅赜之失。

总之，《古文尚书》是有家学渊源或师承素养的学者精心编缀而成。作伪者不为名利，没有主观欺骗世人的故意，只是为弥补古文版本缺失之憾。该书属于高层次知识分子层面的作伪。《古文尚书》经传搜罗广泛，体大思精，绝非一人一时之功，似乎经历了由辑佚到连缀成篇较为长期的过程。而梅赜在很短的时间，就将《古文尚书》献了出来，因此我们推测，梅赜可能不是《古文尚书》的作伪者。《古文尚书》辑补者与献书之梅赜并非同一个人。

---

① 我们认为，《今文尚书》及《书小序》皆非魏晋后儒伪作。

《古文尚书》的产生，并非无本之木、无源之水。其肇始或许是郑冲一派经筵侍讲需要，搜集文献引文而成。它最初只不过是私人用的讲义，郑冲等人心知其伪，自然不肯献书于朝廷。但时间一长，多人辗转传习之后，相关文献信息磨灭，梅赜误当其真而献书。梅赜献《古文尚书》，以补朝廷官书之阙，是一种"无知"的，或者说是没有主观蓄意的"欺骗"。我们不能过分苛求古人，当时的梅赜，缺少识别《古文尚书》真伪的警惕性与能力。学界说"梅赜伪造《古文尚书》"，称他为千古文化罪人。在笔者看来，这种意见或许"过低"地估价了他的人品，而"过高"地估计了梅赜在《古文尚书》补缀方面的素养与造诣。

六 《古文尚书》与魏晋之际的经学转向

两汉时期为经学的极盛时代。汉武帝"罢黜百家，表彰六经"，设太学，置五经博士，经学遂成为社会的主流意识形态。汉代经学的突出特点，一是强调家法、师承，弟子、门人固守门户之见，因循旧说；二是强调对经文的文字训诂，故又称为"章句之学"。汉代经学的积弊，尤其是今文经学，一是争相附会谶纬、灾异，内容荒诞怪异；二是训诂经文过于烦琐。典型的例证，是解说"曰若稽古"用字三万多，注释"尧典"用字十万多。其直接的结果，造成当时儒者"皓首不能穷其经"。

训诂与义理，乃儒家经典之两翼。汉代经学衰微重要的原因是泥于章句，而忽视了对义理的开拓与阐发。魏晋时期玄学兴起，学者崇尚清谈，弱化名教，纷纷引《老子》《庄子》之说解释经文，"得意而忘言"，"言有尽而意无穷"，超越文句之训诂，开掘经学之中蕴含的义理，成为学者理论建构的重心所在。玄学之所以能标新立异，引领一时之风尚，其重要的缘由是用形而上的哲理思辨，以弥补汉代经学义理方面的不足。因此魏晋之际，经学的重要特征是由章句训诂向重视义理的转型。

东汉末年，郑玄融汇今、古文，经学出现了"小统一时代"[1]。其明显的不足之处，一是引今文解经，随意比附，难免灾异谶纬之风盛行。如郑玄解"曰若稽古"，《孔疏》云："郑玄信纬，训'稽'为同，训'古'为天，言'能顺天而行之，与之同功。'"二是以古文解经，不能

---

[1] 参见（清）皮锡瑞《经学历史》，第281页。

完全摆脱注疏的烦琐。这就导致了其后荆州学派与王肃等学者公开"驳郑"①。《古文尚书》经传训诂,皆有依据,平实求真,辞约旨明,自成一家之言。郑学盛而今文经学衰,《孔传》兴而郑注亡②,梅赜本古文"其辞富而备,其义弘而雅,故复而不厌,久而愈亮"③,摒弃谶纬,简明解经,崇尚求真,昌明圣道,代表着魏晋之际《尚书》学由冗繁转向简明,由章句之学转向追求义理的发展趋势。

魏晋时期,经学式微,玄学兴起,崇尚清谈,弱化名教,是学术转向最主要的特征。学者纷纷引《老子》《庄子》之说解释经文,"得意而忘言","言有尽而意无穷",超越文句训诂,空谈义理,渐渐疏远了经学本身。《古文尚书》既重视名物制度训诂,又强调儒家义理的阐发与弘扬。在《论语·尧问》篇中,尧传舜、舜传禹的不过是"允执厥中"四字,而《古文尚书·大禹谟》则丰富、衍化为"人心惟危,道心惟微,惟精惟一,允执厥中"。"虞廷十六字"立意深远,不是一般人能杜撰出来的,充分彰显了辑补者对三代圣王之意的深刻领悟与把握。

何晏、王弼"以无为本",阮籍、嵇康主张"越名教而任自然",其形而上的哲学思辨,确实在一定程度上弥补了儒家形而上理论建构方面的缺憾。但道家与儒家的义理属于不同的思想体系,扞格难通。玄学对经学的改造,其结果是将儒家学者引入歧途,背孔、孟而同于老、庄。格义之法,为晋代僧人所创。高僧将佛教经典与儒家之书相比附,如"三归"比附"三畏","五戒"比附"五常",以迎合儒者的口味。但格义之法不过是形式,其背后宣扬的却是佛法。儒者接受格义之说的最终归宿,是丧失儒家本位,皈依释宗而远离孔孟仁义之说。

《说命》作者在郑玄那里有两说:一是武丁;二是傅说。辑补者之所以将《说命》作者选定为傅说,是为彰显"股肱良臣启沃"之谊。武丁"舍己从人",任贤纳谏;傅说善于进谏,克佐高宗。君圣臣贤的政治运作模式,自此成为历代君臣效法的楷模。和《今文尚书》相比,《古文尚

---

① 参见郝虹《王肃反郑是经今古文融合的继续》,《孔子研究》2003年第3期。

② 《经典释文·序录》云:"永嘉丧乱,众家之书并灭亡,而古文《孔传》始兴,置博士,郑氏亦置博士一人。近唯崇古文,马、郑、王注遂废。"

③ (唐)孔颖达:《尚书正义·序》,阮元校刻《尚书正义》,《十三经注疏》本,第110页。

书》突出的特点，是将魏晋时期大量公认的儒家义理，重新熔铸于《尚书》文本之中。"人心道心"之旨，"杀不辜宁失不经"之诫，"股肱良臣启沃"之谊，"俭德永图"之训，"左右前后皆正人"之美①，《古文尚书》倡导以名教纲常匡正世道，教化人心。和玄学、佛学不同，它对义理的弘扬，严格限定在儒家思想的边界之内。

《古文尚书·大禹谟》云"人心惟危，道心惟微，惟精惟一，允执厥中"，危，危险；微，精微。舜告诫禹说，人心危而易倾，道心微而难显。你要执着于道心，专注于精一，才符合中庸之道。"虞廷十六字"立意深远，充分彰显了辑补者对三代先王治国理念的深刻凝练与体悟。作伪者把《古文尚书》从传世文献中辑佚出来，缀辑成篇，不宣传个人思想之主张，不谋一己之私利，只为全力恢弘孔孟之道，教化百姓之旨。在魏晋经学玄学化风气日盛之时，作伪者文字训诂与义理并重，始终践守圣人之道，高扬儒家的价值标准，拒绝玄学、佛教对经学的浸染，表现出极为高远的道德境界。

天理、人欲，是宋儒理论塑构最为核心的话题，朱熹说："只是这一个心，知觉从耳目之欲上去，便是人心；知觉从义理上去，便是道心。人心则危而易陷，道心则微而难著。"② 放任追逐欲望，便是人心；以义理加强自身修养，便是道心。《古文尚书》经传开启后世性学之源，蕴含着解决天理、人欲之争的原则与方法，在朱熹等理学家那里，三代圣王传心为说，是尧、舜、禹道统相继的不二法门。宋儒对理学的建构，是以《古文尚书》为重要基点的。

刘运好先生将何晏、王弼摒弃章句训诂而直明义理，看作是后代理学之滥觞。③ 其实不过是形式上的几分相似，而非义理上的真正衔接。《古文尚书·大禹谟》以道心克制人心，《汤诰》揭示人性的来源，《说命中》对知行关系的梳理，才是宋明儒学重新构建的根基所在。言性、言心、言学之语，宋人据以立教者，其端皆发自古文。④ 魏晋至隋唐，儒

---

① 庄存与之语，转引自《龚自珍全集》，上海人民出版社1975年版，第142页。
② （宋）黎靖德编：《朱子语类》卷七八，中华书局1986年版，第2009页。
③ 刘运好：《从崛起到鼎盛：魏晋经学"中衰"论辨正》，《浙江社会科学》2018年第4期。
④ （清）永瑢等：《四库全书总目》，上海古籍出版社1987年版，第270页。

学盛极而中衰。儒学在宋明时期之所以能再次复兴，原因有多种。但其中关键的一点，得益于辑补者于儒门花果飘零之际，把魏晋时期公认的义理基因，重新移植于《古文尚书》之中。质言之，由汉代经学到宋明理学之间的转进与承接，《古文尚书》是不容忽视的重要桥梁与枢机。

综上所述，清华简《书》类文献面世，学界虽据以证明《古文尚书》晚出，但对于魏晋之际该书辑补的过程，尚未细致地梳理。我们以清华简《尹诰》《傅说之命》与郑玄《礼记注》相对照，发现作伪者对郑玄注错误之处不能识别，且照搬照抄有四处之多，因此梅赜本《古文尚书》最终成书时间，当在郑玄之后。作伪者了解马融的辨伪方法，熟悉郑玄《礼记》注，知道从哪里搜集《尚书》的引文，因此"晚书"作伪，很可能属于"经学家"层面的作伪。梅赜本古文并非成于一人一时，该书或许是郑冲、苏愉等人，经过近百年的时间集体补缀而成。汉儒重视章句训诂，宋人崇尚义理，在由汉代经学向宋明理学转进的过程中，《古文尚书》是不容忽视的重要转捩点。

七　作伪的种类及伪书价值的开显

陈寅恪先生《冯友兰中国哲学史上册审查报告》说：

> 以中国今日之考据学，已足辨别古书之真伪；然真伪者，不过相对问题，而最要在能审定伪材料之时代及作者而利用之。盖伪材料亦有时与真材料同一可贵。如某种伪材料，若径认为其所依托之时代及作者之真产物，固不可也；但能考出其作伪时代及作者，即据以说明此时代及作者之思想，则变为一真材料矣。①

陈先生指出，所谓古书的真伪，其实是相对的问题。而"伪古书"只要能找出作伪者及其时代，在它孕育、编纂时期使用，它便会出"假"入"真"，其学术价值将会得到重新体现。

辨伪不是要彻底消灭伪书，而是让它重新回归到最初孕育、编纂的

---

① 陈寅恪：《冯友兰中国哲学史上册审查报告》，载冯友兰《中国哲学史》下册，商务印书馆2011年版，第604页。

时代，找到属于其本来的学术价值。在这种意义上说，古书辨伪的关键是年代复原。清华简《尹诰》《傅说之命》的出现，坐实了《古文尚书》为魏晋时期儒者蒐括群经、辑佚成书的假说。作伪者自然不肯将作伪时间、过程告诉世人，但从其多次照搬、误信郑玄之言看，其补缀完成的最终时间应在郑玄以后，至梅赜献书之前的时间范围内。质言之，依据出土文献，锁定《古文尚书》编纂的大致时代，是我们重新开掘《古文尚书》价值的基点所在。

梁启超先生说："伪书者，其书全部分或一部分纯属后人伪作而以托诸古人也。"① 伪书的重要特征，是后人自己杜撰而托古于前人，但魏晋时期学者的做法，似与今人对作伪的定义并不相同。当时《古文尚书》篇目残存无几，郑冲等人发现传世文献中的《尚书》引文是真，于是把它们搜集出来，重新连缀成篇。在这种意义上说，他们重构《古文尚书》，是有心复原古文之"真"，而非蓄意作伪，谋求私利，沽名钓誉。学者们仿效孔子"述而不作"，申明君臣上下之谊，其中增添的义理，也是当时公认的儒家观念，而非一己之私见。他们从未将《古文尚书》的补缀，当作宣传个人思想的工具。

马雍先生说作伪者的目的，是为了作伪而不是为了辑佚，所以他犯下了不可饶恕的罪行。② 魏晋时期，战乱频仍，古籍大量亡佚，诸多篇目无处寻觅。搜集旧文以补《书》经之缺，乃是在当时条件下的无奈之举。对于《古文尚书》之辑补，我们应设身处地，对古人持必需的"了解之同情"，区别作伪的不同情形，决不能以对文化罪人的态度，看待《古文尚书》的辑补者。

东晋初年，欧阳、大小夏侯、中秘本等众家《尚书》失传，单凭梅赜所献《古文尚书》包含今文33篇，就说明作伪者有一定的《尚书》学积累。自然层累与假冒伪造，是两个不同的概念。在古文篇目亡佚的情况下，作伪者借鉴马融的思路，在传世文献中辑佚，辑佚为真，但将古文辑补成篇，便超出自然层累，进入作伪的层面了。

《史通·古今正史》篇说：

---

① 梁启超：《中国历史研究法》，上海古籍出版社2006年版，第80页。
② 马雍：《〈尚书〉史话》，第63页。

齐建武中，吴兴人姚方兴采马、王之义以造孔传《舜典》，云于大航购得，诣阙以献。举朝集议，咸以为非。（原注：梁武帝时，博士议曰："孔叙称伏生误合五篇，盖文句相连，所以成合。《舜典》必有'曰若稽古'，伏生虽云昏耄，何容□□。"由是遂不见用也。）及江陵板荡，其文入北，中原学者得而异之，隋学士刘炫遂取此一篇列诸本第。故今人所习《尚书·舜典》，元（原）出于姚氏者焉。①

东晋梅赜所献《古文尚书》，缺《舜典》一篇。世人乃从《尧典》篇分出《舜典》，传用王肃注，也有用范宁注的。南齐明帝时，姚方兴在《舜典》"慎徽五典"之前，补"曰若稽古，帝舜曰重华，协于帝"12字，传则用马融、王肃的注文。他对外宣称是从大航头购买的。

面对姚方兴的献书，博士提出反对意见：《尧典》与《舜典》文句相连，所以伏生曾将两篇误合。姚本《舜典》首句为"曰若稽古"，伏生虽年老昏聩，也不可能不见，以致误合两篇为一篇。"举朝集议，咸以为非"，所以没有采用姚本。但到隋代时，刘炫、刘焯据姚本作《尚书述议》，最终推行全国，立于学官。

梅赜献《书》，缺《舜典》。时人用《尧典》的后半部分冒充《舜典》，属于"作伪"。《舜典》篇无传，便用王肃注或范宁注替代，属于"作伪"。姚方兴、刘炫补《舜典》二十八字，传则用马融、王肃之注，亦属于"作伪"。在古文篇目亡佚的情况下，当时的人们撮拾旧文，以重新"复原《舜典》"为能事，在主观上并没有认识到自己是在"作伪"。从东晋至隋代，不止姚方兴一人作伪，而是不同时期、不同的人都在这样做，篇目分割、传注替代，取多人传注补足一人之注，已经成为一种普遍的学术风气。即便是梁代偶有博士献疑，但声音甚为微弱，终究无法与之相抗衡。

《尚书·无逸》"其在祖甲"，郑玄以为武丁之子，而王肃主张是太甲，《孔传》取王肃立说。王肃好与郑玄立异，导致其后学互相攻讦。宗

---

① （唐）刘知几撰，赵吕甫校注：《史通新校注》，重庆出版社1990年版，第673页。

郑者黜王，宗王者黜郑。《孔传》多与王肃同，因此清儒崔述认为"晚书"多采撷王肃注，乃王肃之徒为驳郑义、申肃说而作。臧琳、惠栋、戴震、江声、丁晏、王先谦等学者亦从此角度立论。

我们将清华简《尹诰》与郑玄《礼记注》对照，发现"晚书"经文辑补成书时，多处剿袭郑玄《礼记注》。王肃好与郑玄立异，绝不可能抄袭郑玄。"晚书"很可能是广采郑玄、王肃等家《尚书》训注，参以己见而成的产物。

"宁道孔、孟误，讳言郑、服非"，郑玄融合今古文，潜心著述，聚徒讲学，弟子多达千余人，乃两汉经学的集大成者。魏晋时期，古文立于官学，郑学经过王肃的驳正，继续向前发展。郑玄注解《尚书》，章句仍涉烦琐，并未完全摆脱谶纬之风的羁绊。而《古文尚书》训注简明，释义准确，彻底涤除谶纬之风，凸显君臣上下之谊，深谙圣人教化之旨。

清儒焦廷琥作《尚书伸孔篇》，列举《孔传》训释优于马、郑者十余条。经过北郑南孔的长期对立，唐代孔颖达、陆德明最终选择《孔传》，不仅是出于国家治理的需要，更有学术层面的考量。郑学为"正"，王学为"反"，《孔传》兼采众家之长，可称之为"合"。正是由于《孔传》作者博采郑玄、王肃等多家训注，择善而从，使其最终取代郑注，成为《古文尚书》学发展的又一高峰之作。

造伪者将《古文尚书》缉补出来，并没有立即公布于世，也没有像张霸那样谋求私利。造伪者于《古文尚书》版本缺失之际，搜集材料，试图恢复该书的原貌，并没有故意欺骗世人。将张霸伪造《尚书》百篇和郑冲等人辑补《古文尚书》比较，张霸是为了个人私利而伪造，而郑冲等人掇拾附会《古文尚书》，未见获取任何利益与虚名，没有不当得利。简言之，"晚书"缀辑之初，作伪者是求复原古文之真，并没有把重辑《古文尚书》当作谋求私利的手段与工具。

汉魏时期马融、郑玄及王肃等人的《尚书》传注都已亡佚，今本《尚书》作为现存唯一的版本，汇集汉魏四百年学者对古文的训解，因此"晚书"经传是切入早期《尚书》学研究，须臾不可离开的学术基点。清儒焦循《尚书补注》序文云："且置其假托之孔安国，而论其为魏晋间人之传，则未尝不与何晏、杜预、郭璞、范宁等先后同时，晏、预、璞、宁之传注可存而论,则此传亦何不可存而论?"① 焦循之说可信,"晚书"即便是定位在魏晋之际,其成书也是相当早的,可与何晏、杜预等人的传注并存。我们定《古文尚书》为伪书,并非要彻底摧毁其价值,而应如上述陈寅恪先声之说,最要紧的是让它回归其酝酿、编纂的年代,重新找回本来的价值。

我们认为,对于伪书不能一概而论,要注意分别不同的情形:

一是从时间断限看,有长期、短期之别。

二是从参与主体看,有个人与集体之分。张霸凭借一人之力,伪造百两篇《尚书》,属于个人作伪。梅赜本《古文尚书》成书并非一人一时,可能是由郑冲等人,经近百年集体补缀而成,属于集体作伪。

三是从主观动机看,可分为有意作伪、无意作伪。虽然同属搜集文献作伪,但作伪的动机却不相同。张霸一开始便想混淆视听,谋求不当得利,属于有意作伪或蓄意作伪。郑冲一派为皇帝讲习《尚书》,必然会涉及到《古文尚书》的篇目。他们把传世文献的引文辑佚出来,集众家之长,简明解经,方便后学。经过苏愉等几代传承,连缀成书。其编纂之初,力图复原圣人经典之本来面貌,捍卫儒家纲常德教,并未故意欺骗世人。他们有作伪的行为,但主观上并未认识到自己是在作伪,属于无意作伪。

四是谋利与不谋利之别。张霸作伪,是为谋求利禄,杂采拼凑,其伪造之书,"文意浅陋"②。而《古文尚书》作伪,未见任何人获利,也不为谋求声誉,其书体大思精,文辞古奥。《尚书》作为五经之一,是治国方略之所在。在古文篇目亡佚的情况下,为补足《古文尚书》之阙,学者辑佚传世文献的引文,重构《古文尚书》之真,以求羽翼孔子之道,文采、义理兼备,体现的是一种学术的"补遗"与卫道的精神境界。

总之,对"晚书"形成史的溯源,有两点至为重要:一是我们以清华简《尹诰》《傅说之命》与郑玄《礼记注》比对为基点,还原《古文

---

① 句读有修正,参见南开大学古籍整理研究所选编《清代经部序跋选》,天津古籍出版社1991年版,第74页。

② 《汉书·儒林传》:"世所传百两篇者,出东莱张霸,分析合二十九篇以为数十,又采《左氏传》《书叙》为作首尾,凡百二篇。篇或数简,文意浅陋。"

尚书》的成书年代在郑玄之后，这是破解"晚书"成书之谜、复原其学术价值的关键所在。二是古书作伪自古有之，要区分作伪的不同情形，具体问题具体分析，切忌等而论之。根据作伪的人员、时间、动机、结果，可分为不同类型：长期作伪和短期作伪，个人作伪与集体缀集，有意作伪与非有意作伪，谋求功利与不慕私利。"晚书"与张霸百篇虽同属伪书，但张霸蓄意作伪，性质恶劣。而在《古文尚书》篇目亡佚不存的情况下，梅赜本，是由郑冲等人长期辑补而成。他们的目的在于复原圣人经典之真，并非谋求个人私利。

由还原伪书的年代，到区分作伪的不同类型，是重新开掘"晚书"学术价值的重要步骤与途径。中古时期，突然出现的"伪书"不少，像《今本竹书纪年》等，也存在一个原书亡佚之后，版本重辑的问题。学者试图复原古本之真，而非蓄意作伪。对魏晋时期《古文尚书》辑补过程的溯源，不仅是要解决"晚书"一案，而是在更广义的层面看，为探索同一类型古书的成书规律，提供一个可资借鉴的模式与范例。

第 五 章

对明清以来《古文尚书》辨伪的回顾与反思

第一节 对明清时期《古文尚书》辨伪成果、方法的重新反思

清儒阎若璩质疑《古文尚书》不真,随即遭到毛奇龄等学者的反驳。20世纪80年代以后,黄怀信、张岩等先生又对阎氏之说逐条反驳,力证《古文尚书》不伪。① 其中清儒对于"晚书"的辨伪,可参看吴通福《晚出〈古文尚书〉公案与清代学术》② 等。阎、毛之争,对于理清"晚书"公案的真相,推动学术从理学向朴学的转型,无疑具有重要的意义。但从考辨真伪的举证角度上来讲,不管是证真派,还是证伪派,其论证都是建立在没有看到真《古文尚书》基础之上的。

时至今日,清华简《书》类文献的面世,让我们看到了"原版"的《古文尚书》。以出土文献为参照,对前贤(以明清儒为重点)辨伪成果及方法进行重新回顾、反思,已经成为可能。

一 王充耘质疑《古文尚书·说命》

王充耘,字耕野,江西人,撰作《读书管见》二卷。其中有质疑《古文尚书·说命》之语:

---

① 黄怀信:《〈说命〉考信》,载宋镇豪、宫长为主编《中华傅圣文化研究文集》,文物出版社2010年版,第55—63页;张岩:《审核古文〈尚书〉案》,中华书局2006年版。
② 吴通福:《晚出〈古文尚书〉公案与清代学术》,上海古籍出版社2007年版。

"若跣弗视地，厥足用伤"，与"若药弗瞑眩，厥疾弗瘳"之语不伦，意亦不相对直，窃意前二句是古《书》，后二句是附会。①

王充耘从语句对仗不工整的角度，怀疑《古文尚书·说命》存在附会嫌疑。现在从清华简《傅说之命》看，"若跣弗视地，厥足用伤"与"若药弗瞑眩，厥疾弗瘳"两句联用，是后儒改编所致。在清华简中，两句并不紧密衔接。所谓的"不相对直"，自然属于无据。"若药弗瞑眩，厥疾弗瘳"确为《说命》原文，王充耘认为"若药弗瞑眩，厥疾弗瘳"是附会之辞，明显是错误的。

二 梅鷟的《古文尚书》辨伪

明清以前学者，像朱熹等人，其对古文的辨伪，只是停留在文体、辞气层面，而梅鷟辨伪的特点是真正从学术层面，将作伪者抄袭的出处，一一搜集出来，如同"盗者获其真赃"。因此，在《古文尚书》辨伪史上，梅鷟是承前启后的重要转折点。

《尚书考异》卷三：

> 皇天弗保，监于万方，启迪有命，眷求一德，俾作神主。
> 《大雅》："皇矣上帝，监观四方。"《多士》："上帝不保。"《诗》："乃眷西顾。"又云："求民之莫。"又云："百神尔主矣。"此篇凡用"一德"者四，倒用"德惟一"者一，单用"一"字者四，单用"德"字者八，以"德惟一"照出"德二三"者一。皆非汉人以前文体。②

梅鷟搜集《大雅》《多士》等篇章，证明《古文尚书·咸有一德》篇"皇天弗保，监于万方，启迪有命，眷求一德，俾作神主"皆有所本。但实际上，《咸有一德》"皇天弗保"，与《多士》"上帝不保"，文字多

---

① （清）阎若璩撰，黄怀信、吕翊欣校点：《尚书古文疏证（附古文尚书冤词）》，第627页。
② （明）梅鷟撰，姜广辉点校：《尚书考异》卷三，第213页。

有歧异。更无法解释的是，如何杂采这些古籍文句，就能组成一篇篇义理显明的文字？梅鷟存在先入为主的预设，他有时所找的这些语句，并不能成为《古文尚书》伪作的铁证。

在《古文尚书·咸有一德》中，作伪者将"一德"理解为国君加强德性修养。而从清华简《尹诰》看，"咸有一德"指的是伊尹与商汤，由最初的君臣不信任、互相猜忌，走向齐心协力，同心同德。司马迁认为《咸有一德》在商汤时，司马贞主张在太甲时。伊尹不能自称"尹"。由于当时材料所限，梅鷟没有条件对这些疑点做更深入的考察与揭示。

梅鷟注重从文体判定《古文尚书》之伪，他说："变乱圣经之体者，《大禹谟》是也。凡伏生《书》，典则典，谟则谟，誓则誓，典、谟、誓杂者未之有也。今此篇自篇首至'万世永赖，时乃功'，谟之体也；自'帝曰：格，汝禹'至'率百官，若帝之初'，典之体也；自'帝曰：咨，禹，惟时有苗弗率'至'七旬有苗格'，誓之体也。混三体而成一篇，吾故曰变乱圣经之体者，《大禹谟》是也。"① 在梅鷟看来，《大禹谟》既然是"谟"，就不能典、谟和誓体例杂糅，混杂三种体例而成一篇。

清华简《傅说之命》乙篇、丙篇为册命文体，而甲篇为总说，多用介绍性的文字，如讲述傅说的封邑，傅说征伐冡仲的情况，体例驳杂，与"命"书的体例并不符合。同样作为"命"体，清华简《封许之命》《摄命》体例相对严谨。清华简《傅说之命》乙篇："说来自傅岩，在殷。武丁朝于门，入在宗。"② 武丁册命傅说，没有明确的时间。清华简《摄命》说"唯九月既望壬申"，月份、月相、干支俱全。从商代到西周中晚期，"命"作为体例，有其逐步完善的过程。从清华简《傅说之命》看，《书》类文献在最初萌芽之际，体例似乎也并不那么严谨。典、谟、训、诰、誓、命，是后儒对《尚书》体例的归纳。《尚书》有体例严正者，有体例杂糅者，不能以今律古，用后世《尚书》严格分类的观念，看待《尚书》的文体。梅鷟所说的以体例辨别真伪，有时尚难以坐实。

---

① （明）梅鷟撰，姜广辉点校：《尚书考异》卷二，第122页。
② 李学勤主编：《清华大学藏战国竹简（叁）》，第125页。

三 阎若璩的辨伪成就

《尚书古文疏证》卷八云:"天下事由根柢而之枝节也易,由枝节而返根柢也难。"① 阎若璩考辨伪书,最重要的是从根本处入手。阎氏所说的"根柢",便是认定孔壁《古文尚书》为真。此是阎若璩与梅鷟辨伪最重要的分别,亦是辨"晚书"者众多,唯独阎氏辨伪取得成功的关键所在。

但刘人鹏先生对此并不赞同,他说阎若璩辨伪,最重要的意义在于重构真《古文尚书》,而此重构的过程,表面上是尊重材料,凭证据立说,实则证据之所以成为证据,乃是解释的结果;考证学者以假说或约定出来的原则对材料加以修改、诠释、批判、纠正,以重新理解并建构历史,对于史料的直接信任感其实还低于前代。② 阎若璩所立之证据,在刘人鹏那里,不过是重新解释的结果。任何考证,都难免主观诠释,但刘先生却以阎氏考证中有诠释的成分,完全否定了阎氏扎实的文献考证工夫,否定其最终结论,明显是不妥当的。

考辨《古文尚书》真伪的根本,在于孔壁古文是否为真。汉景帝末年,鲁恭王毁坏孔子宅,得到《古文尚书》16 篇,其中 1 篇是《尹诰》。《史记·殷本纪》把"伊尹作《尹诰》",列于成汤在位之时。司马贞《索隐》说:"《尚书》伊尹作《咸有一德》在太甲时,太史公记之于斯,谓成汤之日,其言又失次序。"③ 司马贞认为,《咸有一德》撰作于太甲之时。清华简《尹诰》为伊尹诰商汤之语,从简本看,司马迁的记载是对的,而司马贞所言当为非。

司马迁的记载从何而来?司马迁从孔安国学古文,《尹诰》出于孔壁,则知孔壁中所藏确为先秦真古文。阎若璩以孔壁中经为真,作为其考辨《古文尚书》的基础。上述刘人鹏等学者于此或有质疑,而清华简《尹诰》的出现,则为阎氏观点的成立,再添新的证据。

---

① (清)阎若璩撰,黄怀信、吕翊欣校点:《尚书古文疏证(附古文尚书冤词)》卷八,第 601 页。

② 刘人鹏:《阎若璩与古文尚书辨伪——一个学术史的个案研究》,博士学位论文,"国立"台湾大学中国文学研究所,1991 年。

③ (汉)司马迁:《史记》卷三《殷本纪》,第 98 页。

阎若璩《尚书古文疏证》第 16 条"言《礼记》引逸《书》皆有，今且误析一篇为二"云：

> 《小戴礼记》四十九篇，引《诗》者一百有二，引逸《诗》者三，引《书》者十六，引逸《书》者十八……逮梅氏书出，而郑氏素所指为逸《书》皆全全登载，无一或遗，其露破绽亦与《左氏》相等。予独怪其不特规摹文辞，抑且标举篇目。如见六引《兑命》，则撰《说命》三篇。①

《礼记》6 次称引《说命》，阎若璩认为作伪者依据《礼记》，辑补《说命》三篇。黄怀信先生对阎氏的批驳，集中在两点：一是孔安国后人所传《古文尚书》，是以"孔传"的形式传承的，那么在其传尚未完全成熟以前，自不可以轻易示人。所以郑玄称"逸"，并不能说明世上已无其书。二是《缁衣》所引，也只是《说命中》所载傅说语之一小部分，单凭几句简单的引文，是根本无法撰成长达七百余字的三篇有机文字的。②

我们上文已经指出，清华简《尹诰》《傅说之命》的出现，切断了孔氏家族与"晚书"之间的关联。郑玄未见，似不能作为古文不伪的理由。

阎若璩《尚书古文疏证》第 74 条"言古人以韵成文，《大禹谟》《泰誓》不识"，强调古文撰文多用韵，其后卷五下说：

> 传记引《书》，有本非韵语，却被伪作者或增或删或窜改，以图与韵叶，若古人实有如此协比其音者，又得数条，亦不可不察……《礼记》"《兑命》曰：'惟口起羞，惟甲胄起兵，惟衣裳在笥，惟干戈省厥躬。'"改"兵"字为"戎"，以与下"躬"叶。此皆狡狯处。③

---

① （清）阎若璩撰，黄怀信、吕翊欣校点：《尚书古文疏证（附古文尚书冤词）》卷一，第 52—53 页。

② 黄怀信：《〈说命〉考信》，载宋镇豪、宫长为主编《中华傅圣文化研究文集》，第 55—63 页。

③ （清）阎若璩撰，黄怀信、吕翊欣校点：《尚书古文疏证（附古文尚书冤词）》卷五，第 264 页。

第五章　对明清以来《古文尚书》辨伪的回顾与反思 / 217

古人文字多用韵,《尚书·说命》"戎"与"躬"句尾叶韵。阎若璩认为《古文尚书》作伪者为追求叶韵,而将《礼记·缁衣》引《书》中的"兵"字改为"戎"字。黄怀信先生反驳的意见是:《礼记》所引,明为改"戎"为"兵"而失韵,怎么能反说《说命》改"兵"字为"戎"以与下叶韵?①

我们将相关语句摘引如下:

《礼记·缁衣》:"《兑命》曰:'惟口起羞,惟甲冑起兵,惟衣裳在笥,惟干戈省厥躬。'"②

《古文尚书·说命》:"惟口起羞,惟甲冑起戎,惟衣裳在笥,惟干戈省厥躬。"③

《墨子·尚同中》:"先王之书《术令》之道曰:'唯口出好兴戎。'"④

清华简《傅说之命》乙篇:"复(且)隹(惟)口记(起)戎出好,隹(惟)干戈作疾,隹(惟)袞戠(载)悥(病),隹(惟)干戈生(眚)厥身。"⑤

清华简《傅说之命》乙篇说"起戎",《墨子·尚同中》引《书》作"兴戎",因此"戎"字当为《尚书》的原貌,《礼记·缁衣》"兵"字可能是后来改写而成的,属同义换读。到底是《古文尚书》作伪者抄袭《礼记·缁衣》,还是《礼记·缁衣》引用《古文尚书》,必须要有明确的参照。对照清华简《傅说之命》,《缁衣》引《说命》"惟衣裳在笥"之"在笥"也是错误的,应为"载病"。同样是文本错误,为何作伪者不能把"在笥"修正为"载病"呢?因为他没有其他版本可供参照。

---

① 黄怀信:《〈说命〉考信》,载宋镇豪、宫长为主编《中华傅圣文化研究文集》,第55—63页。
② (清)阮元校刻:《礼记正义》卷五五《缁衣》,《十三经注疏》本,第1649页。
③ (清)阮元校刻:《尚书正义》卷一〇,《十三经注疏》本,第175页。
④ (清)孙诒让:《墨子间诂》卷三《尚同中》,第51页。
⑤ 李学勤主编:《清华大学藏战国竹简(叁)》,第125页。

《古文尚书·说命》和《礼记·缁衣》引《说命》相比，《缁衣》引《说命》作"起兵"，古文《说命》作"起戎"，可见后者不是完全照抄《缁衣》的引文，而是会参照《墨子·尚同中》加以修正。所以《古文尚书·说命》"戎"字与清华简同，不是说明它原有所本，而是作伪者改编、修正文本时，也尽量参照当时存在的其他文献，是有依据的。

阎若璩《尚书古文疏证》"言商'祀'周'年'亦可互称，不必尽如《尔雅》"条：

> 《尔雅》为诂训之书，特少所袭用。《大禹谟》"朕宅帝位三十有三载"，即唐虞曰"载"；《胤征》"每岁孟春，遒人以木铎徇于路"，即夏曰"岁"；《伊训》"惟元祀"、《太甲》"惟三祀"，商曰"祀"也。《泰誓》"惟十有三年春"、《毕命》"惟十有二年"，周曰"年"也。愚及质之今文书，反多未合。如唐虞纯称"载"不待论，若商必曰"祀"，何周公告成王曰"肆中宗之享国七十有五年，高宗五十九年，祖甲三十三年"，及"周或克寿"者亦俱称年不等。或曰：此盖以周之年述商在位之数云尔。若对商臣言，则曰"惟十有三祀"；对商民言，则曰"今尔奔走臣我监五祀"，仍不没其故称矣。愚曰：然则《多方》亦有"天惟五年须暇之，子孙诞作民主，罔可念听"，非对商民以言商君者乎？何亦称年？疑祀、年古通称，不尽若《尔雅》之拘。观周公称高宗"三年不言"，参诸《论语》《戴记》俱然。及一入《说命》，便改称"三祀"，亦见其拘拘然以《尔雅》为蓝本，而惟恐或失焉，情见乎辞矣。①

阎若璩认为，《尔雅·释天》"夏曰岁，商曰祀，周曰年，唐虞曰载"，是后人总结出来的说法。在《书》类文献中，周称"年"和商称"祀"并不严格，"年""祀"通用，《古文尚书》作伪者严格按照《尔雅》的规定，《商书》一律称"年"为"祀"，与《今文尚书》《论语》及《礼记》等不同，属于故意"袭旧""仿古"。"惟恐或失焉，情见乎

---

① （清）阎若璩撰，黄怀信、吕翊欣校点：《尚书古文疏证（附古文尚书冤词）》卷七，第522—523页。

辞矣",从用词的角度可以说明古文《说命》为抄袭、剽窃之作。

黄怀信先生对此反驳意见,认为:既然承认"祀、年古通称",则《说命》作"三祀",又怎么一定是"拘拘然以《尔雅》为蓝本"?周公告成王曰"肆中宗之享国七十有五年,高宗五十九年,祖甲三十三年",及"罔或克寿"者亦俱称年,原因是语皆出周公之口,并非与《尔雅》不合。阎氏未能明晓《书》中言主或有不同,而谓今文书反多未合,实不足为训。① 张富祥则批评阎若璩是固执古文晚出的看法,先入为主,而不知纪年法上的"年""祀"通用,不能上推到周初以前。②

清华简《傅说之命》丙篇王曰:"敛（说）,昔在大戊,克渊五祀,天章之甬（用）九悳（德）,弗易百青（姓）。"③"克渐五祀"的"祀",指的是祭祀,不表示"年"义,不能作为论证的依据。清华简《傅说之命》没有"亮阴三祀"之语,阎若璩以"商'祀'周'年'亦可互称",从而怀疑《古文尚书·说命》,在清华简《商书》中没有证据可以支撑其说。

清华简《程寤》云:

惟王元祀贞（正）月既生魄,大姒梦见商廷惟棘。④

又清华简《耆夜》曰:

武王八年,征伐鄰（耆）,大戡之。⑤

又清华简《金縢》说:

---

① 黄怀信:《〈说命〉考信》,载宋镇豪、宫长为主编《中华傅圣文化研究文集》,第55—63页。
② 张富祥:《古文〈尚书〉辨伪方法异议》,山东大学文史哲研究院编《古籍整理研究与中国古典文献学学科建设国际学术研讨会论文集》,济南,2009年3月29日—4月2日,第368页。
③ 李学勤主编:《清华大学藏战国竹简（叁）》,第128页。
④ 李学勤主编:《清华大学藏战国竹简（壹）》,第136页。
⑤ 同上书,第150页。

武王既克殷三年，王不瘳（豫）有尸（迟）。①

清华简《程寤》《耆夜》《金縢》，都属于《周书》，其成书时代都在战国中期之前。在三篇文献之中，"祀"与"年"通用，没有严格的界限。学者或许怀疑以上篇目成书年代较晚，或则在流传过程中，难免有后儒修改。《尚书·酒诰》："惟天降命，肇我民，惟元祀。"又《尚书·无逸》云："肆中宗之享国七十有五年。"同属《今文尚书》，同是周公，时而称"祀"，时而称"年"，清华简与《今文尚书》互相印证，说明"祀""年"通用，已经可以上溯至周初。

有违礼制，是阎若璩怀疑《古文尚书》伪造的重要证据。《古文尚书·太甲中》："王拜手稽首，曰：'予小子不明于德，自厎不类。'"阎氏认为太甲稽首于伊尹为不可信，说二十五篇之《书》其最背理者，在太甲稽首于伊尹。②又《尚书古文疏证》第28条说："言太甲不得稽首于伊尹为误仿《洛诰》（阙）。"③阎氏主张《古文尚书·太甲中》太甲稽首于伊尹，是错误模仿了《洛诰》。《周礼·春官·大祝》："辨九拜，一曰稽首，二曰顿首，三曰空首，四曰振动，五曰吉拜，六曰凶拜，七曰奇拜，八曰褒拜，九曰肃拜，以享右祭祀。"贾公彦疏："稽首，拜中最重，臣拜君之拜。"④稽首礼，是臣下拜谢君主最庄重的礼仪。太甲身为天子，向大臣伊尹行稽首礼，不可信，阎若璩据此怀疑《古文尚书》出于伪托。

清华简《傅说之命》甲篇云：

王乃讯说曰："帝殹（抑）尔以畀余，殹（抑）非？"说乃曰："隹（惟）帝以余畀尔，尔左执朕袂，尔右稽首。"王曰："旦（亶）肰（然）。"⑤

---

① 李学勤主编：《清华大学藏战国竹简（壹）》，第158页。
② 《尚书古文疏证》第31条，参见（清）阎若璩撰，黄怀信、吕翊欣校点《尚书古文疏证（附古文尚书冤词）》卷二，第122页。
③ （清）阎若璩撰，黄怀信、吕翊欣校点：《尚书古文疏证（附古文尚书冤词）》卷二，第121页。
④ （清）阮元校刻：《周礼注疏》卷二五，《十三经注疏》本，第801页。
⑤ 李学勤主编：《清华大学藏战国竹简（叁）》，第122页。

武丁问傅说，是不是上帝派你来辅助我？傅说回答说是的，当时您左手拉着我的衣袖，右手行稽首礼。又清华简《祭公之顾命》曰："（穆）王拜稽首举言，乃出。"① 祭公病重，临终之际向穆王建言国家如何治理。祭公为王朝卿士，当世老臣，周穆王对此非常感激，故临别向祭公施以稽首礼。

现在依照清华简《傅说之命》甲篇、《祭公之顾命》看，天子稽首于大臣，尤其是老臣、重臣，当为可能之事。我们承认《古文尚书》晚出，这里只是强调阎若璩以天子向大臣行稽首礼为"最背理者"，据以质疑《古文尚书·太甲中》模仿《洛诰》造假，在举证方面上存在些许问题。

清儒阎若璩的辨伪，涉及文法、文字、音韵、训诂、校勘、礼制、天文、历法诸多方面。阎若璩上承宋、元、明之绪，集四代《古文尚书》辨伪方法之大成。我们能以出土文献印证的只是有限的几个方面：一是"立大本"，坚信孔壁古文不伪；二是指出《古文尚书》袭用其他古书字句；三是从礼制方面考辨古文不可信。现在以清华简《尹诰》《傅说之命》等篇看，阎氏之辨伪方法是科学的，只是个别论证环节偶有失误，但"小疵不掩其大德"。

以阎若璩为代表的清儒，在没有出土文献佐证的情况下，对《古文尚书》公案做出了正确的判断。出土文献的面世，毕竟是零散的、琐碎的，不可能所有的传世文献皆能在出土材料中找到印证。许多古书的辨伪，在没有新见材料佐证的情况下，如何能取得突破性的进展？清人的辨伪成果与方法，值得我们长久地驻足与反思。

自 20 世纪 80 年代以来，随着学界对《古文尚书》的"证真"，阎若璩的学术贡献及评价明显走低。清华简面世之后，不仅使《古文尚书》为伪作铁证如山，更涉及对阎若璩、毛奇龄等清儒重新评价的问题。阎氏考辨的方法是科学的，结论是可信的，因此阎若璩在清代汉学上的开山地位，同样不容置疑。对于清儒辨伪学的功绩，要予以充分的肯定。

综上，梁启超称阎若璩为"近三百年来学术解放之第一功臣"，沈彤、惠栋、钱大昕、王鸣盛、段玉裁等学者皆充分肯定阎氏的辨伪学成就。但近年来，黄怀信、张富祥、郑杰文、杨善群、张岩、朱建亮、刘

---

① 李学勤主编：《清华大学藏战国竹简（壹）》，第 175 页。

建国等，从文献学、逻辑学、历法学等层面，强调《古文尚书》不是伪作，进而否定阎氏《尚书古文疏证》的辨伪学成就。以新见文献为据，笔者认为在有关阎氏的研究中，既要避免"唯阎是取"，把他的每一项论证皆当作可信，更不应全面颠覆，应当实事求是地进行研究。阎若璩某些论证环节可能存在失误，但总体结论可信，"微瑕不足以掩白玉"。

四 毛奇龄与《古文尚书冤词》

毛奇龄坚信"晚书"不伪，是反击阎若璩的巨擘。《古文尚书冤词》卷五：

> 《咸有一德》是告成汤文，非告太甲文也。
> 《史·殷本纪》以"伊尹作《咸有一德》"与"咎单作《明居》"叙法相似，误列之汤崩之前，而杜林漆书遂以《咸有一德》接《汤诰》后，谓伊尹告汤之文，致辟古文者谓告太甲即是伪书，不知汤本名履，庙号天乙，其称"成汤"者谥也，马融所云"称谥近之"是也。故《史记·谥法》则俨有"除虐去残曰汤"见旧注中。假曰告汤，则汤尚未崩，焉得有尹躬暨汤预称其谥之理？若谓汤不是谥，则面呼君名，尤为无状。此皆不学人所言者。①

清儒毛奇龄认为，若以"汤"为谥号，商汤生前，则伊尹不可能知道其去世后之谥号；若不以"汤"为谥号，则在国君面前，不能直接称呼君名。所以他以此认为《咸有一德》不是告商汤之文，而是告太甲之文。

清华简《尹诰》说：

> 惟尹既及汤咸有一德，尹念天之败西邑夏，曰："夏自绝其有民，亦惟厥众，非民无与守邑，厥辟作怨于民，民复之用离心，我戡

---

① （清）阎若璩撰，黄怀信、吕翊欣校点：《尚书古文疏证（附古文尚书冤词）》，第829—830页。

（捷或翦）灭夏。今后䆞（胡）不监？"①

从清华简《尹诰》看，称"汤"是史官叙述之辞。伊尹与商汤对话中，称商汤为"后"，而并不称"汤"，可知毛奇龄之说不可信。"惟尹既及汤咸有一德"为史官之语，毛奇龄误信《古文尚书》，将这句话看作伊尹所说的话，是其论证失误的关键所在。

《古文尚书·微子之命》，乃周成王分封微子于宋的册命。学者质疑此篇为伪作，理由是封微子于宋，当称"《宋公之命》"，而不应称"《微子之命》"。对此，毛奇龄批判说：

> 甲谓《微子之命》，伪也。周史封微子于宋，当名《宋公之命》。又杜撰矣。凡封有新旧，既有旧封，则虽当新封，而亦称旧号。箕子只称箕，周公只称周是也。不读《康诰》乎？康叔初封康，与微子初封微同。乃康叔封卫不称《卫诰》，而谓微子当称宋，吾不解也。岂《康诰》伪书耶？②

毛奇龄反驳的理由是康叔封于康，与微子封于宋同。周公封康叔，称"《康诰》"，不称"《卫诰》"。微子封于宋，称"《微子之命》"，不称"《宋公之命》"。有何可奇怪的呢？

清华简《系年》第四章：

> 周成王、周公既迁殷民于洛邑，乃追念夏商之亡由，旁设出宗子，以作周厚屏，乃先建卫叔封于康丘，以侯殷之余民。卫人自康丘迁于淇卫。③

殷周之际，古人多以国都为号。康叔封于康丘，因而以康为国名。《康诰》之得名，也是应为康叔初封国名康之故。后迁于淇卫，可能不是

---

① 李学勤主编：《清华大学藏战国竹简（壹）》，第133页。
② （清）阎若璩撰，黄怀信、吕翊欣校点：《尚书古文疏证（附古文尚书冤词）》，第849页。
③ 李学勤主编：《清华大学藏战国竹简（贰）》，中西书局2011年版，第144页。

康叔生前之事，而大约在卫国第三代国君以后。① 我们并不认为"《微子之命》"有问题，只是强调毛奇龄以康叔的称号作为反驳的理由，恐不能成立。毛氏撰作《古文尚书冤词》，为古文辩护。他认为《古文尚书》出自孔壁，并未亡佚，"大本"已失。其考订字句，虽有所得，但总体上"失多于得"。皮锡瑞批评他"信所不当信，疑所不当疑"，良有以也。

五 皮锡瑞言《古文尚书》语意重复

清儒皮锡瑞从《古文尚书》句意多重复的角度，怀疑其晚出。他说：

> 而伪孔书《太甲》三篇、《说命》三篇，皆上、下、中文义略同，且辞多肤泛，非但上、中、下篇可移易，而伊尹之辞可移为傅说，傅说之辞可移为伊尹，伊尹、傅说之辞又可移为《大禹谟》之禹、皋，皆以臣勉其君而无甚区别也。《泰誓》三篇，皆数纣罪而无甚区别。使真如此文繁义复，古人何必分作三篇？《今文尚书》二十九篇，篇篇有义，初不犯复，其辞亦无复见。②

梅赜所献《古文尚书》，其中《太甲》《说命》《泰誓》虽分为上、中、下三篇，但三篇之文义大同小异，语意重复。而《今文尚书》二十九篇，语意不重复，文辞也不复见。对照今文，皮氏怀疑古文伪作。"伊尹之辞可移为傅说，傅说之辞可移为伊尹"，人物思想总体一致，缺少个性化差异，也是皮氏怀疑的重要依据。清华简《傅说之命》甲篇与乙篇略有重复，但《傅说之命》三篇的差异还是很明显的。皮氏质疑古文文繁义复、人物缺少个性化差异，还是有些道理的。

综上所述，对《古文尚书》的考辨，不仅仅是《古文尚书》一书的真伪问题，而且涉及对古书成书规律的认识，以及对前人辨伪方法、学术地位的重新反思与评价。清儒阎若璩的论证结论，总体上是可信的，得多于失。但在具体细节上，如他认为《说命》用"祀"不用"年"，怀疑作伪者按照《尔雅》伪造，有捕风捉影之嫌。他以稽首礼为臣对君

---

① 参拙作《"康丘之封"与西周封建方式的转进》，《史学月刊》2019年第2期。
② 参见《皮锡瑞集》，岳麓书社2012年版，第1314页。

之礼，怀疑《古文尚书·太甲》不真。从清华简《傅说之命》武丁稽首傅说看，阎若璩据稽首礼做出的怀疑，大醇而小疵，偶有纰缪。

毛奇龄等人强调《古文尚书》可信，其总体结论是错误的。汉代《说命》的引文基本不出先秦文献之外，《说命》不见于孔壁，但他指出《尚书》非一人一时之作，文辞格制难免不同，亦有所创获。阎若璩《尚书古文疏证》名曰128条，实际只有90多条。学者已经指出，可能是阎氏因受别人反驳（主要是毛奇龄），觉得有些条目不可信而删除了。毛奇龄的反驳，虽然最终结论不可信，但引起了阎若璩的反思，在客观上推动了清代辨伪学不断走向深入。

阎若璩成功的关键，在"根柢说"，即以孔壁中书及马、郑所传古文为真。阎氏辨伪，从文献传流"实证"者多可信，从文本内容"虚会"者多失误。经过传世文献、出土文献双重检验，"根柢说"应成为今后辨伪学理论重建的核心原则。重新肯定清儒的辨伪学成就，积极借鉴其辨伪方法论的智慧，在古书反思中不断把新时期辨伪理论推向深入。

第二节　对近现代辨伪方法的回顾与反思

汉魏时期，《尚书》训注的版本大都已经亡佚，《孔传》是我们管窥《尚书》奥义不可或缺的管钥。但关于《孔传》的形成时代，学者的观点相差悬殊，所采用的方法日益多元化。李学勤先生采用文献学的方法，搜集皇甫谧《帝王世纪》、郑小同《郑志》引用《孔传》之文，结合《尚书正义》所记古文经传传流，认为《尚书·孔传》在魏晋间业已存在[①]。

不同时代的语言具有不同的语言规则和语言特点，钱宗武先生从语言学的角度，考察上古文献常见范围副词"咸"和"胥"的历时共时变化，推定《孔传》当非西汉孔安国所作，成书于汉末晋初。[②] 徐新强、马士远先生运用训诂学的方法，利用异体字现象出现的共时性和历时性的特点，比较《尚书·孔传》《诗经·毛传》中的同训异形字，主张《尚

[①] 李学勤：《〈尚书孔传〉的出现时间》，《古籍整理研究学刊》2002年第1期。
[②] 钱宗武：《〈孔传〉或成于汉末晋初》，《南京师范大学文学院学报》2011年第1期。

书·孔传》的著成时间，晚于《诗经·毛传》，而略早于《毛诗·郑笺》。①

我们将清华简《尹诰》与郑玄《礼记注》对比之后，发现"晚书"经文的辑补，有四处抄袭郑玄《礼记注》，则证明它的成书当在郑玄之后。② 我们知道，传文的形成，是要晚于经文的。因此，《孔传》的撰作很可能在《郑笺》之后。我们运用二重证据法，和钱宗武先生借鉴语言学的方法，得出了近似的结论。

张富祥先生认为，《礼记》的成书是在汉代，则《太甲》《说命》《君牙》《君陈》诸篇在汉代也可能还有流传。③《礼记》成书确实是在汉代，但其中的部分篇章在先秦已经成书。《礼记·缁衣》引用《太甲》《说命》《君牙》诸篇，而郭店简、上博简《缁衣》的面世，证明《礼记·缁衣》成书时代必在战国中期以前。《缁衣》的称引，反映的是先秦《书》类文献的传流状况，而非汉代时的情形。因此据《礼记》成书在汉代，论证《太甲》《说命》《君牙》诸篇在汉代还在流传，并不可信。

本来把先秦、两汉《尚书》引文与"晚书"对照，是鉴别真伪最直接、最简洁的做法。但张富祥先生指出，古人引书又往往各取所需，引其意而不引其文，甚或改换文辞、遗漏字句、添加习用语等，真正完整引用者少。因此若就事论事，仅以古籍所引与今本的异辞决是非、定真伪，并不是完全可靠的方法。他特别强调两点：一是传习各异，早期的《尚书》传本不一，"晚书"各篇与各家所引亦未必出自同一传本；二是祖本难定，在文本的形成过程中，未必从一开始就已有固定不变的所谓"本经"。④

马融辨《泰誓》之伪，曾指出传世文献 5 处引文不见于《泰誓》篇，梅赜本《古文尚书》全部收入其中。但《墨子·尚同下》"小人见奸巧，

---

① 徐新强、马士远：《〈尚书孔传〉成书蠡测——从训诂学角度与〈诗经毛传〉〈毛诗郑笺〉比较》，《孔子研究》2017 年第 6 期。

② 参见拙作《由章句到义理：魏晋之际的经学转向》，《浙江社会科学》2019 年第 12 期。

③ 张富祥：《古文〈尚书〉辨伪方法异议》，载山东大学文史哲研究院编《古籍整理研究与中国古典文献学学科建设国际学术研讨会论文集》，济南，2009 年 3 月 29 日—4 月 2 日，第 362 页。

④ 同上。

乃闻不言也，发罪钧"，也是《泰誓》之文，未收入《古文尚书·泰誓》。传世文献《泰誓》引文很多，古文只收录马融找到的；马融没找到的，像《墨子》引《泰誓》，就不收录。对此，阎若璩说古文"止据马融之所及，而不据马融之所未及"，自然是伪书无疑。

但苏德荣先生反驳阎若璩说：

> 阎氏说汉《太誓》无《孟子》诸书所载而人遂不信，"安知好事者不又取《孟子》诸书引用者以窜入之，以图取信于人乎"？而《墨子·尚同篇》"小人见奸巧"一句不见于今本《泰誓》，又被阎氏说成是"一大破绽"，"遂为逗漏"，是合者被诬为好事者窜入以图取信于人，偶有一句不合阎氏又"幸有此逗漏"！反手为云，复手为雨，是合于（与）不合均难逃其伪，可见定今本为伪是欲加之罪！①

如果传世文献引文见于《古文尚书》，辨伪者便说是袭用古籍；如果传世文献引文不见于《古文尚书》，辨伪者便说是搜集不全，破绽毕露。不管古文与传世文献引文合与不合，皆能定古文之伪。苏先生强调这种辨伪方法的质实，是"欲加之罪，何患无辞"。阎若璩说《古文尚书》抄袭剽窃，苏德荣予以坚决否认，同样是与传世文献比较，双方得出的结论竟然截然相反。

对于学者辨伪的考察，一是从证据出发，察考其论证是否可信；二是从辨伪方法入手，对其逻辑的起点进行考察，避免陷入无原则的循环论证，揭示辨伪理论的规律性所在，为今后其他的古书辨伪提供理论支撑。姜广辉先生说："虽然找到了《古文尚书》与其他文献蹈袭雷同的证据，但却不能判定两者究竟是谁抄谁。梅鹫以及其他许多考辨者已经先入为主地认定《古文尚书》是伪作……《古文尚书》是伪作的预设立场恰恰是应该检讨的。所以真正的问题并不在于发现了多少蹈袭雷同的证据，而是需要为《古文尚书》辨伪确立一个有说服力的逻辑基点。"② 梅

---

① 苏德荣：《武王伐纣研究》，中州古籍出版社1999年版，第98页。
② 姜广辉：《梅鹫〈尚书考异〉考辨方法的检讨——兼谈考辨〈古文尚书〉的逻辑基点》，《历史研究》2007年第5期。

鹫采信吴棫、朱熹的观点，然后在《论语》《孟子》等古籍中查找证据，在考证之前立场已经偏颇，所以姜先生批评梅鹫的辨伪，带有先入为主的理论预设。

关于《古文尚书》的作者，清儒多认为是王肃。其证据：一是《孔子家语》《孔丛子》为王肃伪造，则他伪造《古文尚书》，是理所当然之事；其二王肃为与郑玄争胜，自然会伪造古文，以证明其说。在清代尊郑贬王的学术风气之下，很难有实事求是之论。因此，客观、公允的学术立场，是辨伪者必须具备的基本立场与素养。

古书辨伪不仅强调证据，更重要的是首先确立一个具有公信力的"逻辑基点"。所谓"逻辑基点"，我们认为至少具备两个基本特征：一是欲辨其伪，先立其真。想要考辨某书之伪，必须首先找到真书。在真书找不到的情况下，前人称引或对文本的描述（包括篇目、卷数、思想特征等），是极其珍贵的辨伪线索。古书作伪，其背景往往是真书已经亡佚，所以引文检索法，是辨伪最常用、也是行之有效的方法。

"假"是以"真"为参照的，梅鹫连孔壁中书都怀疑为汉儒伪造，如何以真证假？由于他缺乏可信的文献基点，其辨伪最终难以取信于人。和梅鹫相比，阎若璩之所以取得成功，关键是他以"孔壁中书及马融、郑玄所传古文为真"作为逻辑基点，据真证假，由根本至枝节，细心推演，最终成为《古文尚书》辨伪史上光辉的典范。

二是以早证晚，先于以晚证早。皮锡瑞先生说："检讨据唐时崇信古文之书，以证东晋古文经传之非伪，何不考时代先后也？"[①] 清儒毛奇龄之所以证真失败，其主要原因是他笃信《隋书·经籍志》。《隋书·经籍志》成书于唐初，以隋唐之书考证魏晋时期"晚书"传流，"舍《史记》《汉书》不据，而据唐人之误说"，其辨伪举证上存在明显的偏颇。因此，古书的辨伪，所依据之证据，时代要早于考辨之书。以早书证晚书，要先于以晚书证早书。

清华简时代是先秦，为真"《古文尚书》"，它的出现，同样为《古文尚书》的辨伪提供了一个逻辑上的重要基点。学者据清华简考察《古

---

① （清）皮锡瑞：《古文尚书冤词平议》卷上，《尚书类聚初集》，新文丰出版公司1984年版，第12—13页。

文尚书》，如同孔壁中书复出，以证《古文尚书》，其在辨伪方法上是科学的，其结论也自然可信。

自南宋至当代，千百年来，学者对"晚书"的考辨一直绵延不绝。《古文尚书》由伪书到真书，再到伪书，不是研究结论的简单改变，更不是学者间的意气之争，其背后是文献举证的日趋坚实，辨伪方法、理论的不断丰富与提升。而这些"晚书"研究的进步，必将把我们对古书成书规律的认识推向深入。

20世纪70年代以来，简帛文献的大量出土，在很大程度上改变了我们对古书成书问题的认识。山东临沂银雀山汉简出现，证明《六韬》《尉缭子》《晏子》等文献在西汉前期就已经存在，并非学者先前认定的伪书。郭店简《老子》的出土，说明该书部分章节早在战国中期已经存在，其成书不会晚至庄子之后。古书的形成，每每要经过长期的过程。在流传过程中，后学研习附会，文本难免增益变动。思想形成年代与文本写定年代不是一回事。所谓的某子之书，并不是一人的思想著作，而是老师与其弟子的思想汇编。《孙子兵法》公案，《古文尚书》公案，孔子与《易传》关系，最近这些学术公案的解决，或学术观点的修正，都与新见文献的面世息息相关。

阎若璩《尚书古文疏证》卷二：

> 或问曰："子于《尚书》之学信汉而疑晋、疑唐犹之可也，乃信史信传而疑经，其可乎哉？"余曰："何经何史何传，亦难其真者而已。经真而史传伪，则据经以正史传可也。史传真而经伪，犹不可据史传以正经乎？"①

有人问阎若璩，你据汉代《书》学，怀疑晋代、唐代，是可以的。但你据史书、传注，怀疑经文本身，怎么行呢？阎若璩回答说，何为经？何为史？何为传？关键在于真。经真可以正史、传之伪，史、传真亦可以正经之伪，哪里有经、史、传之区分？阎氏辨伪，彰显出一种可贵的

---

① （清）阎若璩撰，黄怀信、吕翊欣校点：《尚书古文疏证（附古文尚书冤词）》卷二，第58页。

"求真"精神。

走出疑古，只是否定疑古派对古书、古史的错误定位，并不意味着要重回"盲目信古"的老路，放弃对史料必要的审查，放弃科学的怀疑精神。作为主观性的研究者，无论是信古，还是疑古，都潜在有着立场预设。在取舍、使用证据材料时，它会潜移默化地发生影响，使我们难以接近历史的本真。

我们认为，走出疑古之后，"求真"应成为学术研究的唯一目的。不持主观预设之立场，尽可能地排除外界的干扰，以材料为依据，以史实为准绳，能证真则证真，能证伪则证伪，不能证明则存疑，本着实事求是的态度，本着无证不信的原则，让主观最大程度上贴近客观，追求纯粹的学术之"真"，应是今后古典学重建的康庄大道。

结　语

　　以《古文尚书》公案为中心，我们重点在先秦、魏晋、南宋以降三个时段展开研究，着眼于用出土文献重构《尚书》学史。春秋时期或称"《书》曰"，或称篇名，如《康诰》《泰誓》等，说明当时《书》类文献的名称并不固定化。《左传》引《书》55次，《国语》引《书》16次。从称《书》者国籍看，当时《书》类文献以周王室为中心，向周边辐射，传播到晋国、鲁国、齐国、蔡国、卫国、郑国及楚国等多个国家。晋人引《书》数量最多，暗示其在政治、经济及文化方面的翘楚地位。《郑书》《楚书》的出现，可以看作是《书》类文献国别化的反映。

　　国君称《书》理政，大臣借《书》劝谏，女子以《书》规劝丈夫，这些现象的出现，说明《书》类文献和春秋时期政治、社会生活联系日益密切。从社会阶层看，当时称《书》者以执政卿大夫为主，可知《书》教依然限制在贵族范围之内。春秋时期，鬼神崇拜依然盛行，但《泰誓》篇"民之所欲，天必从之"多次被称引，意味着当时重民理念升腾。引《书》的次数与内容，已经成为社会思潮转向的风向标。

　　春秋战国之际，是《尚书》定型过程中形态变动最为剧烈的时期。当时《书》类文献既形成了不同的系统，又有大量单篇游离于系统之外。对于《尚书》的研究，时彦多强调按照时代，分先秦、两汉、魏晋、南北朝、隋唐、宋、元、明、清、近现代等不同时期进行解读。而我们则在纵向分期的基础之上，更强调《书》学系统的横向展开。先"分系"，后区别不同传本，立体地、多维度地呈现早期《尚书》多元传播的面貌。具体而言，是将早期《书》类文献分为儒家、墨家、法家、道家及清华简等不同系统，从篇目、篇数、传本差异、《书序》有无、思想特征等层面,展现先秦时期《书》类文献多系统、多传本生成的复杂面貌。

以《书》资政,借《书》为教,诸子百家纷纷以《书》类文献为依托,建构自己的理论体系,阐发治国纲领与政治主张。当时《书》类文献不同系统之间,发展是不平衡的。儒家有章句之学,墨家疏于《书》的文本校勘。《尚书》有《书序》,清华简没有《书序》。《尹诰》篇名在战国初年已经出现,可是百年之后,清华简墓主人依然拒绝使用儒家《尹诰》的篇名。孔子的《尚书》选编本,以及儒家推崇的尧、舜、禹、汤、文、武、周公一脉相传的圣王系统,并没有得到其他学派的普遍接受。儒家敬鬼神而远之,而墨家、清华简《书》类文献鬼神色彩浓重。简言之,分化,是战国时期《书》类文献的主要特征。天子失官,学在四夷,先秦时期不同《书》类文献系统的形成,本质上是王纲解纽、政治割据在学术层面的投映。

从西周到战国时期,官学变为私学,文献传流由一源到多源,多个系统并存,多个传本游离于系统内外。孔子之时,《书》经定本初次结集。战国中晚期,《书小序》规定了儒家《尚书》的篇数与篇目,这些做法虽仅局限于儒家一派之内,却暗含着《书》类文献由分到合的发展趋势。西汉时期,废除挟书令,刘向、刘歆父子校订群经,文献传流由单线到多线,由合到分再到合,可以看作是早期文献生成的普遍规律与特征。

近年来,汉魏孔氏家学研究兴起,民间《古文尚书》传流受到关注,其重要的目的之一,就是为"梅赜本《古文尚书》不伪"提供新的诠释路径。我们相信孔壁中书,也相信孔安国、孔僖、孔季彦世传《古文尚书》为可信。但孔氏所传为真书,梅赜本是伪书,从真假性质上,便能推定梅赜本《古文尚书》可能并非出自汉魏孔氏家学。换言之,清华简的出现,切断了梅赜本《古文尚书》与汉魏孔氏家学之间的学术关联。

过去学者多倾向于从传世文献中搜集"晚书"不伪的证据,清华简面世之后,两汉至魏晋《古文尚书》学研究,要发生根本性的转向:即由"证真"转向"察伪",《古文尚书》是何人、何时伪造的?它抄撮群经的具体过程如何?作伪者的动机何在?

关于《古文尚书》的成书时间，有战国说、汉代说、魏晋说、东晋说、刘宋元嘉年间说等不同意见。而《古文尚书》的作者，更是众说纷纭，有刘歆、宋忠、郑冲、皇甫谧、王肃、孔晁、梅赜、东晋孔安国等。时至今日，对于《古文尚书》的作伪者，学界推定的怀疑对象已经多达十余种，但大都方枘圆凿，难成定谳。

对照清华简《尹诰》《傅说之命》，郑玄《礼记注》明显错误的地方，像《说命》的作者为傅说，将《尹诰》"惟尹躬天见于西邑夏，自周有终，相亦惟终"，理解为夏代先哲王因忠信得以善终，作伪者也照抄不误。这就说明作伪者未见真书，"晚书"撰作完成的最终时间，很可能在郑玄之后。

"晚书"作者没有不当得利，他最初撦拾群经，缀连辑补，只是为复《古文尚书》之真，并没有欺骗世人、沽名钓誉的意图。《古文尚书》经传及序文的缀补，不是一时一人所为，而是较为长期的过程。而梅赜在很短的时间内便献上《古文尚书》，我们怀疑"晚书"作者可能并非梅赜。郑玄、王肃之争，为学界所艳称，"晚书"多被认定为王肃或王肃之徒为对抗郑学而作。笔者研究得出的最终结论却与之相反，"晚书"是借鉴郑学、王学，集合古文诸家之长而成的产物。

"晚书"真伪的考辨，是一部鲜活的辨伪学发展史。魏晋至唐，"晚书"出现并占据正统地位。孔颖达信《孔传》，而质疑马、郑未见真古文，属于"黑白颠倒"。宋代疑古改经之风大盛，苏轼怀疑的是今文经，而非古文。南宋吴棫，是"晚书"伪作之说的发明者。朱熹从文体格制、语感上质疑，梅鷟注重发掘"晚书"剿袭的出处，阎若璩确定孔壁古文为真，立其为根柢。"晚书"辨伪，至阎氏才拨云见日，豁然开朗，真相大白于天下。

阎若璩是宋、元、明、清四代"晚书"辨伪方法的集大成者。阎氏成功的关键，在"根柢"说，即以孔壁中书及马、郑所传古文为真。从出土文献提供的证据看，阎若璩从文献传流"实证"者，多可信；以文本内容"虚会"者，多失误。我们汲取其方法论的精华，淘汰不可信的归纳，以"根柢"说为基础，则可为建构富有中国特色的古书辨伪理论体系，提供方法论方面的借鉴。

附 录

附表一 《左传》引《书》表①

	时间	人物	内容	备注
1	隐公六年（前717年）	君子	《商书》曰："恶之易也，如火之燎于原，不可向迩，其犹可扑灭？"	《尚书·盘庚上》
2	庄公八年（前686年）	庄公（鲁国）	《夏书》曰："皋陶迈种德，德乃降。"	《古文尚书·大禹谟》
3	庄公十四年（前680年）	君子	《商书》所谓"恶之易也，如火之燎于原，不可乡迩，其犹可扑灭"者，其如蔡哀侯乎！	《今文尚书·盘庚》
4	僖公五年（前655年）	宫之奇（虞国）	《周书》曰："皇天无亲，惟德是辅。"	《古文尚书·蔡仲之命》
5	僖公五年（前655年）	宫之奇（虞国）	黍稷非馨，明德惟馨。	《古文尚书·君陈》
6	僖公五年（前655年）	宫之奇（虞国）	民不易物，惟德其物。	《古文尚书·旅獒》
7	僖公二十三年（前637年）	卜偃（晋国）	《周书》有之："乃大明服。"	《今文尚书·康诰》
8	僖公二十四年（前636年）	君子	《夏书》曰："地平天成。"	《古文尚书·大禹谟》

---

① 对于传世文献、出土文献的引《书》情况，刘起釪、蒋善国、马士远等学者已经有所统计。我们在前贤的基础之上，有所补充、修正。

续表

	时间	人物	内容	备注
9	僖公二十七年（前633年）	赵衰（晋国）	臣亟闻其言矣，说礼乐而敦《诗》《书》。《诗》《书》，义之府也。礼、乐，德之则也。德、义，利之本也。《夏书》曰："赋纳以言，明试以功，车服以庸。"	《尚书·舜典》
10	僖公三十三年（前627年）	臼季（晋国）	《康诰》曰："父不慈，子不祗，兄不友，弟不共，不相及也。"	《今文尚书·康诰》，语句有明显差异。
11	文公二年（前625年）	狼瞫（晋国）	"《周志》有之：'勇则害上，不登于明堂。'"杜预注："《周志》，《周书》也。"	《逸周书·大匡》
12	文公五年（前622年）	宁嬴（晋国）	《商书》曰："沈渐刚克，高明柔克。"	《今文尚书·洪范》
13	文公七年（前620年）	郤缺（晋国）	《夏书》曰："戒之用休，董之用威，劝之以《九歌》，勿使坏。"	《古文尚书·大禹谟》
14	文公十八年（前609年）	季文子、大史克（鲁国）	故《虞书》数舜之功，曰"慎徽五典，五典克从"，无违教也。曰"纳于百揆，百揆时序"，无废事也。曰"宾于四门，四门穆穆"，无凶人也。	《今文尚书·舜典》
15	宣公六年（前603年）	中行桓子（晋国）	《周书》曰："殪戎殷。"	《今文尚书·康诰》
16	宣公十五年（前594年）	羊舌职（晋国）	《周书》所谓"庸庸祗祗"者，谓此物也夫。	《今文尚书·康诰》
17	成公二年（前589年）	申公巫臣（楚国）	《周书》曰"明德慎罚"，文王所以造周也。	《尚书·康诰》
18	成公二年（前585年）	君子	《大誓》所谓"商兆民离，周十人同"者，众也。	《古文尚书·泰誓》，差异明显。
19	成公六年（前585年）	或谓栾武子	《商书》曰："三人占，从二人。"	《今文尚书·洪范》

续表

	时间	人物	内容	备注
20	成公八年（前583年）	韩厥（晋国）	《周书》曰："不敢侮鳏寡。"	《今文尚书·康诰》《无逸》
21	成公十六年（前575年）	范文子（晋国）	《周书》曰"唯命不于常"，有德之谓。	《今文尚书·康诰》
22	成公十六年（前575年）	单襄公（周人）	《夏书》曰："怨岂在明？不见是图。"	《古文尚书·五子之歌》
23	襄公三年（前570年）	君子	《商书》曰："无偏无党，王道荡荡。"	《今文尚书·洪范》
24	襄公五年（前568年）	君子	《夏书》曰："成允成功。"	《古文尚书·大禹谟》
25	襄公十一年（前562年）	魏绛（晋国）	（魏绛）辞曰："《书》曰：'居安思危。'思则有备，有备无患。敢以此规。"	《古文尚书·周官》《逸周书·程典》
26	襄公十三年（前560年）	君子	《书》曰："一人有庆，兆民赖之，其宁惟永。"	《今文尚书·吕刑》
27	襄公十四年（前559年）	师旷（晋国）	《夏书》曰："遒人以木铎徇于路。官师相规，工执艺事以谏。"	《古文尚书·胤征》
28	襄公二十一年（前552年）	臧武仲（鲁国）	《夏书》曰："念兹在兹，释兹在兹，名言兹在兹，允出兹在兹，惟帝念功。"	《古文尚书·大禹谟》
29	襄公二十一年（前552年）	祁奚（晋国）	《书》曰："圣有谟勋，明征定保。"	《古文尚书·胤征》
30	襄公二十三年（前550年）	君子	《书》曰："惟命不于常。"	《今文尚书·康诰》
31	襄公二十三年（前550年）	仲尼（鲁国）	《夏书》曰："念兹在兹。"	《古文尚书·大禹谟》
32	襄公二十五年（前548年）	大叔文子（卫国）	《书》曰："慎始而敬终，终以不困。"	《古文尚书·蔡仲之命》
33	襄公二十六年（前547年）	公孙归生（蔡国）	《夏书》曰："与其杀不辜，宁失不经。"	《古文尚书·大禹谟》

续表

	时间	人物	内容	备注
34	襄公二十八年（前545年）	叔孙豹（鲁国）	叔孙穆子曰："必得之。武王有乱臣十人，崔杼其有乎？"	《古文尚书·泰誓》，间接引用。
35	襄公三十年（前543年）	子产（郑国）	《郑书》有之曰："安定国家，必大焉先。"	《郑书》
36	襄公三十一年（前542年）	穆叔（鲁国）	《大誓》云："民之所欲，天必从之。"	《古文尚书·泰誓上》
37	襄公三十一年（前542年）	北宫文子（卫国）	《周书》数文王之德，曰："大国畏其力，小国怀其德。"	《古文尚书·武成》
38	昭年（前541年）	子羽（郑国）	《大誓》曰："民之所欲，天必从之。"	《古文尚书·泰誓上》
39	昭公六年（前536年）	叔向（晋国）	《书》曰："圣作则。"	《古文尚书·说命》
40	昭公七年（前535年）	子产（郑国）	昔尧殛鲧于羽山。	《今文尚书·尧典》
41	昭公八年（前534年）	子旗（齐国）	《周书》曰："惠不惠，茂（懋）不茂（懋）。"	《古文尚书·康诰》
42	昭公十年（前532年）	子皮（郑国）	《书》曰："欲败度，纵败礼。"	《古文尚书·太甲中》
43	昭公十四年（前528年）	叔向（晋国）	《夏书》曰："昏、墨、贼，杀。"	
44	昭公十七年（前525年）	大史（鲁国）	《夏书》曰："辰不集于房，瞽奏鼓，啬夫驰，庶人走。"	《古文尚书·胤征》
45	昭公二十年（前522年）	苑何忌（齐国）	在《康诰》曰："父子兄弟，罪不相及。"	《今文尚书·康诰》
46	昭公二十四年（前518年）	苌弘（周人）	《大誓》曰："纣有亿兆夷人，亦有离德。余有乱臣十人，同心同德。"	《古文尚书·泰誓中》
47	昭公二十八年（前514年）	叔游（晋国）	《郑书》有之："恶直丑正，实蕃有徒。"	《古文尚书·仲虺之诰》

续表

	时间	人物	内容	备注
48	定公四年（前506年）	祝佗（卫国）	因商奄之民，命以《伯禽》，而封于少皞之虚。	《伯禽》
49	定公四年（前506年）	祝佗（卫国）	聃季授土，陶叔授民，命以《康诰》而封于殷虚。	《今文尚书·康诰》序
50	定公四年（前506年）	祝佗（卫国）	命以《唐诰》，而封于夏虚，启以夏政，疆以戎索。	《今文尚书·唐诰》
51	定公四年（前506年）	祝佗（卫国）	其子蔡仲改行帅德，周公举之，以为己卿士，见诸王而命之以蔡。其命书云："王曰：'胡，无若尔考之违王命也。'"	《古文尚书·蔡仲之命》
52	哀公六年（前489年）	孔子（鲁国）	《夏书》曰："惟彼陶唐，帅彼天常，有此冀方。今失其行，乱其纪纲，乃灭而亡。"	《古文尚书·五子之歌》
53	哀公六年（前489年）	孔子（鲁国）	又曰："允出兹在兹。"	《古文尚书·大禹谟》
54	哀公十一年（前484年）	伍子胥（楚国）	《盘庚之诰》曰："其有颠越不共，则劓殄无遗育，无俾易种于兹邑。"	《今文尚书·盘庚中》
55	哀公十八年（前477年）	君子	《夏书》曰："官占，唯能蔽志，昆命于元龟。"	《古文尚书·大禹谟》

附表二　　　　　　　　《国语》引《书》表

	出处	称引者	内容	备注
1	《周语上》	内史过（周人）	《夏书》有之曰："众非元后，何戴？后非众，无与守邦。"	《古文尚书·大禹谟》
2	《周语上》	内史过（周人）	在《汤誓》曰："余一人有罪，无以万夫。万夫有罪，在余一人。"	《古文尚书·汤誓》
3	《周语上》	内史过（周人）	在《盘庚》曰："国之臧，则惟女众。国之不臧，则惟余一人是有逸罚。"	《今文尚书·盘庚上》
4	《周语中》	富辰（周人）	《书》有之曰："必有忍也，若能有济也。"	《古文尚书·君陈》
5	《周语中》	单襄公（周人）	《书》曰："民可近也，而不可上也。"	《古文尚书·五子之歌》
6	《周语中》	单襄公（周人）	在《太誓》曰："民之所欲，天必从之。"	《古文尚书·泰誓上》
7	《周语中》	单襄公（周人）	先王之令有之曰："天道赏善而罚淫，故凡我造国，无从非彝，无即慆淫，各守尔典，以承天休。"	《尚书·汤诰》
8	《周语下》	单襄公（周人）	吾闻之《大誓》，故曰："朕梦协朕卜，袭于休祥，戎商必克。"	《古文尚书·泰誓中》
9	《周语下》	单穆公（周人）	《夏书》有之曰："关石和钧，王府则有。"	《古文尚书·五子之歌》
10	《晋语四》	姜氏（齐国）	西方之《书》有之曰："怀与安，实疚大事。"	《周书》
11	《晋语九》	智伯国（晋国）	《夏书》有之曰："一人三失，怨岂在明？不见是图。"	《古文尚书·五子之歌》
12	《晋语九》	智伯国（晋国）	《周书》有之曰："怨不在大，亦不在小。"	《尚书·太誓》

续表

	出处	称引者	内容	备注
13	《郑语》	史伯（郑国）	《泰誓》曰："民之所欲，天必从之。"	《古文尚书·泰誓上》
14	《楚语上》	左史倚相（楚国）	《周书》曰："文王至于日中昃，不皇暇食。惠于小民，唯政之恭。"	《今文尚书·无逸》
15	《楚语上》	楚昭王（楚国）	《周书》所谓重黎实使天地不通者，何也？	《今文尚书·吕刑》
16	《楚语下》	白公子张（楚国）	若金，用女作砺。若津水，用女作舟。若天旱，用女作霖雨。启乃心，沃朕心。若药不瞑眩，厥疾不瘳。若跣不视地，厥足用伤。	《今文尚书·说命上》

附表三　　　　　　　《墨子》引《书》表①

	出处	内容	备注
1	《七患》	《夏书》曰："禹七年水。"	
2	《七患》	《殷书》曰："汤五年旱。"	
3	《七患》	《周书》曰："国无三年之食者，国非其国也；家无三年之食者，子非其子也。"	
4	《三辩》	汤放桀于大水。	清华简《尹至》
5	《尚贤中》	先王之书《吕刑》道之曰："皇帝清问下民，有辞有苗。曰：'群后之肆在下，明明不常，鳏寡不盖，德威维威，德明维明。'乃名三后，恤功于民。伯夷降典，哲民维刑。禹平水土，主名山川。稷隆播种，农殖嘉谷。三后成功，维假于民。"	《吕刑》
6	《尚贤中》	《汤誓》曰："聿求元圣，与之戮力同心，以治天下。"	《古文尚书·汤诰》
7	《尚贤中》	故先王之言："此道也，大用之天下则不窕，小用之则不困，修用之则万民被其利，终身无已。"	
8	《尚贤下》	于先王之书《吕刑》之书然，王曰："於！来，有国有土，告女讼刑。在今而安百姓，女何择言人？何敬不刑？何度不及？"	《吕刑》
9	《尚贤下》	于先王之书《竖年》之言然，曰："晞夫圣武知人，以屏辅而身。"	
10	《尚贤下》	昔者傅说居北海之洲，圜土之上，衣褐带索，庸筑于傅岩之城，武丁得而举之，立为三公。	清华简《傅说之命》甲篇
11	《尚同中》	是以先王之书《吕刑》之道曰："苗民否用练，折则刑，唯作五杀之刑，曰法。"	《吕刑》
12	《尚同中》	是以先王之书《相年》之道曰："夫建国设都，乃作后王君公，否用泰也，轻大夫师长，否用佚也，维辩使治天均。"	

---

① 《墨子·非命》三篇，引用《仲虺之告》《太誓》三次。笔者统计《墨子》引《书》情况，有内容接近、语意重复者，则不再计入。特此说明。

续表

	出处	内容	备注
13	《尚同中》	是以先王之书《术令》之道曰:"惟口出好兴戎。"	清华简《傅说之命》乙篇
14	《尚同下》	于先王之书也《大誓》之言然,曰:"小人见奸巧乃闻,不言也,发罪钧。"	仅"厥罪惟钧"一句,见于《古文尚书·泰誓》。
15	《兼爱中》	古者禹治天下,西为西河、渔窦,以泄渠孙皇之水。北为防原泒,注后之邸、嘑池之窦,洒为底柱,凿为龙门,以利燕、代、胡、貉与西河之民。东方漏之陆,防孟诸之泽,洒为九浍,以楗东土之水,以利冀州之民。南为江、汉、淮、汝,东流之,注五湖之处,以利荆、楚、干、越与南夷之民。	《禹贡》
16	《兼爱下》	《泰誓》曰:"文王若日若月乍照,光于四方,于西土。"	《古文尚书·泰誓下》
17	《兼爱下》	虽《禹誓》即亦犹是也。禹曰:"济济有众,咸听朕言,非惟小子敢行称乱,蠢兹有苗,用天之罚,若予既率尔群封诸群以征有苗。"	《古文尚书·大禹谟》
18	《兼爱下》	虽《汤说》即亦犹是也。汤曰:"惟予小子履,敢用玄牡,告于上天后曰:'今天大旱,即当朕身履,未知得罪于上下。有善不敢蔽,有罪不敢赦,简在帝心。万方有罪,即当朕身,朕身有罪,无及万方。'"	《古文尚书·汤诰》
19	《兼爱下》	《周诗》即亦犹是也。《周诗》曰:"王道荡荡,不偏不党,王道平平,不党不偏。其直若矢,其易若厎,君子之所履,小人之所视。"	《洪范》
20	《天志中》	又以先王之书《驯天明不解》之道也知之,曰:"明哲维天,临君下土。"	
21	《天志中》	《大誓》之道之曰:"纣越厥夷居,不肯事上帝,弃厥先神祇不祀,乃曰吾有命,无廖僇务。天下亦纵弃纣而不葆。"	《古文尚书·泰誓上》
22	《明鬼下》	然则姑尝上观乎《商书》。曰:"呜呼!古者有夏,方未有祸之时,百兽贞虫,允及飞鸟,莫不比方。矧佳人面,胡敢异心?山川鬼神,亦莫敢不宁。若能共允,佳天下之合,下土之葆。"	

续表

	出处	内容	备注
23	《明鬼下》	《禹誓》曰:"大战于甘,王乃命左右六人,下听誓于中军,曰:有扈氏威侮五行,怠弃三正,天用剿绝其命。有曰:日中,今予与有扈氏争一日之命。且尔卿大夫庶人,予非尔田野葆士之欲也,予共行天之罚也。左不共于左,右不共于右,若不共命;御非尔马之政,若不共命。是以赏于祖而僇于社。"	《甘誓》
24	《明鬼下》	尚者《夏书》,其次商周之《书》,语数鬼神之有也,重有重之。	论《书》之语。
25	《明鬼下》	且《禽艾》之道之曰:"得玑无小,灭宗无大。"	《古文尚书·伊训》
26	《非乐上》	先王之书《汤之官刑》有之,曰:"其恒舞于宫,是谓巫风。其刑,君子出丝二卫,小人否,似二伯黄径。"乃言曰:"呜乎!舞佯佯,黄言孔章,上帝弗常,九有以亡,上帝不顺,降之百殃(殃),其家必坏丧。"	《古文尚书·伊训》略同。
27	《非乐上》	于《武观》曰:"启乃淫溢康乐,野于饮食,将将铭,苋磬以力,湛浊于酒,渝食于野,万舞翼翼,章闻于大(天),天用弗式。"	
28	《非命上》	于《仲虺之告》曰:"我闻于夏人,矫天命,布命于下,帝伐之恶,龚丧厥师。"	《仲虺之诰》
29	《非命上》	先王之宪亦尝有曰"福不可请,而祸不可讳,敬无益,暴无伤"者乎?	
30	《非命上》	先王之刑亦尝有曰"福不可请,祸不可讳,敬无益,暴无伤"者乎?	
31	《非命上》	先王之誓亦尝有曰"福不可请,祸不可讳,敬无益,暴无伤"者乎?	
32	《非命中》	又于《三代》《不国》有之,曰:"女毋崇天之有命也。"	
33	《非命中》	于召公之《执令》于然,曰:"敬哉!无天命,惟予二(仁)人,而无造言,不自降天之哉得之。"	
34	《非命中》	在于商夏之《诗》《书》曰:"命者,暴王作之。"	
35	《非命下》	《禹之总德》有之,曰:"允不著,惟天民不而葆。既防凶心,天加之咎,不慎厥德,天命焉葆?"	

续表

	出处	内容	备注
36	《非命下》	《太誓》之言也,于《去发》曰:"恶乎君子!天有显德,其行甚章,为鉴不远,在彼殷王。谓人有命,谓敬不可行,谓祭无益,谓暴无伤。上帝不常,九有以亡,上帝不顺,祝降其丧。惟我有周,受之大帝。"	
37	《公孟》	故先王之书《子亦》有之曰:"亓傲也,出于子,不祥。"	

附表四　　　　　《孟子》引《书》论《书》表

	篇目	内容	和今传本《尚书》关系	备注
1	《梁惠王上》	《汤誓》曰："时日害丧？予及汝偕亡！"	《尚书·汤誓》	
2	《梁惠王下》	《书》曰："天降下民，作之君，作之师。惟曰其助上帝，宠之四方。有罪无罪惟我在，天下曷敢有越厥志？"	《古文尚书·泰誓上》	
3	《梁惠王下》	《书》曰："汤一征，自葛始。"	逸《书》	学界怀疑是《尚书·仲虺之诰》，或是《汤征》。
4	《梁惠王下》	《书》曰："徯我后，后来其苏。"	逸《书》	
5	《公孙丑上》	《太甲》曰："天作孽，犹可违。自作孽，不可活。"	《古文尚书·太甲中》	见于《礼记·缁衣》。
6	《滕文公上》	《书》曰："若药不瞑眩，厥疾不瘳。"	《古文尚书·说命上》	见于《国语·楚语上》。
7	《滕文公上》	夷子曰："儒者之道，古之人'若保赤子'，此言何谓也？"	《今文尚书·康诰》	
8	《滕文公下》	《书》曰："葛伯仇饷。"……汤始征，自葛载，十一征而无敌于天下。东面而征西夷怨，南面而征北狄怨，曰："奚为后我？"	《古文尚书·仲虺之诰》	
9	《滕文公下》	《书》曰："徯我后，后来其无罚。"	《古文尚书·仲虺之诰》	
10	《滕文公下》	有攸不惟臣，东征绥厥士女，匪厥玄黄，绍我周王见休，惟臣附于大邑周。	《古文尚书·武成》	
11	《滕文公下》	《太誓》曰："我武惟扬，侵于之疆，则取于残，杀伐用张，于汤有光。"	《古文尚书·泰誓中》	
12	《滕文公下》	《书》曰："洚水警余。"	逸《书》	
13	《滕文公下》	《书》曰："丕显哉！文王谟。丕承哉！武王烈。佑启我后人，咸以正无缺。"	《古文尚书·君牙》	
14	《离娄上》	《太甲》曰："天作孽，犹可违。自作孽，不可活。"	《古文尚书·太甲中》	

续表

	篇目	内容	和今传本《尚书》关系	备注
15	《万章上》	舜流共工于幽州,放驩兜于崇山,杀三苗于三危,殛鲧于羽山,四罪而天下咸服。	《今文尚书·尧典》	
16	《万章上》	《尧典》曰:"二十有八载,放勋乃徂落,百姓如丧考妣,三年,四海遏密八音。"	《今文尚书·尧典》	
17	《万章上》	《书》曰:"祗载见瞽瞍,夔夔斋栗,瞽瞍亦允若。"	《古文尚书·大禹谟》	
18	《万章上》	《泰誓》曰:"天视自我民视,天听自我民听。"	《古文尚书·泰誓》	
19	《万章上》	《伊训》曰:"天诛造攻自牧宫,朕载自亳。"	逸《书》	
20	《万章下》	《康诰》曰:"杀越人于货,闵不畏死,凡民罔不文譈。"	《今文尚书·康诰》	
21	《告子下》	《书》曰:"享多仪,仪不及物曰不享,惟不役志于享。"	《今文尚书·洛诰》	语句相似。
22	《尽心下》	尽信《书》,则不如无《书》。吾于《武成》,取二三策而已矣。仁人无敌于天下,以至仁伐至不仁,而何其血之流杵也?	"血流漂杵"见于《尚书·武成》	孟子论《书》。
23	《尽心下》	南面而征北狄怨;东面而征西夷怨。曰:"奚为后我?"	《古文尚书·仲虺之诰》	
24	《尽心下》	武王之伐殷也,革车三百两,虎贲三千人。王曰:"无畏,宁尔也,非敌百姓也。"若崩厥角稽首。	《古文尚书·泰誓中》	

附表五　　　　　　《荀子》引《书》论《书》表

	篇目	内容	和今传本《尚书》关系	备注
1	《修身》	《书》曰："无有作好，遵王之道；无有作恶，遵王之路。"	《今文尚书·洪范》	
2	《王制》	《书》曰："维齐非齐。"	《今文尚书·吕刑》	
3	《富国》	《康诰》曰："弘覆乎天，若德裕乃身。"	《今文尚书·康诰》	
4	《富国》	《书》曰："乃大明服，惟民其力懋和，而有疾。"	《今文尚书·康诰》	
5	《君道》	《书》曰："惟文王敬忌，一人以择。"	《今文尚书·康诰》	语句相似。
6	《君道》	《书》曰："先时者杀无赦，不逮时者杀无赦。"	《古文尚书·胤征》	
7	《臣道》	《书》曰："从命而不拂，微谏而不倦，为上则明，为下则逊。"	《古文尚书·伊训》	
8	《致士》	《书》曰："义刑义杀，勿庸以即，女惟曰'未有顺事'。"	《今文尚书·康诰》	
9	《议兵》	《泰誓》曰"独夫纣"，此之谓也。	《古文尚书·泰誓下》	
10	《天论》	《传》曰："万物之怪，书不说。无用之辩，不急之察，弃而不治。"		论《书》之语。
11	《天论》	《书》曰："无有作好，遵王之道；无有作恶，遵王之路。"	《今文尚书·洪范》	
12	《正论》	《书》曰："克明明德。"	《今文尚书·康诰》	与《多方》《尧典》等篇类似。
13	《正论》	《书》曰："刑罚世轻世重。"	《今文尚书·吕刑》	
14	《君子》	《书》曰："凡人自得罪。"	《今文尚书·康诰》类似	
15	《君子》	《传》曰："一人有庆，兆民赖之。"	《今文尚书·吕刑》	
16	《宥坐》	《书》曰："义刑义杀，勿庸以即，予惟曰'未有顺事'。"	《今文尚书·康诰》	

续表

	篇目	内容	和今传本《尚书》关系	备注
17	《尧问》	庄王曰:"不穀谋事而当,群臣莫能逮,是以忧也。其在《中蘬之言》也,曰:诸侯自为得师者王,得友者霸,得疑者存,自为谋而莫己若者亡。"		《仲虺之诰》略同。
18	《成相》	尧授能,舜遇时……妻以二女任以事……禹劳心力,尧有德,干戈不用三苗服……得后稷,五谷殖,夔为乐正鸟兽服。契为司徒,民知孝弟尊有德。	《今文尚书·尧典》	化用《尚书》语句。①
19	《成相》	禹有功,抑下鸿,辟除民害逐共工。北决九河,通十二渚疏三江。	《今文尚书·禹贡》	
20	《大略》	汤旱而祷曰:"政不节与?使民疾与?何以不雨至斯极也!宫室荣与?妇谒盛与?何以不雨至斯极也!苞苴行与?谗夫兴与?何以不雨至斯极也!"		为旱祷之词异文。

---

① 《荀子》化用《尚书》之语,取刘起釪先生之说。参见刘起釪《尚书学史》,第15、16、34页。

附表六　　　　　　　道家引《书》论《书》表

	出处	内容	备注
1	《老子》三十六章	将欲翕之，必故张之；将欲弱之，必故强之；将欲废之，必固兴之；将欲夺之，必固与之。	《战国策·魏策》《韩非子·说林上》引《周书》之文。
2	《庄子·在宥》	尧于是放讙兜于崇山，投三苗于三峗，流共工于幽都，此不胜天下也。	《尚书·舜典》
3	《庄子·天运》	巫咸祒曰："来！吾语女。天有六极五常，帝王顺之则治，逆之则凶。九洛之事，治成德备，监照下土，天下戴之，此谓上皇。"	《尚书·洪范》
4	《庄子·天运》	孔子谓老聃曰："丘治《诗》《书》《礼》《乐》《易》《春秋》六经，自以为久矣，孰知其故矣；以奸者七十二君，论先王之道而明周召之迹，一君无所钩用。甚矣夫！人之难说也，道之难明邪？"老子曰："……夫六经，先王之陈迹也，岂其所以迹哉！"	六经并称，阐明六经之旨。
5	《庄子·徐无鬼》	女商曰："先生独何以说吾君乎？吾所以说吾君者，横说之则以《诗》《书》《礼》《乐》，从说之以《金板》《六弢》，奉事而大有功者不可为数，而吾君未尝启齿也。"	《诗》《书》《礼》《乐》并称。
6	《庄子·天下》	其在于《诗》《书》《礼》《乐》者，邹鲁之士、搢绅先生多能明之。《诗》以道志，《书》以道事，《礼》以道行，《乐》以道和，《易》以道阴阳，《春秋》以道名分。其数散于天下而设于中国者，百家之学时或称而道之。	对《诗》《书》《礼》《乐》的理解，尤为精到。

附表七　　　《韩非子》引《书》论《书》表

	出处	内容	备注
1	《说林上》	《周书》曰:"将欲败之,必姑辅之;将欲取之,必姑予之。"	《老子》三十六章、《战国策·魏策一》
2	《说林上》	绍绩昧醉寐而亡其裘,宋君曰:"醉足以亡裘乎?"对曰:"桀以醉亡天下,而《康诰》曰:'毋彝酒。'彝酒者,常酒也。常酒者,天子失天下,匹夫失其身。"	《今文尚书·酒诰》
3	《说林下》	此《周书》所谓"下言而上用者,惑也"。	
4	《难势》	《周书》曰:"毋为虎傅翼,将飞入邑,择人而食之。"夫乘不肖人于势,是为虎傅翼也。	《逸周书·寤儆》
5	《和氏》	商君教秦孝公以连什伍,设告坐之过,燔《诗》《书》而明法令,塞私门之请而遂公家之劳,禁游宦之民而显耕战之士。	论《书》之语。
6	《有度》	先王之法曰:"臣毋或作威,毋或作利,从王之指;毋或作恶,从王之路。"	和《洪范》近似。《吕氏春秋》引《书》有类似语句。

附表八　　　　　　《吕氏春秋》引《书》表

	出处	内容	备注
1	《贵公》	《鸿范》曰:"无偏无党,王道荡荡。无偏无颇,遵王之义。无或作好,遵王之道。无或作恶,遵王之路。"	《今文尚书·洪范》
2	《顺民》	昔者汤克夏而正天下,天大旱,五年不收,汤乃以身祷于桑林,曰:"余一人有罪,无及万夫。万夫有罪,在余一人。无以一人之不敏,使上帝鬼神伤民之命。"	《古文尚书·汤诰》
3	《听言》	《周书》曰:"往者不可及,来者不可待,贤明其世,谓之天子。"	逸《书》
4	《谕大》	《夏书》曰:"天子之德,广运乃神,乃武乃文。"	《古文尚书·大禹谟》
5	《谕大》	《商书》曰:"五世之庙,可以观怪。万夫之长,可以生谋。"	《古文尚书·咸有一德》
6	《孝行》	《商书》曰:"刑三百,罪莫重于不孝。"	《商书》无,见于《孝经·五刑章》。
7	《慎大览》	《周书》曰:"若临深渊,若履薄冰。"	《左传》襄公十一年:"《书》曰:'居安思危。'"
8	《报更》	此《书》之所谓"德几无小"者也。	《墨子·明鬼下》引《禽艾》。《古文尚书·伊训》
9	《君守》	《鸿范》曰:"惟天阴骘下民。"	《今文尚书·洪范》
10	《重言》	人主之言,不可不慎。高宗,天子也。即位谅闇,三年不言。卿大夫恐惧,患之。高宗乃言曰:"以余一人正四方,余唯恐言之不类也,兹故不言。"	《今文尚书·无逸》
11	《适威》	《周书》曰:"民,善之则畜也,不善则雠也。"	逸《书》
12	《贵信》	《周书》曰:"允哉允哉!"	《逸周书·大戒》

附表九　　　　　　　　出土文献引《书》表[①]

	篇名	内容	传世本《尚书》	备注
郭店简《缁衣》	《尹诰》	惟尹㐌（允）及汤咸有一德。	惟尹躬暨汤咸有一德。	
	《君牙》	日暑雨，小民惟日怨；晋冬耆（祁）寒，小民亦惟日怨。	夏暑雨，小民惟曰怨咨；冬祁寒，小民亦惟曰怨咨。	
	《吕刑》	一人有庆，万民赖之。	一人有庆，兆民赖之。	
	《吕刑》	非用命，制以刑，惟作五虐之刑曰法。	苗民弗用灵，制以刑，惟作五虐之刑曰法。	
	《吕刑》	播刑之迪。	播刑之迪。	
	《君陈》	未见圣，如其弗克见，我既见，我弗迪圣。	未见圣，若不克见；既见圣，亦不克由圣。	
	《君陈》	出入自尔师虞，庶言同。	出入自尔师虞，庶言同则绎。	
	《祭公之顾命》	毋以小谋败大作，毋以嬖御息（塞）庄后，毋以嬖士息（塞）大夫、卿士。	汝无以嬖御固庄后，汝无以小谋败大作，汝无以嬖御士疾大夫、卿士。	
	《康诰》	敬明乃罚。	敬明乃罚。	
	《君奭》	昔在上帝，割绅观文王德，其集大命于厥身。	在昔上帝，割申劝宁王之德，其集大命于厥躬。	与《礼记》引文有出入。
郭店简《成之闻之》	《君奭》	惟冒丕单称德。	惟兹四人，昭武王，惟冒丕单称德。	
	《君奭》	襄（曩）我二人，毋有合在音。	予惟曰："襄我二人，汝有合哉？"言曰："在时二人。"	

[①] 郭店简、上博简释文有改动。

续表

	篇名	内容	传世本《尚书》	备注
郭店简《成之闻之》	《诏命》	允师济德。		
	《大禹》	予才（兹）宅天心。		
	《康诰》	不还（率）大戛，文王作罚，刑兹亡（无）赦。	乃其速由文王作罚，刑兹无赦。不率大戛，矧惟外庶子训人。	
郭店简《唐虞之道》	《虞诗》	大明不出，万物皆暗。圣者不在上，天下必坏。		是否属于《书》不确定。
上博简《缁衣》	《尹诰》	惟尹𠱿（允）汤咸有一德。	惟尹躬暨汤咸有一德。	
	《君牙》	日暑雨，小民惟日怨；晋冬耆（祁）寒，小民亦惟日怨。	夏暑雨，小民惟曰怨咨；冬祁寒，小民亦惟曰怨咨。	
	《吕刑》	一人有庆，万民赖之。	一人有庆，兆民赖之。	
	《吕刑》	苗民非用灵（命），折（制）以刑，惟作五疟之刑曰法。	苗民弗用灵，制以刑，惟作五虐之刑曰法。	
	《吕刑》	播刑之迪。	播刑之迪。	与《礼记》称引不同。
	《君陈》	未见圣，如其弗克见，我既见，我弗由圣。	未见圣，若不克见；既见圣，亦不克由圣。	
	《君陈》	出入自尔师虞，庶言同。	出入自尔师虞，庶言同则绎。	
	《祭公之顾命》	毋以小图（谋）败大图（谋），毋以嬖御蠢庄后，毋以嬖士蠢大夫、卿士。	毋以小谋败大作，毋以嬖御人疾庄后，毋以嬖御士疾庄士、大夫卿士。	
	《康诰》	敬明乃罚。	敬明乃罚。	
	《君奭》	□□□□□□□□集大命于氏（厥）身。	在昔上帝，割申劝宁王之德，其集大命于厥躬。	
马王堆帛书《二三子问》		德义无小，失宗无大。	与《古文尚书·伊训》《吕氏春秋·报更》《说苑·复恩》略同。	《墨子》引《书》篇名作《禽艾》。

附表一〇　　　　　　　出土文献论《书》表

	内容	特点	备注
郭店简《六德》	夫夫、妇妇、父父、子子、君君、臣臣，六者各行其职而讒诌无由作也。观诸《诗》《书》则亦在矣，观诸《礼》《乐》则亦在矣，观诸《易》《春秋》则亦在矣。	以六经作为阐发夫妇、父子、君臣之道的媒介。六经并称，《书》居第二位。	
郭店简《性自命出》	《诗》《书》《礼》《乐》，其始出皆生于人。《诗》，有为为之也。《书》，有为言之也。《礼》《乐》，有为举之也。	《诗》《书》《礼》《乐》四者并称，《书》排在《诗》之后，与郭店儒简《六德》同。	综论性质，未言及《尚书》具体篇名。
郭店简《语丛一》	《易》，所以会天道人道也。《诗》，所以会古今之诗（志）也者。《春秋》，所以会古今之事也。《礼》，交之行述也。《乐》，或生或教者也。《书》，□□□□□者也。	综论性质，六经已经并称。《易经》在首，而《书》排在《礼》之后。	竹简编连，会影响《书》的排序。
马王堆帛书《要》篇	（孔子）曰："《诗》《书》《礼》《乐》，不□［读］百扁（遍），难以致之。不问于古法，不可顺以辞，不可求以志善。"	《诗》《书》《礼》《乐》四者并称。	凸显教化。
马王堆帛书《要》篇	《尚书》多于矣，《周易》未失也。	《尚书》之名，在出土文献中出现。	
定县八角廊汉简《儒家者言》①	《诗》《书》不习，礼乐不修，则是丘之罪也。		

---

① 定县汉墓整理组：《〈儒家者言〉释文》，《文物》1981年第8期。

参考文献

一 古文献

（汉）班固：《汉书》，中华书局1962年版。

（宋）蔡沈：《书经集传》，上海古籍出版社1985年版。

（晋）杜预：《春秋左传集解》，上海人民出版社1977年版。

（清）段玉裁：《说文解字注》，浙江古籍出版社1998年影印本。

方诗铭、王修龄：《古本竹书纪年辑证》，上海古籍出版社2005年版。

方向东：《大戴礼记汇校集解》，中华书局2008年版。

黄怀信等：《逸周书汇校集注》，上海古籍出版社2007年版。

（清）惠栋：《九经古义》，中华书局1985年版。

（汉）贾谊撰，阎振益、钟夏校注：《新书校注》，中华书局2000年版。

（清）焦循：《孟子正义》，中华书局1987年版。

荆门市博物馆：《郭店楚墓竹简》，文物出版社1998年版。

李学勤主编：《清华大学藏战国竹简》（壹—玖），中西书局2010—2019年版。

（汉）刘向撰，向宗鲁校证：《说苑校证》，中华书局1987年版。

马承源主编：《上海博物馆藏战国楚竹书》（一—九），上海古籍出版社2001—2012年版。

马瑞辰：《毛诗传笺通释》，中华书局2008年版。

皮锡瑞：《今文尚书考证》，中华书局1989年版。

屈万里：《尚书集释》，中西书局2014年版。

（清）阮元校刻：《十三经注疏》（附校勘记），中华书局1980年影印本。

（汉）司马迁：《史记》，中华书局1959年版。

（清）孙星衍：《尚书今古文注疏》，中华书局1986年版。

（清）孙诒让：《周礼正义》，中华书局1987年版。

（清）王念孙：《读书杂志》，江苏古籍出版社1985年版。

（清）王先谦：《尚书孔传参正》，中华书局2011年版。

徐元诰：《国语集解》，中华书局2002年版。

许维遹：《吕氏春秋集释》，中华书局2009年版。

（清）阎若璩：《尚书古文疏证》，上海古籍出版社1987年版。

（清）朱右曾：《逸周书集训校释》，世界书局股份有限公司2009年版。

二 学术著作

陈汉平：《西周册命制度研究》，学林出版社1986年版。

陈梦家：《尚书通论》，中华书局2005年版。

程元敏：《尚书学史》，华东师范大学出版社2013年版。

杜勇：《清华简与古史探赜》，科学出版社2018年版。

古国顺：《清代尚书学》，文史哲出版社1981年版。

顾颉刚、刘起釪：《尚书校释译论》，中华书局2005年版。

顾颉刚编著：《古史辨》，上海古籍出版社1982年版。

郭沫若：《十批判书》，人民出版社1982年版。

黄怀信：《〈逸周书〉源流考辨》，西北大学出版社1992年版。

黄怀信：《逸周书校补注议》，三秦出版社2006年版。

江藩：《国朝汉学师承记》，中华书局1983年版。

蒋善国：《尚书综述》，上海古籍出版社1988年版。

李零：《简帛古书与学术源流》，生活·读书·新知三联书店2008年版。

李零：《李零自选集》，广西师范大学出版社1998年版。

李锐：《新出简帛的学术探索》，北京师范大学出版社2010年版。

李学勤：《简帛佚籍与学术史》，江西教育出版社2001年版。

李学勤:《失落的文明》,上海文艺出版社 1997 年版。

李学勤:《中国古代文明研究》,华东师范大学出版社 2005 年版。

李学勤:《重写学术史》,河北教育出版社 2002 年版。

梁启超:《古书真伪及其年代》,中华书局 1962 年版。

梁启超:《中国近三百年学术史》,人民出版社 2008 年版。

梁启超:《中国历史研究法》,华东师范大学出版社 1995 年版。

梁涛、白立超编:《出土文献与古书的反思》,漓江出版社 2012 年版。

刘成群:《清华简与古史甄微》,上海古籍出版社 2016 年版。

刘国忠:《走近清华简》,高等教育出版社 2011 年版。

刘起釪:《尚书学史》,中华书局 1989 年版。

罗家湘:《〈逸周书〉研究》,上海古籍出版社 2006 年版。

马士远:《两汉〈尚书〉学研究》,中国社会科学出版社 2014 年版。

马士远:《周秦〈尚书〉学研究》,中华书局 2008 年版。

马雍:《尚书史话》,中华书局 1982 年版。

潘斌整理:《皮锡瑞儒学论集》,四川大学出版社 2010 年版。

钱穆:《中国近三百年学术史》,台湾商务印书馆 1972 年版。

钱宗武:《〈尚书〉传承研究》,湖南人民出版社 2017 年版。

钱宗武:《〈尚书〉诠释研究》,社会科学文献出版社 2017 年版。

屈万里:《尚书集释》,中西书局 2014 年版。

王国维:《观堂集林》,中华书局 1959 年版。

王连龙:《〈逸周书〉研究》,社会科学文献出版社 2010 年版。

许锬辉:《先秦典籍引尚书考》,嘉新水泥公司文化基金会 1970 年版。

杨朝明:《周公事迹研究》,中州古籍出版社 2002 年版。

杨筠如:《尚书核诂》,陕西人民出版社 2005 年版。

张怀通:《〈逸周书〉新研》,中华书局 2013 年版。

赵铭丰:《惠栋〈古文尚书考〉研究》,花木兰文化出版社 2008 年版。

赵平安:《金文释读与文明探索》,上海古籍出版社 2011 年版。

赵平安:《新出土简帛与古文字古文献研究》,商务印书馆 2009

年版。

郑良树：《续伪通考》，学生书局1984年版。

三 学术论文

［美］艾兰：《论〈书〉与〈尚书〉的起源》，《出土文献与古文字研究（第六辑）——复旦大学出土文献与古文字研究中心成立十周年纪念文集》，上海古籍出版社2015年版。

［美］夏含夷：《先秦时代"书"之传授：以清华简〈祭公之顾命〉为例》，清华大学出土文献研究与保护中心编《清华简研究（第一辑）：〈清华大学藏战国竹简（壹）〉国际学术研讨会论文集》，中西书局2012年版。

［日］谷中信一：《清华简〈傅说之命〉探析》，"达慕思—清华"清华简国际学术研讨会论文，美国达慕思大学，2013年8月。

蔡丽利、谭生力：《清华简〈说命〉相关问题初探》，《古籍整理研究学刊》2014年第2期。

晁福林：《郭店楚简〈缁衣〉与〈尚书·吕刑〉》，《史学史研究》2002年第2期。

陈颖飞：《清华简〈程寤〉、〈保训〉文王纪年探研》，《中国文化研究》2012年第1期。

陈颖飞：《清华简〈程寤〉与文王受命》，《清华大学学报》（哲学社会科学版）2013年第2期。

陈颖飞：《清华简毕公高、毕桓与西周毕氏》，《中国国家博物馆馆刊》2012年第6期。

陈颖飞：《清华简祭公与西周祭氏》，《江汉考古》2012年第1期。

程浩：《清华简〈厚父〉"周书"说》，《出土文献》第5辑，中西书局2014年版。

程浩：《清华简〈金縢〉性质与成篇辨证》，《上海交通大学学报》（哲学社会科学版）2013年第4期。

程浩：《清华简〈说命〉研究三题》，《古代文明》2014年第3期。

程薇：《清华简〈傅说之命〉及相关问题研究》，博士学位论文，清华大学，2014年。

程薇：《由〈傅说之命〉反思伪古文〈尚书·说命〉篇》，《中国社会科学报》2014年2月26日。

崔海鹰：《孔传〈古文尚书〉渊源与成书问题探论》，博士学位论文，曲阜师范大学，2014年。

单周尧：《清华简〈说命上〉笺识》，《扬州大学学报》（人文社会科学版）2014年第2期。

杜勇：《从清华简〈说命〉看古书的反思》，《天津师范大学学报》（社会科学版）2013年第4期。

杜勇：《关于清华简〈保训〉的著作年代问题》，《天津师范大学学报》（社会科学版）2010年第4期。

杜勇：《清华简〈祭公〉与西周三公之制》，《历史研究》2014年第4期。

杜勇：《清华简〈尹诰〉与晚书〈咸有一德〉辨伪》，《天津师范大学学报》（社会科学版）2012年第3期。

风仪诚：《战国两汉"于"、"於"二字的用法与古书的传写习惯》，《简帛》第2辑，上海古籍出版社2007年版。

冯胜君：《出土材料所见先秦古书的载体以及构成和传布方式》，《出土文献与古文字研究》第4辑，上海古籍出版社2011年版。

冯胜君：《清华简〈尹至〉"兹乃柔大縈"解》，《出土文献研究》第13辑，中西书局2015年版。

冯胜君：《有关出土文献的"阅读习惯"问题》，《吉林大学社会科学学报》2015年第1期。

冯时：《清华〈金縢〉书文本性质考述》，清华大学出土文献研究与保护中心编《清华简研究（第一辑）：〈清华大学藏战国竹简（壹）〉国际学术研讨会论文集》，中西书局2012年版。

葛志毅：《试据〈尚书〉体例论其编纂成书问题》，《学习与探索》1998年第2期。

葛志毅：《试论〈尚书〉的编纂资料来源》，《北方论丛》1998年第1期。

［美］顾史考：《以战国竹书重读〈古书通例〉》，《简帛》第4辑，上海古籍出版社2009年版。

黄德宽：《清华简〈赤鹄之集汤之屋〉与先秦"小说"——略说清华简对先秦文学研究的价值》，《复旦学报》2013年第4期。

黄怀信：《清华简〈金縢〉校读》，《古籍整理与研究学刊》2011年第3期。

贾连翔：《清华简壹—叁辑字形校补札记》，《出土文献》第4辑，中西书局2013年版。

贾连翔：《试借助数字建模方法分析清华大学藏战国竹简简背划痕现象》，《江汉考古》2015年第3期。

姜广辉：《〈保训〉"十疑"》，《光明日报》2009年5月4日。

李均明：《清华简〈皇门〉之君臣观》，《中国史研究》2011年第1期。

李均明：《周书〈皇门〉校读记》，《出土文献研究》第10辑，中华书局2011年版。

李零：《读清华简〈保训〉释文》，《中国文物报》2009年8月21日。

李锐：《清华简〈傅说之命〉研究》，《深圳大学学报》（人文社会科学版）2013第6期。

李若晖：《〈尚书·洪范〉时代补正》，《中原文化研究》2014年第1期。

李山：《〈尚书〉"商周书"的编纂年代》，《西北师大学报》（社会科学版）2011年第6期。

李守奎：《汉代伊尹文献的分类与清华简中的伊尹》，《深圳大学学报》（人文社会科学版）2015年第3期。

李学勤：《〈程寤〉、〈保训〉"日不足"等语的读释》，《清华大学学报》（哲学社会科学版）2011年第2期。

李学勤：《论清华简〈说命〉中的卜辞》，《华夏文化论坛》第8辑，吉林文史出版社2012年版。

李学勤：《清华简〈厚父〉与〈孟子〉引〈书〉》，《深圳大学学报》（人文社会科学版）2015年第3期。

李学勤：《清华简九篇综述》，《文物》2010年第5期。

李学勤：《清华简与〈尚书〉、〈逸周书〉的研究》，《史学史研究》2011年第2期。

李学勤：《试论楚简中的〈说命〉佚文》，《烟台大学学报》（哲学社会科学版）2008年第2期。

李学勤：《试说郭店简〈成之闻之〉两章》，《烟台大学学报》（哲学社会科学版）2000年第4期。

李学勤：《新整理清华简六种概述》，《文物》2012年第8期。

李学勤：《由清华简〈金縢〉看周初史事》，《中国经学》第8辑，广西师范大学出版社2011年版。

廖名春：《〈尚书〉始称新证》，《文献》1996年第4期。

廖名春：《郭店楚简〈成之闻之〉、〈唐虞之道〉篇与〈尚书〉》，《中国史研究》1999年第3期。

廖名春：《郭店楚简〈缁衣〉引〈书〉考》，《西北大学学报》2000年第1期。

廖名春：《论六经并称的时代兼及疑古说的方法论问题》，《孔子研究》2000年第1期。

廖名春：《清华简〈金縢〉篇补释》，《清华大学学报》（哲学社会科学版）2011年第4期。

廖名春：《清华简〈尹诰〉研究》，《史学史研究》2011年第2期。

廖名春：《清华简与〈尚书〉研究》，《文史哲》2010年第6期。

林志强：《新出材料与〈尚书〉文本的解读》，《福建师范大学学报》（哲学社会科学版）2004年第3期。

刘成群：《毕公事迹及毕公世系初探——基于清华简的研究》，《上海交通大学学报》（哲学社会科学版）2012年第4期。

刘国忠：《〈尚书·酒诰〉"惟天降命肇我民惟元祀"解》，《中国史研究》2011年第1期。

刘国忠：《从清华简〈金縢〉看传世本〈金縢〉的文本问题》，《清华大学学报（哲学社会科学版）》2011年第4期。

刘国忠：《清华简〈傅说之命〉别解二则》，《出土文献》第3辑，中西书局2012年版。

刘国忠：《清华简〈傅说之命〉梦境解析》，《出土文献》第6辑，中西书局2015年版。

刘国忠：《清华简〈金縢〉与周公居东真相》，《出土文献》第1辑，中西书局2010年版。

刘国忠：《试析清华简〈金縢〉篇名中的称谓问题》，清华大学出土文献研究与保护中心编《清华简研究（第一辑）：〈清华大学藏战国竹简（壹）〉国际学术研讨会论文集》，中西书局2012年版。

罗琨：《〈说命〉"生二牡豕"解》，《出土文献》第6辑，中西书局2015年版。

罗琨：《读〈尹至〉"自夏徂亳"》，《出土文献》第2辑，中西书局2011年版。

罗新慧：《〈尚书·金縢〉篇刍议》，《史学史研究》2012年第2期。

马楠：《〈金縢〉篇末析疑》，《清华大学学报》（哲学社会科学版）2011年第2期。

马楠：《〈清华简·说命〉补释三则》，《出土文献》第3辑，中西书局2012年版。

马楠：《楚简与〈尚书〉互证校释四则》，《出土文献》第2辑，中西书局2011年版。

马楠：《清华简第五册补释六则》，《出土文献》第6辑，中西书局2015年版。

马士远：《帛书〈要〉与〈墨子〉称说"尚书"意旨新探——兼与郭沂、廖名春诸学者商榷》，《学术月刊》2007年第1期。

彭林：《清华简〈耆夜〉饮至礼辨析》，《中正汉学研究》2014年第1期。

彭裕商：《〈尚书·金縢〉新研》，《历史研究》2012年第6期。

彭裕商：《清华简〈说命〉与〈礼记·缁衣〉》，《出土文献》第4辑，中西书局2013年版。

钱杭：《〈尚书〉讫于〈秦誓〉原委考辨》，《史林》2003年第5期。

沈建华：《清华楚简〈祭公之顾命〉中的三公与西周世卿制度》，《中华文史论丛》2010年第4期。

沈建华：《清华楚简〈尹至〉释文试解》，《中国史研究》2011年第1期。

孙飞燕：《读〈尹至〉、〈尹诰〉札记》，《出土文献研究》第10辑，中华书局2011年版。

孙飞燕：《清华简〈皇门〉管窥》，《清华大学学报》（哲学社会科学版）2011 年第 2 期。

孙沛阳：《简册背划线初探》，《出土文献与古文字研究》第 4 辑，上海古籍出版社 2011 年版。

王坤鹏：《简本〈金縢〉学术价值新论》，《古代文明》2012 年第 4 期。

王连龙：《谈汲冢〈周书〉与〈逸周书〉——从出土文献研究看古书形成和流传问题》，《中原文化研究》2014 年第 4 期。

夏大兆、黄德宽：《关于清华简〈尹至〉〈尹诰〉的形成和性质——从伊尹传说在先秦传世和出土文献中的流变考察》，《文史》2014 年第 3 期。

肖芸晓：《试论清华竹书伊尹三篇的关联》，武汉大学简帛研究中心主编《简帛》第 8 辑，上海古籍出版社 2013 年版。

谢维扬：《"层累说"与古史史料学合理概念的建立》，《社会科学》2010 年第 11 期。

谢维扬：《古书成书的复杂情况与传说时期史料的品质》，《学术月刊》2014 年第 9 期。

谢维扬：《古书成书和流传情况研究的进展与古史史料学概念——为纪念〈古史辨〉第一册出版八十周年而作》，《文史哲》2007 年第 2 期。

邢文：《清华简〈金縢〉与"三监"》，《深圳大学学报》（人文社会科学版）2013 年第 1 期。

杨善群：《清华简〈说命〉考论》，杜勇主编《叩问三代文明：中国出土文献与上古史国际学术研讨会论文集》，中国社会科学出版社 2014 年版。

杨善群：《清华简〈尹诰〉引发古文〈尚书〉真伪之争——〈咸有一德〉篇名、时代与体例辨析》，《学习与探索》2012 年第 9 期。

杨振红：《从清华简〈金縢〉看〈尚书〉的传流及周公历史记载的演变》，《中国史研究》2012 年第 3 期。

姚苏杰：《清华简〈尹诰〉"一德"论析》，《中华文史论丛》2013 年第 2 期。

虞万里：《清华简〈说命〉"鹃肩女惟"疏解》，《文史哲》2015 年第 1 期。

虞万里:《由清华简〈尹诰〉论〈古文尚书·咸有一德〉之性质》,《史林》2012 年第 2 期。

张怀通:《"王若曰"新释》,《历史研究》2008 年第 2 期。

张卉:《清华简〈说命上〉"说于伐失仲"考》,《考古与文物》2017 年第 2 期。

赵平安:《〈保训〉的性质与结构》,《光明日报》2009 年 4 月 13 日。

赵平安:《〈厚父〉的性质及其蕴含的夏代历史文化》,《文物》2014 年第 12 期。

赵平安:《谈谈战国文字中值得注意的一些现象——以清华简〈厚父〉为例》,《出土文献与古文字研究(第六辑)——复旦大学出土文献与古文字研究中心成立十周年纪念文集》,上海古籍出版社 2015 年版。

郑杰文:《墨子引〈书〉与历代〈尚书〉传本之比较——兼议"伪古文〈尚书〉"不伪》,《孔子研究》2006 年第 1 期。

后　　记

今天（2020年4月26日）书稿接近尾声，值清华大学109周年校庆，看到中国社会科学院苏辉师兄发的朋友圈："受业点点滴滴，一晃毕业已经十年。校园仍在，哲人其萎。怀念先生！"我才蓦然想到，自己从清华大学历史系博士毕业十年了，做清华简研究也整十年了。而李学勤先生于2019年2月24日辞世，至今也一年多了！在此，请允许我深切缅怀导师李学勤先生。我对于清华简的研究，在很大程度上得益于李学勤、李均明、李守奎、廖名春、赵平安、刘国忠等诸位先生的提携与教诲。

今年是庚子年，"鼠年大疫"，没想到新冠病毒如此"狡猾"，如此"凶险"。在春节前回家的高铁上，很多人没戴口罩。由于不习惯，我也会时不时把口罩摘下来，透口气。没想到一过春节，形势立刻严峻起来。老家要封路、封村了，爱人决定提前改变行程，于大年初三回到了曲阜。当时我也心里想，曲阜人少，接触少，比上海可能更安全一些。

接下来，小区封了，规定三天出去一次购买生活必需品，而且只能是一人。其他时间，必须待在家里。物价开始攀升，白菜涨到2元多一斤，口罩、酒精、消毒水则根本买不到。附近的超市封了，只能绕远到另一家购买。到超市买东西，感觉是在抢购。每天早上起床，第一件事是看国内疫情感染人数多少，内心充满了恐惧和惊慌。为武汉人担忧，也为自己家人担忧：担心自己过年，家里的亲人都见了，要是自己传染他们可怎么办？

中华民族，其伟大之处在于，越是艰险的时候，总有一批人挺身而出。李文亮、钟南山、张文宏等人，大批"逆行者"支援武汉抗疫前线，他们是新时代最可爱的人，是真正的中国脊梁！还有一些人，辞职去支援武汉，默默奉献，他们是幕后的英雄。"山川异域，风月同天"，"岂曰无衣，与子同裳"，海外华人、国际友朋亦纷纷为受困地区捐款、捐物。虽然我不能一一记住其姓名，但他们用自己的温柔、善良，一次次地把世界点亮。当然也有少数人囤积居奇，趁机谋不义之财。更甚者丧心病狂，隐瞒病史，以致多人传染。可以说，疫情就像一个放大镜，人性的善与恶、美与丑，都倍加清晰地呈现在世人面前。

现在全世界新冠病毒的感染人数，已经超过 300 多万，无数人因此失去了生命，可谓是继第二次世界大战之后的空前"浩劫"。对此，我感到无比的难过与悲伤。2018 年入职孔子研究院，我被聘为山东省泰山学者、特聘教授。女儿又在青岛上大学，我们一家人，分居于上海、青岛、曲阜三地。我是山东人，由上海辗转到山东任职，其实最初的想法，是专业对路，能为家乡做点贡献，薪酬又可缓解我在上海买房贷款的巨大压力。但最让我没想到是三地分居，竟然如此艰难。受疫情影响，爱人不能上班，女儿在家上网课，我们家也迎来了难得的"欢聚时刻"。本书就是利用宅居期间，撰写、修改完成的。

千百年来，解决《古文尚书》真伪问题，是朱熹、阎若璩、顾颉刚、刘起釪等无数名家硕儒孜孜以求的学术梦想。但由于没有可信的文献版本作为参照，梦想通往现实之路，竟然如此漫长、遥远。经过清华大学出土文献研究与保护中心诸位学者的艰辛努力，清华简清洗、拍照、全文通读等工作已经完成。截至 2020 年 4 月，清华简前九册已经正式出版。可以说，出土文献的大量面世，尤其是清华简《书》类文献的陆续出版，为本书研究的开展，创造了极为难得的条件与宝贵的契机。

作为学界第一公案，《古文尚书》真伪之争聚讼千年之久，确实是"名不虚传"。用清华简研究《古文尚书》，我最大的感受是"难"。《古书尚书》涉及众多版本，而且关键是很多传流的线索难以确定，如孔安国是否为《古文尚书》作传？梅赜献书中是否包含《孔传》？就连献书的是梅赜，还是其弟弟梅陶，学界也有异说。清华简的出现，为解决《古文尚书》公案提供了线索。但我们必须认识到《古文尚书》出自儒家，而清华简则是非儒家系统。不同系统之间、不同传本之间，如何互相发明？这值得思考。

清华简、郭店简及上博简等，作为出土材料，前所未见。在这里我特别强调，本书只是从新见文献的角度，提供一种解决问题的思路。由于我学力有限，有些思考未必全面，文稿的论证也未必能真正到位，特别是对明清以来学者研究成果的反思，尚有待于深入。本书的出版，绝不意味着《古文尚书》公案画上了圆满的句号。而所谓的"最终结论"，充其量不过是阶段性成果，一个逗号而已。

本书的出版，得到了曲阜师范大学孔子文化研究院院长马士远先生的全力支持。中国社会科学出版社黄燕生、李凯凯先生，曲阜师范大学孔子文化研究院徐新强、钟云瑞先生、郭凯博士，亦为资料的检索、合同的签订及书稿的校对、出版，付出了辛勤的劳动。对于他们的付出，对于一直关心笔者成长的领导、同事及学界各位师友，在此一并表示最诚挚的谢意！

疫情并未结束，在我居住的小区附近，曲阜师范大学新校区已经开建，一派复工生产的繁忙景象。在书稿的最后，让我们一起为中国祈福，为世界祈祷。请相信，没有一个春天不会到来，新冠病毒疫情终将过去，和平、幸福就在峰回路转的不远处。

刘光胜